电气控制技术及其项目实践

刘雅俊 编著

燕山大学出版社
·秦皇岛·

图书在版编目(CIP)数据

电气控制技术及其项目实践/刘雅俊编著. —秦皇岛:燕山大学出版社,2020.12
ISBN 978-7-5761-0124-9

Ⅰ.①电… Ⅱ.②刘… Ⅲ.①电气控制—高等学校—教材 Ⅳ.①TM921.5

中国版本图书馆 CIP 数据核字(2021)第 050140 号

电气控制技术及其项目实践

刘雅俊　编著

出 版 人:陈　玉
责任编辑:孙志强
封面设计:刘韦希
出版发行:燕山大学出版社 YANSHAN UNIVERSITY PRESS
地　　址:河北省秦皇岛市河北大街西段 438 号
邮政编码:066004
电　　话:0335-8387555
印　　刷:涿州市般润文化传播有限公司
经　　销:全国新华书店

开　　本:700 mm×1000 mm　1/16　**印　　张**:14.5　**字　　数**:340 千字
版　　次:2020 年 12 月第 1 版　**印　　次**:2020 年 12 月第 1 次印刷
书　　号:ISBN 978-7-5761-0124-9
定　　价:55.00 元

序　一

本书出版之际，正是我国实施“十四五”规划、发展“中国制造2025”强国战略的攻坚克难阶段。我国高等教育的改革也进入了深水区，从过去重视“规模”到现在重视“质量”，教育思想、教育理念也将发生根本性的改变。国家对高等教育提出了走内涵发展为主的道路，稳步发展，重视人才素质培养，发展终身教育等新要求。为主动应对新一轮科技革命与产业变革，支撑“创新驱动发展”“中国制造2025”等国家战略，教育部积极推进“双一流”“新工科”“六卓越一拔尖”等计划的建设实施。

河北科技师范学院正在努力建设河北省内高水平应用型大学，河北科技师范学院机电工程学院的师生，顺应时代和学校转型发展的要求，通过努力，在“新工科建设”“校企合作”等领域和“教学改革及其实践”方面，近年来迈出了坚实的步伐，取得了多项研究成果。本书是作者刘雅俊这些年在河北科技师范学院从事电气控制技术教学实践与教学研究的心血结晶。本书具有行文规范严谨、内容充实丰富、教学深入浅出，所设计的教学项目可学习性、可操作性强等特点。书中提出用项目式教学和案例式教学来完善高校电气控制技术的教学实践工作，完全符合应用型大学的机电专业工程技术应用型高级人才培养的特点，具有新颖性和独创性。

相信本书会给读者带来一个全新的视角，重新审视如何促进高等工程教育电气控制技术的“教”与“学”，祝愿雅俊在专业教学工作中，百尺竿头，更进一步，让具体的课程教学实践活动越来越出色。

燕山大学副校长、博士生导师孔祥东教授

2019年5月1日

序　二

电气控制技术学科及其研究领域博大精深。电气控制技术与技能的培养，是机电类专业技术人才能力培养的核心课题。本书作者通过教学实践，将电气控制技术传统教学中最基础、最核心的经典教学内容，与学生日后的工程实践工作相结合，提炼出7个大型的项目章节。作者力求发挥项目式教学与案例式教学的优点，改善电气控制教学重"理论"、轻"实践"，重"记忆"、轻"动手"，重"讲授"、轻"操作"的弊端，提出了一个值得深入研究的教学改革课题。作者还着重提到了如何培养和提高学生的学习兴趣，如何深入培养和锻炼学生的自学能力等教学难点课题，并有针对性地提出了自己的教学意见和建议。

以上这些内容，都已凝聚并反映在本书当中。我相信无论是初次接触电气控制技术的学生，还是本领域中从事教学工作多年的专家学者，都会从阅读本书的过程中获益。祝愿本书作者能够在教学工作中取得更大的进步，出好书、出精品。

燕山大学电气工程学院院长、
长江学者、博士生导师华长春教授
2019年10月1日

前　言

2014 年，河北科技师范学院（以下简称我校）获得河北省应用型大学建设项目重点支持；

2015 年，我校机电工程学院（以下简称我院）以机械设计制造及其自动化本科专业（以下简称机制专业）为试点开始进行教学模式创新与改革探索；

2017 年，机制专业教学改革试点项目，通过校内外专家组验收合格，并将取得的教学研究成果向电气工程及其自动化本科、电子信息工程本科、农业机械化及其自动化本科，以及自动化本科等其他四个本科专业进行推广；

2018 年，我校应用型大学建设中期审核，通过河北省专家组验收；同年我校通过教育部本科教学审核评估。

2017—2018 年，我院共计获得产学合作协同育人与新工科教学项目 15 项，其中教育部立项的产学合作协同育人项目 5 项，其中主要包括“基于校企合作的自动化专业实习实训基地建设”“基于‘三三四’实践育人体系的智能制造工业 4.0 产教融合学院建设”“基于电气维修实验台的项目式教学实践基地建设”等项目；新工科项目主要包括河北省教育厅“机电类专业应用型新工科人才统一招生过程定向的校企合作育人模式研究与实践”、河北省教育厅“电气控制课程新工科项目式、案例式教学的研究与实践”等项目。

依托我校应用型大学建设，立足于我院机电类应用型专业技术人才的新工科培养目标，紧密围绕培养学生的工程应用能力、实践动手能力、自学能力、团队协作能力，为提高学生的学习效率和学习兴趣，我们编写了这部教材《电气控制技术及其项目实践》。

电气控制技术是机械工程、电气工程以及在专门的工业部门（冶金、石化、煤炭、交通和造船等工业部门）中从业的专业技术人员必须掌握的一门专业技术。在大学里面，它是相关专业的必修课程、核心课程，学生对电气控制技术的掌握，直接影响他们就业的核心竞争力和薪资待遇。

电气控制技术又是一门处于快速发展的高新技术。新型电气元件、新型自动化控制系统，以及新型控制算法都日新月异、层出不穷。这门技术的学科特性，给我们的“教”与“学”带来了巨大的挑战：

第一，为了扩展学生的知识面，拓宽就业面，采用“宽口径”培养，用于专业课程教学的有效时间有缩减的趋势，这就要求我们在有限的教学时间之内，提高教学效能。

第二，电气控制技术本身是一个庞大的学科门类，而新技术的发展又为其增添了更多新知识、新内容。这就要求我们要把握好，并传授好本技术领域内的传统教学内容、核心教学内容，同时引导学生自主进行拓展学习。

通过多年来对教学规律的探索和对教学实践经验的积累，本书作者对电气控制技术的教学形成了以下几点认知，在此提出来供同行专家们思考，希望能够达到抛砖引玉的作用：

(1)针对应用型大学培养本科层次的高等级技术应用型人才的电气控制技术教材建设还比较滞后，存在空白。

目前，市面上存在的电气控制技术书籍可谓琳琅满目、种类繁多，刚刚接触电气控制技术的初学者和学生，往往会感觉到无从选择，浪费大量的时间、精力和金钱，甚至最终造成学习者望而却步、浅尝辄止，进而中途退出。

这就需要我们专业教师首先要花费大量的时间和精力，对目前市面上电气控制专业书籍进行分门别类、精挑细选和重点研读，然后编写好“电气控制技术必读精选书目”“电气控制技术经典图书导读”“电气控制技术专业书阅读计划”这样的文档，提供给学生们，引导学生通过课下时间，自学自修。有一句俗语：“会上课的学生，可以达成一时学习成绩好；会自学的学生，才能达到一辈子学习成绩好。”

(2)当前的电气控制技术教学中，还大量存在重理论、轻实践的现象。

以某校机械设计制造及其自动化本科专业为例，虽然为了让学生熟悉和掌握电气控制技术的相关知识，开设有“电工与电子技术”“机床电器控制与 PLC”“微型计算机控制技术”“机电综合教学实习”“机电一体化系统设计”“机电一体化系统课程设计”等课程。但是从目前的课程数量与学时组成上来说，还存在理论课程比重偏高、实践教学课程比重偏低等问题。

从课程内容衔接上来说，前面理论课程讲授的内容和后面实践课程没有形成良好的衔接。理论课程偏重概念和原理，因为没有突出课程的应用性，所以无法有效调动学生的学习积极性和学习兴趣。

另外，在理论课程中具体的操作技能没有讲到，造成实践课程中学生需要一边重新翻阅课本查找理论知识，一边由指导教师手把手地重新示范操作技巧，实践课程的完成率低，学生解决实际问题的能力和动手操作能力都没有充分地培养起来，教学效果不理想。

有鉴于此，应适当加大实践教学课程比例，借鉴新工科教育思想，采用案例式教学，突出强调学生是学习的主体，教师进行组织和引领，教材和教学案例作为辅助工具。吸取项目式教学的优点，在教学过程中按照先易后难、由简单到复杂的顺序，设计源于工程实践并可以具体应用到实际技术工作中的各种教学项目，让学生在完成教学项目的过程中，进行自主学习。教师在教学中起到组织者和引导者的作用。由教师筛选和提供电气控制技术参考书目、网络资源列表、教学视频库和教学案例库，作为学生学习的辅助工具。在案例式教学、项目式教学当中，教师的作用更类似于教练，向学生提供帮助和指导。

(3)以实验报告作为课程评分依据的考核方式，难以评估学生的实际学习效果，也不能有效调动学生的积极性。

传统的电气控制技术实验与实训课程，教师往往要求学生提交一份实验报告或者实习总结之类的文档，作为课程考核与评分的依据。很多情况下，学生上交的实验报告、实习总结都是由电子版打印而来。在这些文档中，往往会存在这样一个严重的问题：实验报告与实习总结中拷贝现象严重，存在大量重复性的内容。学生普遍感觉，认真写作实验报告与从网络下载、拷贝，甚至是从同学那里抄袭，对其课程得分没有本质影响，学生对教师评分的认可度低。

而对于专业课程教师而言，评阅大量内容雷同的实验报告，给出客观、公正的评价，难度和压力也很大。有很多时候，教师不得不直接借助于学生出勤次数这样的数据，来评定学生成绩。出勤次数这个数据虽然简单、直观和便于利用，但是所反映的学生学习效果、技能掌握情况以及学生的学习态度、努力程度等教学效果的信息量是非常少的。用这样的数据来评价学生的成绩是简单粗暴的，会进一步降低学生学习兴趣和积极性。

教师应力求设计一套按照学生对实践教学项目完成情况进行客观评分的成绩评价制度。学生在实践教学项目完成过程中的表现和完成的结果，可以直观地表达学生对知识和技能的掌握程度，能够真实客观地反映学生的学习效果。在评分制度设计中以学生完成电气控制教学项目的质量、完成项目的难度、完成项目的多少和完成项目时的表现来进行评分，甚至推行由学生组建评分委员会按照设计好的成绩评价表自行评分，教师对评分的客观性、公正性进行监督，解决评分争议。这样也可以降低教师的评分主观误差和评分压力。

另外，在课程评分中研究和探索采用电气控制技术实践项目竞赛的形式——对于具体的电气控制实践教学，让学生以项目竞赛的方式限时完成，以用时最短、完成质量最优为竞赛目标和成绩评价依据。让学生投入更多的课内外时间和精力，不断提高自身的操作能力。以竞赛的方式来组织课堂教学成绩评定，能够更加有效地激励学生高标准严要求地完成电气控制实践项目。可以设置不同的标准和难度，对学生的知识、技能掌握情况进行客观、细致的观察和评价。甚至可以由学生自行设计和组织竞赛项目，师生共同参与。还可以设置团队竞赛项目，增进学生参与的兴趣，增强学生学习效果，并锻炼学生日后进入社会不可或缺的团队精神。

基于以上三点教学认知，本书的编写体现如下特点：

(1)本书是针对应用型大学机电类工程专业技术人才的培养过程中，采用项目式教学和案例式教学而专门编写的。书中知识量以基本够用、能够完成教学项目为目标，不能够也不应该追求大而全。本书配套有案例集和视频资源库，供任课教师为扩展本课程而选用，另外每一章都配备了自学扩展参考书目，放在本书的“阅读文献列表”栏目内。应用本书的教师和学生可以结合自己学校的实验室条件、学科专业特长和教学实践经验，广泛地收集教学资源对本教材进行案例扩展。

(2)本书是专为进行电气控制技术的实践教学而编写的。全书一共分为7章，每一章都侧重一项电气控制技术具体的实践项目，涵盖了电气控制技术工程实践所必须掌握的内容，各章具体内容安排详见下文中书内容简介部分。书中省略了繁杂的公式推导和庞杂的概念讲解，文字部分深入浅出，紧密围绕让学生一边动脑，一边动手，进行电气控制技术的项目实践这一明确的主题。

(3)本书每一章都配有编者精心设计的案例式教学习题。这些习题是专为教师进行案例式教学而设计的。绝大多数习题都是开放性问题，在书中没有现成的标准答案，而是需要课下查阅大量的参考文献与专业资料才能够完成的。这些问题也是针对日后学生在工作岗位中可能会遇到的问题而进行设计的，可以有效引导学生明确学习目的，激发学生的学习积极性。案例教学习题可供使用本教材的师生根据自身的具体情况选用。

(4)本书所设计的教学项目紧密围绕目前绝大多数机电类工科专业都会涉及的电气控制技术教学内容进行设置。这些教学内容是电气控制技术中典型的、基础的、核心的。完成这些教学项目所需要的软件资源和硬件配置,也都是国内一般工科院校的电气控制技术实验室基本能够达到的。

本书共7章,内容简介如下:

第1章　用电安全知识及其项目实践——如果一定要对我们“教”与“学”的效果用数字来作出衡量,那么安全永远是前面的“1”,后面的其他各种教学效果,例如培养学生的动手能力、培养学生的工程实践能力、培养学生的自学能力、培养学生的团队协作能力,这些都是后面的“0”。因为安全最重要,我们把它放在本书的开头部分。本章主要包括触电类型和危害性、基本安全用电措施、触电现场急救措施、电气控制技术实验室安全规定等教学内容。

第2章　常用电工工具使用及其项目实践——本章包括60种常用电工工具的使用方法和操作注意事项;这里面既有简单的,也有复杂的。简单的工具,也不见得每个学生就都会熟练和正确地运用。比如,螺丝刀和内六角扳手,如何用得好,用得巧,这是很有讲究的。再以铁锹为例,在美国标准石油公司的创建历史上,他们专门研究过应该如何设计铁锹、如何使用铁锹,才能让工人效率最高。在本章中还设计有让学生使用低压验电器来检测插座带电情况,学会使用万用表测量电压、电流、电阻、电容,学会使用钳形电流表、红外线测温仪、转速测量仪、绝缘电阻测量仪等复杂的电工工具等实践项目。

第3章　常用低压电器及其项目实践——本章包括24种常用低压电器元件,主要是各种按钮、开关、继电器、接触器、熔断器等。教学侧重于低压电器元件的工作原理、图形符号、组成结构和元件拆装等实践项目。

第4章　计算机辅助设计电气工程制图及其项目实践——如果我们能够通过计算机辅助设计电气工程制图的项目实践,教会学生“严谨”和“精进”这四个字的含义,教学也就取得了极大成果。电气工程制图需要严谨。初学者要结合CAD软件的操作,将电气工程制图及其规范等专业知识融合进来,准确、熟练地做出合格的电气工程图纸,也是不太容易的。教师应给学生提供优秀的电气工程制图案例,让学生的读图能力、制图能力在完成实践项目的过程中不断地精进。

第5章　三相异步交流电动机基本知识及其项目实践——随着电

力电子器件的发展，让交流电动机实现宽范围的调速成为可能，交流电动机应用也越来越广泛。本章重点在于传授三相异步交流电动机的结构、性能和拆装实践等知识，为学生日后从事具体的交流电动机设计、选用和维修奠定良好的基础。

第 6 章　三相异步交流电动机控制电路及其项目实践——本章主要学习用继电器、接触器等电气控制元件来实现三相异步交流电动机的常用控制电路。这些项目需要以前面各章的实践项目为基础，把用电安全知识、电工工具的使用、控制电路的识图与制图、低压电器元件的原理与应用、三相异步交流电动机的基本知识等内容都融合进来。控制电路的教学项目设计为由浅入深、由易到难。从最简单只有两个电气元件的电动机直接起动电路，到比较复杂的电动机星形/三角形减压起动电路和电动机能耗制动电路，还有取材于实际机械设备的电动机控制电路，这些都可以综合锻炼学生的各项实践能力。

第 7 章　可编程逻辑控制器的应用及其项目实践——本章主要让学生学习使用编程软件来编写 PLC 梯形图工程应用程序、设置编程计算机与 PLC 通信端口、设计 PLC 控制系统、分配 I/O 端口、下载 PLC 程序和调试 PLC 程序等项目，这也是一种综合性的能力训练项目。

本书获得河北省教育厅 2018—2019 年度河北省高等教育教学改革研究与实践项目——“电气控制课程新工科项目式、案例式教学的研究与实践”（项目编号：2018GJJ309）、教育部高等教育司资助的 2018—2020 年度产学合作协同育人项目——“基于电气维修实验台的项目式教学实践基地建设”（项目编号：201801071029）和河北省教育厅 2020 年省级研究生示范课程和专业学位教学案例（库）建设项目——“冶金机械流体传动控制系统工程案例”（项目编号：KCJSZ2020098）的有力支持。

本书出版过程中还得到河北科技师范学院机电工程学院和教务处各位领导和专家的指导和帮助，他们分别是刘荣昌书记、王庆祝院长、王玉芬主任、包长春院长、邓春岩院长、马玉泉院长、武士勋处长、马爱林处长、戴维处长。

在此，还要向教学仪器设备的供应商浙江天煌科技实业有限公司的各位领导和技术工程师表示衷心的感谢，他们分别是黄华圣董事长、姚建平总经理、高华平部长、邬志明部长、张晓通工程师、汪祥立工程师、张亚军工程师、李吉军工程师。感谢三菱电机自动化有限公司的杨弟平经理、马亮工程师，对本书顺利出版所给予的支持与热心帮助。

河北科技师范学院机电工程学院的研究生杨猛、刘旭、张磊、李琪、侯宣琪、李雨、苏燕鹏等为本书的图表做了大量辛勤的绘制和编辑工作。

在此也向我的妻子史露露与儿子刘渌莜表示感谢，在漫长的教材写作过程中，他们的陪伴与支持是我完成本书的最大原动力。

受编者水平、精力和时间等因素所限，本书中难免存在不周和疏漏之处，恳请阅读本书的各位专家、读者，能够向编者指出，不胜感谢。

刘雅俊

2020年5月1日

于河北科技师范学院砺慧园

目 录

第1章　用电安全知识及其项目实践

1.1　学习目标

1. 了解触电的危害性；了解电流对人体伤害程度的决定因素；掌握电流强度安全阈值。

2. 了解常见的触电类型；了解基本安全用电措施；了解人体触电现场急救措施；了解电气火灾预防措施。

3. 了解静电、雷电、电磁危害的防护措施；了解基本电气作业安全管理知识；掌握安全电压的知识。

4. 掌握电气控制技术实验室中，针对实验室管理人员的安全规定；针对实验指导教师的安全规定；针对学生的安全规定。

5. 理解电气设备安全运行知识，为进行后续电气项目实践做好安全方面的心理准备。

1.2　触电原理基本知识

1.2.1　电流对人体的伤害

触电一般是指人体触及带电体时，电流对人体所造成的伤害。电流对人体有两种类型的伤害：电击和电伤。

电击是指电流通过人体，影响呼吸系统、心脏和神经系统，造成人体内部组织的破坏乃至死亡。微电击是指所施加的电流进入人体心脏内部引起的电击，安全值为 10 μA。

电伤是指电流的热效应、化学效应和机械效应对人体的伤害，主要包括电弧烧伤、金属液溅伤等。具体表现为在电弧作用下熔断丝熔断时对人体的烧伤，和熔化金属成为液体溅出时对人体的烫伤等。

电流对人体的伤害程度取决于通过人体电流的大小、持续时间、电流的频率、电流通过人体的途径以及人体的生理状况等因素。

1. 伤害程度与电流强度的关系：

我国工频交流电，按照人体所通过大小不同的电流所呈现的反应，可将电流划分为三级，如表 1.1 所示。

一般认为，通过人体体表电流强度的安全阈值为 5 mA；最大脱离电流为 10～20 mA；人体允许的工频安全电流 30 mA；工频危险电流 50 mA。这些加在人体体表的宏大电流只有很小一部分经过心脏。宏电流对人体的伤害称宏电击。

表 1.1　电流危害分级

名称	定义	数值	
感知电流	引起感觉的最小电流	1.1 mA (男)	0.7mA (女)
摆脱电流	人触电后能自主摆脱电源的最大电流	9 mA (男)	6 mA (女)
致命电流	在较短时间内引起心室颤动、危及生命的电流	与通电时间有关	

2. 伤害程度与通电时间的关系：电流通过人体的时间愈长，伤害愈大。

3. 伤害程度与电源频率的关系：电流频率在 40～60 Hz 对人体的伤害程度最大。

4. 伤害程度与人体生理状况的关系：电流对人体的作用，女性较男性敏感；小孩遭受电击较成人危险；同时，伤害程度与人体的体重、患病情况也有关系。

5. 伤害程度与人体电阻的关系：在一定的电压作用下，通过人体电流的大小与人体电阻有直接关系。人体电阻因人而异，与人的体质、皮肤的潮湿程度、年龄、性别及职业工种都有关系。在干燥环境中，人体电阻的平均值一般为 2000 Ω～20 MΩ 范围内。人体皮肤出汗时，约为 1000 Ω 左右；人体皮肤有伤口时，约为 800 Ω 左右。

6. 伤害程度与电流通过人体途径的关系：一般认为，电流通过人体的心脏、肺部和中枢神经系统的危险性比较大，特别是电流通过心脏会导致心跳停止、血液循环中断，危险性最大，甚至会危及人的生命(其中电流流经从右手到左脚的路径是最危险的电流途径)。

在低压用电系统中，人体通电的电流不大，且持续时间不长的情况下，电流引起人体心脏的心室颤动，是电击致死的主要原因。在通过电流虽较小，但时间较长的情况下，电流会造成人体窒息而导致死亡。

触电还容易引起人体剧烈痉挛而摔倒，导致电流通过全身，并易造成摔伤、坠落等二次事故。

1.2.2 常见触电类型

1. 接触触电：当设备外壳带电，人体站在设备附近，手触及其外壳，在人的手与脚之间会存在一个电位差。当电位差超过人体所允许的安全电压时，人体将触电，这一事故称为接触电压触电。

2. 单相触电：当人体在无绝缘防护的情况下，直接接触电网三相火线中任何一相，这一事故称为单相触电。当人体为接地状态时，人体将承受相电压(在低压用电侧为 220 V)，如图 1.1 左图所示，在 A、B 两点之间。

3. 相间触电：当人体与大地绝缘时，人体的双手或其他部位同时触及两根不同的火线，将形成相间触电，人体将承受线电压(在低压用电侧为 380 V)，如图 1.1 中图所示，在 A、B 两点之间。

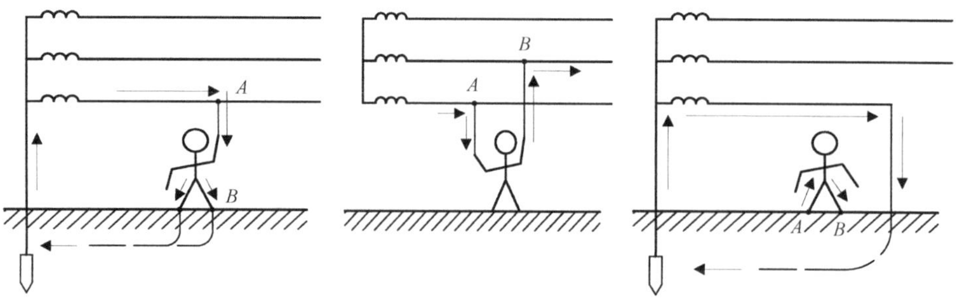

图 1.1　人体对三相交流电的触电类型

4. 跨步触电：当带电设备发生某相接地时，接地电流将流入大地。在距接地点不同的地表面将呈现不同电位，距电源接地点越近，则电位越高。当人体的两只脚同时踩在带有不同电位的地面两点时，就引起跨步电压，当该电压超过人体允许的安全电压时就会发生触电，如图 1.1 右图所示，在 A、B 两点之间。

1.3 基本安全用电措施与急救措施

1.3.1 基本安全用电措施

1. 绝缘：它是防止人体触及带电导体，用绝缘物把带电体封闭起来的防护过程。陶瓷、玻璃、云母、橡胶、木材、胶木、塑料、布料、纸张和矿物油等都是常用的绝缘材料。

应当注意，很多绝缘材料受潮后会丧失绝缘性能或在强电场作用下将遭到破坏，丧失绝缘性能。

2. 屏护：即采用遮拦、护盖、箱闸等把带电体同外界隔绝开来。电器开关的可动部分一般不能使用绝缘，而需要屏护。高压设备不论是否有绝缘，均应采取屏护。

3. 间距：就是保证必要的安全距离。间距除用以防止触及或过分接近带电体外，还能起到防止火灾、防止混线、方便操作的作用。在低压带电作业中，最小检修距离不应小于 0.1 m。

4. 接地：指与大地的直接连接，电气装置或电气线路带电部分的某点与大地连接、电气装置或其他装置正常工作时不带电部分某点与大地的人为连接都叫接地。

5. 保护接地：为了防止电气设备外露的不带电导体意外带电造成危险，将该电气设备经保护接地线与深埋在地下的接地体紧密连接起来的做法叫保护接地。

由于绝缘破坏或其他原因而可能呈现出危险电压的金属部分，都应采取保护接地措施。如电动机、变压器、开关设备、照明器具及其他电气设备的金属外壳都应予以接地。一般情况下在低压系统中，保护接地电阻值应小于 4 Ω。

6. 装设漏电保护装置：为了保证在故障情况下人身和设备的安全，应尽量装设漏电流动作保护器。它可以在设备及线路漏电时通过保护装置的检测机构转换取得异常信号，经中间机构传递和转换，然后促使执行机构动作，自动切断电源，起到保护作用。

7. 采用安全电压：这是用于小型电气设备或小容量电气线路的安全措施。根据欧姆定律，电压越大，电流也就越大。因此，把可能加在人体上的电压限制在某一范围内，使得在这种电压强度下，通过人体的电流不超过允许范围，这一电压值就叫作安全电压。交流电安全电压的工频有效值不超过 50 V，直流不超过 120 V。我国规定交流电安全电压的等级为 42 V，36 V，24 V，12 V 和 6 V。

凡手提照明灯、高度不足 2.5 m 的一般照明灯，如果没有特殊安全结构或安全措施，应采用 42 V 或 36 V 的安全电压。

凡金属容器内、隧道内、矿井内等工作地点狭窄、行动不便，以及周围有大面积接地导体的环境，使用手提照明灯时应采用 12 V 的安全电压。

8. 加强绝缘：加强绝缘就是采用双重绝缘或另加总体绝缘，即安装新的保护绝缘体，以防止原来的常规绝缘体损坏后发生触电事故。

9. 防止触电的其他常见注意事项：

(1) 不得随便乱动或私自修理车间内、实验室内的电气设备。

(2) 经常接触和使用的配电箱、配电板、闸刀开关、按钮触头、插座、插销以及导线等，必须保持完好,不得有破损或将带电部分裸露。

(3) 不得用铜丝等代替保险丝,并保持闸刀开关、磁力开关等盖面完整,以防电线短路时,产生电弧或保险丝熔断后金属液化飞溅伤人。

(4) 经常检查电气设备的保护接地、接零装置,保证连接牢固。

(5) 在移动电风扇、照明灯、电焊机等电气设备时,必须先切断电源,并保护好导线,以免磨损或拉断。

(6) 在使用手电钻、电砂轮等手持电动工具时,必须在线路中安装漏电保护器,工具外壳要进行防护性接地或接零,并要防止移动工具时,导线被拉断,操作时应佩戴好绝缘手套并站在绝缘板上。

(7) 在雷雨天,不要走近距高压电杆、铁塔、避雷针的接地导线周围小于 20 m 范围之内;当遇到高压线断落时,在事故点周围 10 m 之内,禁止人员进入;若有人已经在其 10m 范围之内,则该人员应单足或并足跳出危险区,以防止跨步电压触电。

(8) 对设备进行维修时,一定要切断电源,并在电源开关旁边明显的位置,放置“禁止合闸,有人工作”的警示牌。

1.3.2 人体触电现场急救措施

对于触电者的现场急救应分秒必争。发生呼吸、心跳停止的病人,病情都非常危重,这时应一边进行抢救,一边紧急联系医院,就近送病人去医院进一步治疗;在转送病人去医院的途中,抢救工作不能中断。现场急救应遵循以下原则:

1. 关掉电闸,切断电源,然后再施救。无法切断电源时,可以用干燥的木棒、竹竿等将电线挑离触电者身体,如图 1.2 所示。如挑不开电线或其他导致触电的带电体,则应用干燥的绳子套住触电者将其拖离,使其摆脱电源。救援者最好戴上橡皮手套,穿上橡胶运动鞋等。切忌用手直接去拉触电者,不能因救人心切而忘了自身安全。

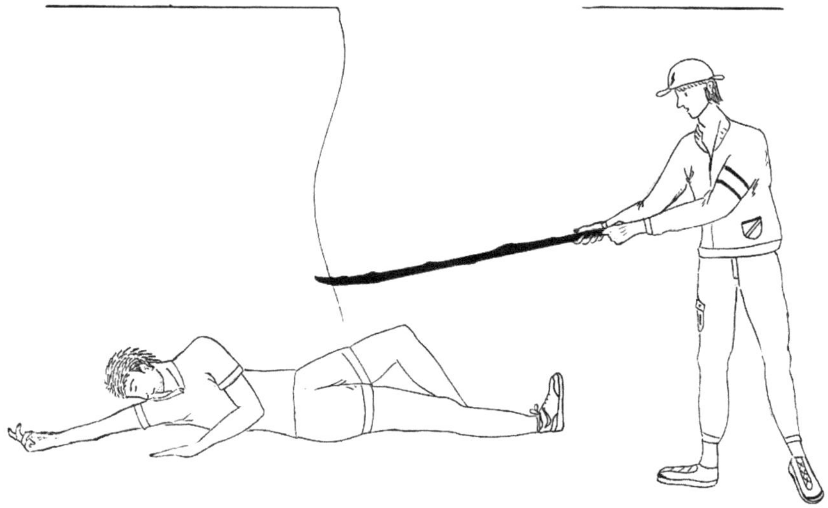

图 1.2 将电线挑离触电者

2. 严密观察伤者的状态，若伤者神志清醒，呼吸心跳均可自主，应让伤者就地平卧，暂时不要站立或走动，防止继发休克或心衰。若伤者出现神志不清、意识丧失等症状，应进一步对伤者的瞳孔、呼吸和心跳状态进行检查。检查伤者瞳孔是否正常，有无瞳孔放大现象；检查伤者呼吸是否正常，有无呼吸停止现象；检查伤者心跳是否正常，有无心跳停止现象，如图 1.3～1.5 所示。

3. 伤者丧失意识时要立即叫救护车，并尝试唤醒伤者。伤者呼吸停止但心搏存在时，让其就地平卧，解松衣扣，通畅气道，并立刻对其进行口对口人工呼吸。伤者心搏停止但呼吸存在时，应立即对其作胸外心脏按压，如图 1.6 所示。

图 1.3　对触电者的检查(瞳孔)

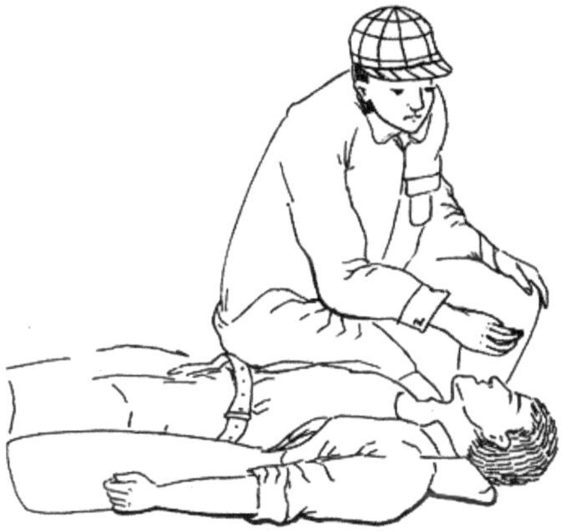

图 1.4　对触电者的检查(呼吸)

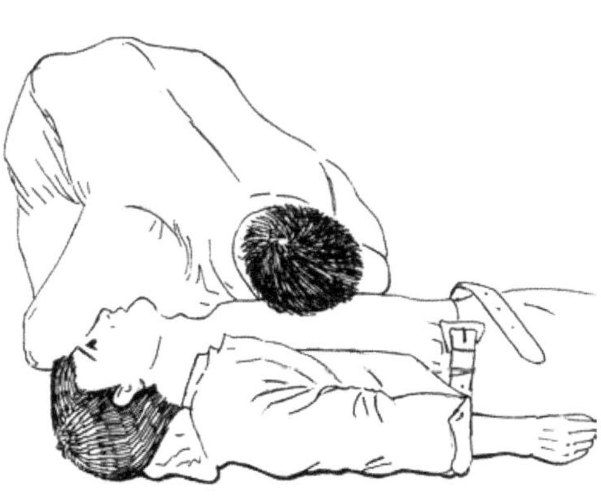

图 1.5　对触电者的检查(心跳)

4. 若发现伤者心跳和呼吸都已经停止，应立即同时对其进行口对口人工呼吸和胸外心脏按压等复苏措施(经专业医生确认,伤者已经触电死亡、无法抢救者除外),如图 1.7 所示。一般抢救时间不得少于 60～90 分钟。直到使触电者恢复呼吸、心跳,或经专业医生确诊已无生还希望时为止。现场抢救最好能两人分别施行口对口人工呼吸及胸外心脏按压,以 5∶1 的比例进行,即心脏按压 5 次,人工呼吸 1 次。如现场抢救人员仅有 1 人,应采用 15∶2 的比例进行胸外心脏按压和人工呼吸,即先作胸外心脏按压 15 次,再口对口人工呼吸 2 次,如此交替进行,抢救工作一定要坚持到底。

图 1.6 胸外心脏按压急救法

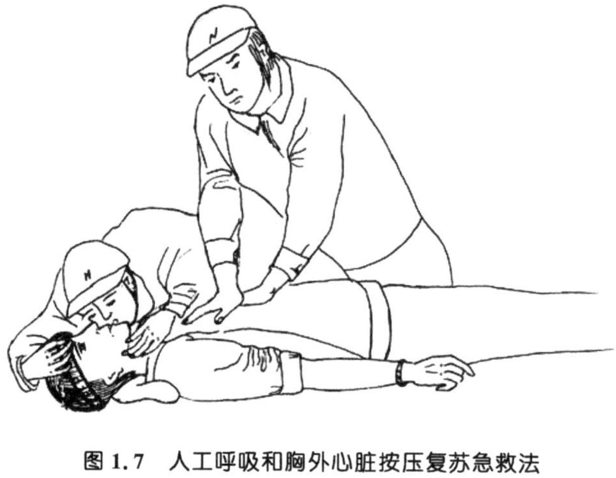

图 1.7 人工呼吸和胸外心脏按压复苏急救法

1.3.3 电气火灾的预防措施

照明设备、手持电动工具以及通常采用单相交流电源供电的小型电器,有时会引起火灾,其原因通常是电气设备选用不当或由于线路年久失修、绝缘老化失效造成短路,或由于用电量增加、线路超负荷运行,维修不善导致接头松动,电器积尘、受潮、接近热源、接近易燃物和通风散热失效等。其防护措施主要是合理选用电气装置。例如,用电设备在干燥少尘的环境中,可采用开启式结构;在潮湿和多尘的环境中,应采用封闭式结构;在易燃易爆的危险环境中,必须采用防爆式结构。

防止电气火灾,还需要注意线路电气负荷不能过高,注意电气设备安装位置距可燃物、易燃物不能太近,注意电气设备运行是否异常,注意防潮等。

1.3.4 电气危害防护及基本电气作业安全管理

1.静电的防护:生产工艺过程中的静电可以造成多种危害。在挤压、切割、搅拌、喷溅、感应、摩擦、流体流动等作业时都会产生危险的静电,由于静电电压很高,又容易发生静电火花,所以特别容易在易燃易爆场所中引起火灾和爆炸。

静电防护一般采用静电接地、增加空气的湿度、在物料内加入抗静电剂、使用静电中和器、工艺上采用导电性能较好的材料、降低生产过程中的摩擦与流速、使用惰性气体进行保护等方法来消除或减少静电的产生。

2.雷电的防护:雷电危害的防护一般采用避雷针、避雷器、避雷网、避雷线等装置将雷电直接导入大地。

避雷针主要用来保护露天变配电设备、建筑物和构筑物;避雷线主要用来保护电力线路;避雷网和避雷带主要用来保护建筑物;避雷器主要用来保护电力设备。

3.电磁危害的防护:电磁危害的防护一般采用电磁屏蔽装置。高频电磁屏蔽装置可由铜、铝或钢制成。金属网或金属丝可有效地消除电磁场的能量,因此可以用作屏蔽室、屏蔽服等的防护层。屏蔽装置应有良好的接地装置,以提高屏蔽效果。

1.3.5 基本电气作业安全管理

电工作业人员要遵守电工作业安全操作规程,遵守维护检修制度,特别是高压检修工作,必须坚持工作票、工作监护等安全工作制度。从事电气工作的人员为特种作业人员,必须经过专门的安全技术培训和考核,经考试合格取得安全生产综合管理部门核发的《特种作业操作证》后,才能独立作业。

1.4 实验室安全管理制度

1.4.1 针对实验室管理员的安全管理规定

1.电气控制技术实验室管理人员必须增强安全用电意识,反对麻痹大意。

2.实验室管理人员应对实验室内的实验台、控制箱、电气元件、编程计算机,进行严格、规范的管理,并编制设备状态表和维修记录清单,督促实验指导教师和实验学生对设备状态和使用情况记录进行填写。

3.实验室管理人员应在每次实验结束后和下班前,都要协助实验指导教师清理好实验现场,切断电源、气源、水源,消除火灾隐患,检查消防设施,关好门窗。节假日、寒暑假要安排专人定期检查实验室的安全。

4.实验室管理人员应坚持定期检修制度,保持电气设备(包括稳压电源、电源开关、插座和线路)的完好,无接触不良现象。如有接触不良等现象,应及时修理或更换。应当为所有电源按规定安装熔断器和漏电保护器,禁止用铁丝或其他金属丝代替保险丝,禁止线路超负荷使用。对于用电容量大的实验台,必须按相应的容量配置电气线路,满足使用要求,并留有较大余量;必要时应为大负载单独安装配电线路。

5. 实验室管理人员应定期学习，接受培训，不断充实安全管理知识，提升安全管理技术水平。

1.4.2 针对实验指导教师的安全管理规定

1. 实验指导教师应对电气控制技术实验室及实验进行时段在本实验室中工作、学习的所有人员的安全负责。

2. 实验指导教师在实验课前应对进行实验的学生进行安全教育，并使学生全面掌握有关的安全操作规程。

3. 实验指导教师应遵从学院教学计划，遵循教学规律，科学、合理地安排本实验室的使用时段，控制进场学生人数；实验指导教师应提前做计划，并及时领取实验材料和实验工具，应避免铺张浪费。

4. 实验指导教师应在学生对实验设备接通电源前，认真检查设备状况及电路连接状况是否良好，有无带电导体裸露等情况。检查无误后方可指导学生接通电源，起动设备。

5. 实验指导教师发现实验室中人员有违规操作，学生有危及他人及实验设备安全的言行时，实验指导教师有权利、有义务对该人员进行指正、劝告、警戒和制止。实验指导教师发现实验室内设备处于不安全、不稳定状态时，有义务进行调整、移动、维修和更换等工作，让其回复到安全、稳定的状态。如果实验指导教师因客观条件所限，无法履行以上职责时，应及时通知实验室管理人员或者汇报给学院主管实验室的相关领导，重新组织人力、物力等条件，进行相应的安全管理与技术工作，以达到实验室所需的安全要求。

6. 实验指导教师应定期进行专业学习、参加专业培训，更新安全用电知识、提高安全管理技能。

1.4.3 针对实验学生的安全管理规定

1. 实验学生应听从实验指导教师和实验室管理人员的具体实验安排，接受实验指导和安全管理。

2. 实验学生应按时到场，不得穿戴奇装异服，不得将食品饮料，以及与本实验项目无关的文体用品带入实验室，进入实验室后，严禁大声喧哗和嬉戏打闹。

3. 实验学生在实验室内，一定要听从实验指导教师的指导，在指定实验台上，用指定工具，对指定的设备进行操作。在取放、安装电气元件时，要特别注意一定要让电气元件摆放和安装得稳定，不得存在坠落隐患。

4. 实验学生严禁带电安装电气元件、调整电路；如需进行安装、调试，一定要先断开电源，然后再进行操作。

5. 实验学生有义务保持实验环境清洁、安全，实验学生有义务保证实验设备和实验工具的正当使用，不发生人为损坏；实验学生有权利和义务对危及实验室人员和设备安全的他人言行进行劝告和阻止。

6. 实验学生有义务在每次实验结束时，切断实验台电源，整理好实验设备和实验工具，清理好实验过程产生的杂物，按时离开实验室。

1.5 案例式教学习题

1. 请同学们认真观察我院的电气控制技术实验室的工作环境和设备布置，并全面论述实验室会存在哪些安全隐患及其发生的概率，着重指出其中包含的触电事故隐患，提出预防措施。

2. 请同学们设想自己是我院电气控制技术实验室的主任，为本实验室编制安全规程、应急预案和实验安全知识培训手册，并以小组为单位讨论安全规程、应急预案、实验安全知识培训手册编写的合理性和完整性。

3. 请同学们设想自己是我院电气控制技术实验室的主任，为本实验室编写安全设备采购清单和医疗救护用品清单，并以小组为单位讨论其合理性和可行性。

4. 请同学们使用低压验电器、万用表、电压表等实验设备，检测实验室内插座及实验台电气设备的带电性。

5. 请同学们通过查阅专业资料并进行分组讨论，在不同的工业部门(冶金、石化、造船、机械加工、供电配电等部门)中从事电气技术工作，所需要具备的电气安全知识、电气安全培训，所需要配置的电气安全用具，以及厂区所需要编写的电气安全操作规程和应急预案。

1.6 阅读文献列表

[1] 吴江. 电气安全隐患排查治理图册[M]. 北京：中国电力出版社，2015.

[2] 乔新国. 电气安全技术[M]. 3 版. 北京：中国电力出版社，2015.

[3] 杨勇. 电气安全知识[M]. 2 版. 北京：中国劳动社会保障出版社，2017.

[4] 钮英建. 电气安全工程[M]. 北京：中国劳动社会保障出版社，2009.

[5] 赵建林. 用电安全常识[M]. 武汉：湖北科学技术出版社，2017.

[6]《安博士画说安全丛书》编委会. 用电安全[M]. 北京：中国劳动社会保障出版社，2009.

[7] 东方文慧. 用电安全常识宣传教育手册[M]. 北京：中国劳动社会保障出版社，2014.

[8] 马永强. 施工现场临时用电安全手册[M]. 北京：石油工业出版社，2012.

[9] 任大海. 施工现场用电安全读本[M]. 北京：中国建筑工业出版社，2016.

[10] 陈根生. 安全用电知识读本[M]. 郑州：黄河水利出版社，2019.

[11] 李世林，高永梅. 农村用电安全知识问答[M]. 北京：中国标准出版社，2010.

1.7 技术关键词表

序号	中文书写	英文书写	页码
1	感知电流	Sensible current	1
2	摆脱电流	Secure current	1
3	致命电流	Deadly current	1
4	接触触电	Contact electric shock	2

续表

序号	中文书写	英文书写	页码
5	单相触电	Single-phase electric shock	2
6	跨步触电	Step electric shock	2
7	绝缘	Insulation	3
8	屏护	Shielding	3
9	间距	Distance	3
10	保护接地	Protective earthing	3
11	漏电保护装置	Earth leakage protection	3
12	安全电压	Safety voltage	3
13	现场急救	First aid	4
14	人工呼吸	Artificial respiration	5
15	静电	Electrostatic	7
16	雷电	Lighting	7
17	电磁危害	Electromagnetic hazard	7

1.8 本章小结

本章简要介绍了触电原理基本知识、安全用电与急救常识和实验室安全管理规定。让学生具备基本用电安全常识，对实验项目进行过程中的安全事故起到预防作用，并为以后工作中树立一个良好的安全意识。

第2章　常用电工工具使用及其项目实践

2.1　学习目标

1. 了解电气控制技术实验室现有电工工具的名称、作用、规格、结构组成和使用注意事项。其中包括：低压验电器、电工钳（钢丝钳、尖嘴钳、斜嘴钳、剥线钳）、螺钉旋具（十字头螺丝刀、一字头螺丝刀）、螺帽旋具（活动扳手、呆扳手、内六角扳手）、电工刀、电气常用仪表等。

2. 了解电气线路电工作业常用工具的名称、作用、规格、结构组成和使用注意事项。其中包括：电工用凿、手持电钻、电动型材切割机、登高工具、电工安全防护工具等。

3. 掌握电气导线连接的基本方法。

2.2　实验室现有电工工具及使用

我院电气控制技术实验室，现有完成教学实践项目所需的各种常用电工工具，按照类别可以分为手动工具、电动工具、测量工具等。手动工具中电工钳又分为钢丝钳、尖嘴钳、剥线钳等，螺帽旋具又分为活动扳手、呆扳手和内六角扳手等。为了论述方便，下面不再按小类细分，将我院电气控制技术实验室现有常用的电工工具简介如下。

2.2.1　钢丝钳

钢丝钳俗称老虎钳，是钳夹和剪切工具，由钳头和钳柄两部分组成，如图2.1所示。电工钢丝钳在钳柄上套有绝缘管，耐压一般为500 V，可用于适当条件下的带电作业。

钢丝钳的作用包括弯绞或钳夹导线的线头、紧固或起松螺母；钢丝钳的刀口用来剪切导线或剖切软导线绝缘层；铡口用来铡切电线的芯线和钢丝、铅丝等较硬金属材料。

钢丝钳的规格，按总长度分为150 mm、175 mm、200 mm等规格。

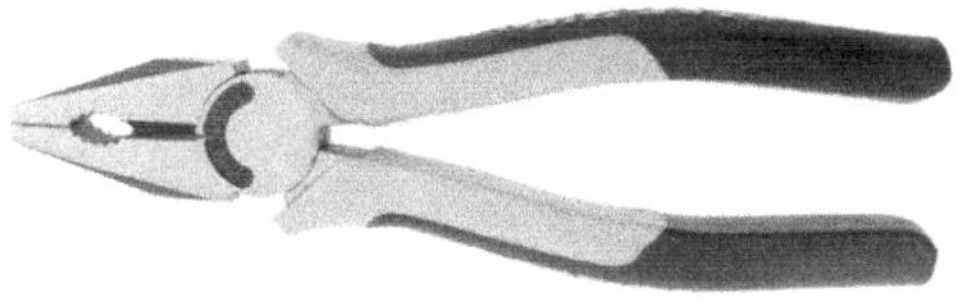

图2.1　钢丝钳

钢丝钳使用注意事项：

1. 钢丝钳使用前，应检查绝缘把柄的绝缘层是否完好，以防带电作业时发生触电事故；
2. 钢丝钳用来剪切带电导线时，不得用刀口同时剪切火线和零线，以防短路；
3. 钢丝钳的钳头不应该代替榔头使用，以免损坏。

2.2.2 尖嘴钳

尖嘴钳的结构包括钳头、钳柄、绝缘护套、预压弹簧等部分，如图 2.2 所示。

尖嘴钳的作用是钳头部分细而长，有细齿，能在狭小的地方工作，夹捏小零件，也可弯圈，带刃口者可剪切细小的铜、铝线。它的柄部套有绝缘管，耐压一般为 500 V。尖嘴钳的规格，按总长度分为 130 mm、160 mm、180 mm、200 mm 四种规格。

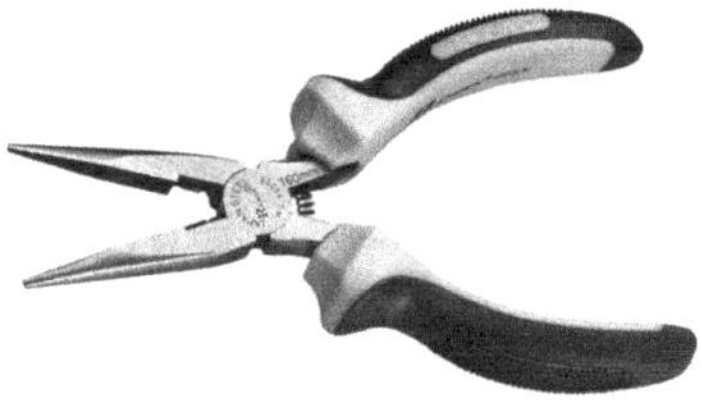

图 2.2　尖嘴钳

尖嘴钳使用注意事项：尖嘴钳使用前，应检查绝缘把柄的绝缘层是否完好，以防带电作业时发生触电事故。

2.2.3 斜口钳

斜口钳（又称断线钳）包括钳头和钳柄等部分，钳头一般是圆弧形，有上翘的刃口，如图 2.3 所示。

斜口钳适用于剪断金属丝。钳柄有铁柄、管柄和绝缘柄等形式，耐压一般为 1000 V。斜口钳的规格，按总长度分为 130 mm、160 mm、180 mm、200 mm 四种规格。

斜口钳使用注意事项：斜口钳使用前，应检查绝缘把柄的绝缘层是否完好，以防带电作业时发生触电事故。

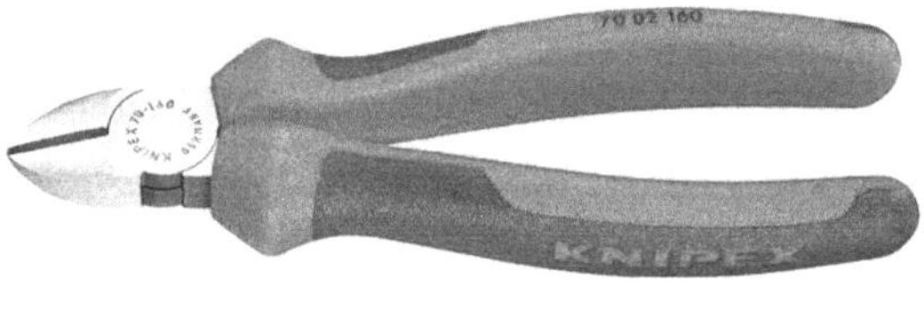

图 2.3　斜口钳

2.2.4 剥线钳

剥线钳由钳头和手柄两部分组成，如图 2.4 所示。钳头部分由压线口和切口构成，一般具有直径为 0.5～3 mm 的多个切口，以适宜于不同规格的芯线。手柄也是绝缘的，其耐压一般为 500 V。

剥线钳的作用是可以用它来剥削芯线在 6 mm^2 以下导线的塑料绝缘层或橡胶绝缘层。

剥线钳使用注意事项：电线必须选择规格适当的切口，尤其要注意电线必须放在略大于其芯线直径的切口上切剥，否则会切伤芯线。

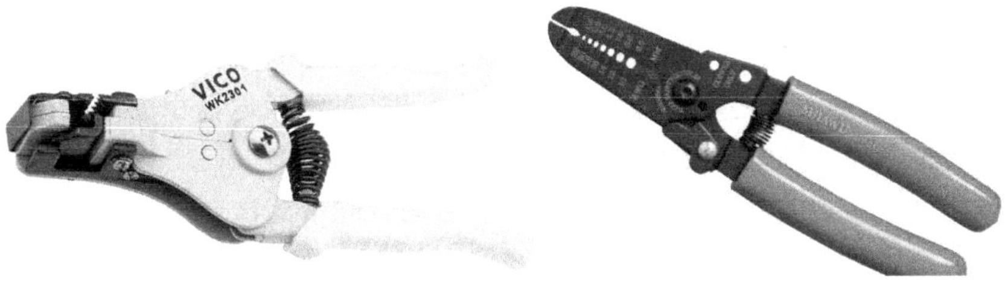

图 2.4 剥线钳

2.2.5 低压验电器

低压验电器,又称测电笔或验电笔,简称电笔。低压验电器由笔身、金属端盖、氖管、电阻、弹簧等组成,如图 2.5 所示。常用验电笔有螺丝刀式验电笔(又称起子式)、钢笔式验电笔两种。按显示方式又分为氖管指示验电笔和电子指示验电笔。

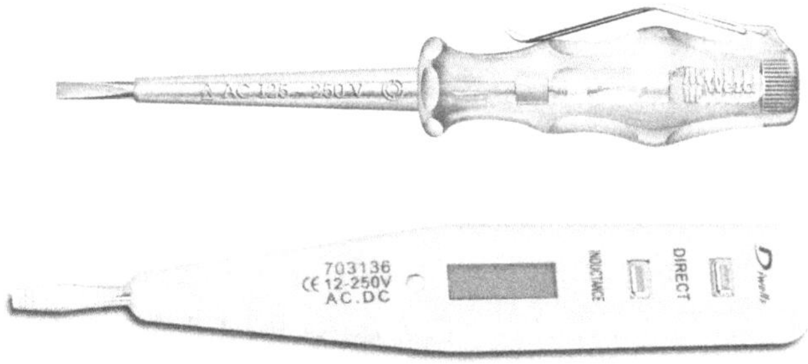

图 2.5 螺丝刀式氖管指示验电笔和电子指示验电笔

低压验电器是一种检验低压电线和电气装置是否带电的工具。普通低压验电器的电压测量范围在 60～500 V。低于 60 V 时,验电器的氖管可能不会发光显示,对高于 500 V 的电压,严禁使用普通低压验电器检测,以免发生触电事故。

低压验电器使用注意事项(尤其对于电气控制技术初学者):

1. 使用低压验电器前,首先要检查笔身内有无安全电阻,然后要检查验电器是否损坏,有无受潮或进水现象,检查合格后方可使用,如图 2.6 所示。

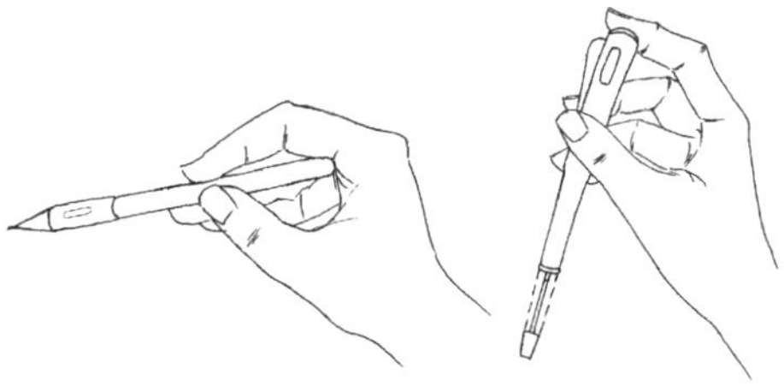

(a) 钢笔式　　(b) 螺丝刀式

图 2.6 低压验电笔的使用方法

2. 在测试点处使用低压验电器前,应在确定带电的电源处先进行一下低压验电器的功能测试,证明低压验电器确实工作性能良好,方可使用。

3. 在测试时,工作人员以手指触及笔尾的金属体,并使氖管小窗朝向自己,以便于观察，然后使低压验电器逐渐靠近被测物体，直至氖管出现“发亮”或“完全不亮”的现象。

4. 当使用低压验电器检测带电体时，电流经带电体、验电笔、人体，一直到大地形成通电回路，只要带电体与大地之间的电位差超过 60 V 时，低压验电器中的氖管就会发光。使用时要注意防止笔尖金属体触及人体皮肤，避免触电。

5. 当使用低压验电器在明亮的光线下或强烈的日光下测试带电体时，应当注意避光，以防光线太强不易观察到氖管是否发亮，造成错误的判断。

6. 螺丝刀式、钢笔式的低压验电器，前面的笔尖金属体一般都制成小螺丝刀的刃口形状；如果用它来拧螺钉，用力要轻，扭矩不可过大，以防损坏。

7. 低压验电器使用完毕后要保持清洁，并放置在干燥处，严禁摔碰。

2.2.6 电工刀

电工刀是电工常用的一种切削工具，一般用来削电线线头、切割电线绝缘层。电工刀由刀挂、刀把、刀片等部分组成。刀片上有刃口，如图 2.7 所示。电工刀按刀片长度分为大号、小号两种规格，大号为 112 mm，小号为 88 mm。

电工刀使用注意事项：

1. 使用电工刀剖削导线绝缘层时，刃口一定要朝向人体外侧，切勿用力过猛，以免不慎划伤手指，应使刀面与导线面成较小的锐角，以免割伤导线；

2. 电工刀的手柄一般是不绝缘的，因此严禁使用电工刀进行带电操作，以防触电；

3. 一般情况下，不允许用锤子敲打刀背的方法来剖削木桩等物品。

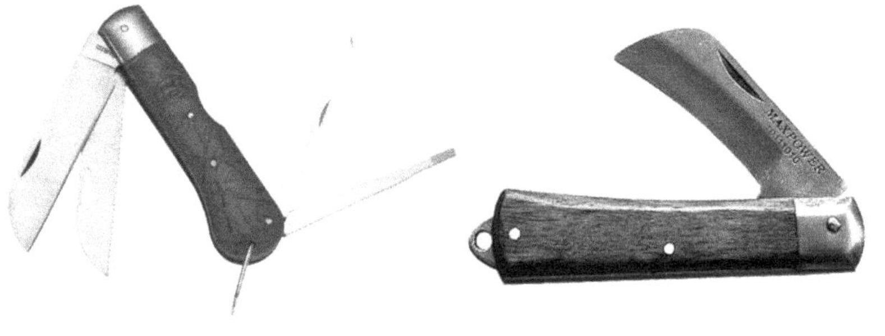

图 2.7 电工刀

2.2.7 螺钉旋具

螺钉旋具，通常称为螺丝刀，又称起子、改锥，是一种旋紧或松开螺丝的工具，分“一”字形和“十”字形两种，如图 2.8 所示。

螺丝刀规格：

1. “一”字形螺丝刀的规格用柄部以外刀体长度的毫米数来表示，常用规格为 100 mm、150 mm、200 mm、300 mm、400 mm 五种规格。

2. “十”字形螺丝刀分为四种型号，其中Ⅰ号适用于直径为 2～2.5 mm 的螺钉，Ⅱ、Ⅲ、Ⅳ号分别适用于直径 3～5 mm、6～8 mm、10～12 mm 的螺钉。

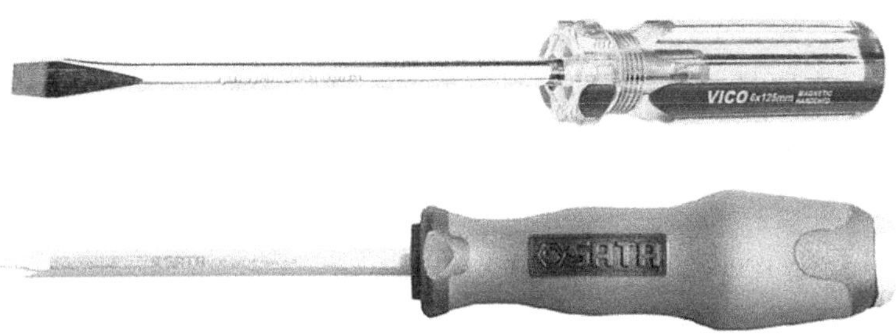

图 2.8 “一”字形螺丝刀 和 “十”字形螺丝刀

螺丝刀使用注意事项：

1.带电作业时，不可使用金属杆直通手柄顶部的螺丝刀，否则使用时容易造成触电事故；

2.使用螺丝刀紧固或拆卸带电的螺钉时，手不得触及螺丝刀的金属杆，以免发生触电事故。

2.2.8 螺帽旋具

螺帽旋具主要是各种扳手，在此着重介绍活动扳手，并附带介绍呆扳手、套筒扳手和内六角扳手。

2.2.8.1 活动扳手

活动扳手简称活扳手，其开口宽度可在一定范围内调节，是用来紧固和起松不同规格的螺母和螺栓的一种工具，如图 2.9 所示。

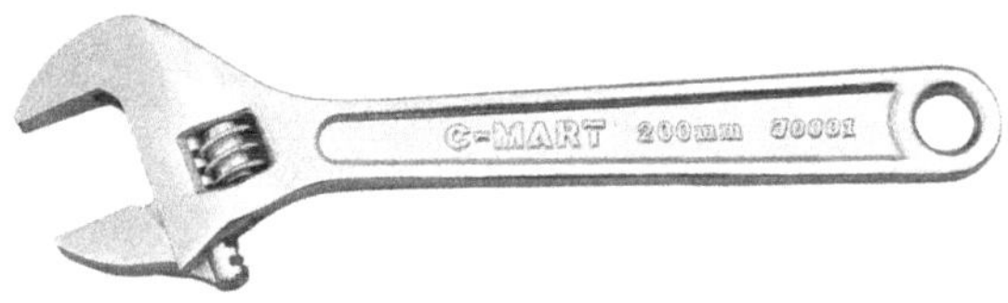

图 2.9 活动扳手

活动扳手由头部和柄部组成，头部由固定扳唇、活动扳唇，蜗轮和轴销等构成。旋转蜗轮就可调节扳手开口度的大小。

活动扳手的规格，以长度×最大开口宽度(单位：mm)表示。电工常用活动扳手有四种规格，它们分别是：150 mm×19 mm、200 mm×24 mm、250 mm×30 mm 和 300 mm×36 mm。使用活动扳手紧固螺母时，应按螺母大小选用适当规格。

活动扳手使用方法如图 2.10 所示。扳动大螺母时，需要较大力矩，手应握在近柄尾处。扳动较小螺母时，需要力矩不大，但螺母过小易打滑，故手应握在近头部的地方，可随时调节蜗轮，收紧活动扳唇防止打滑。在使用活动扳手时，应使扳手的活动扳唇承受推力，而固定扳唇承受拉力。即拉动扳手时，活动扳唇朝向内侧，用力一定要均匀，以免损坏扳手或螺栓、螺母的棱角，造成打滑而发生事故。活动扳手不可反用，以免损坏活动扳唇。

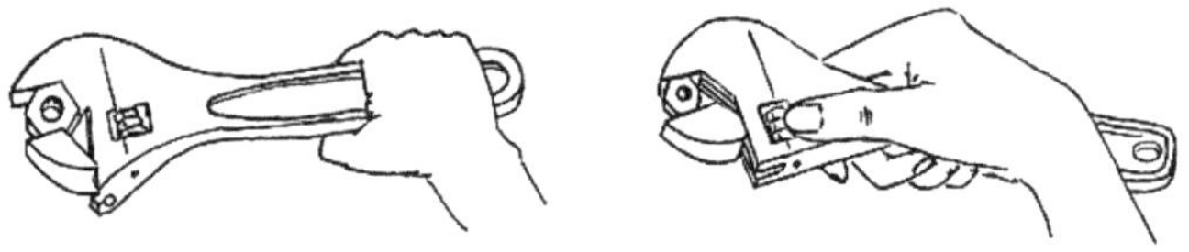

图 2.10　活动扳手使用方法

2.2.8.2　呆扳手

呆扳手又称开口扳手(或称死扳手),主要分为双头呆扳手和单头呆扳手,如图 2.11 所示。按扳手开口度,双头呆扳手的型号规格为:4 mm×5 mm、5.5 mm×7 mm、8 mm×10 mm、9 mm×11 mm、12 mm×14 mm、13 mm×15 mm、14 mm×17 mm、17 mm×19 mm、19 mm×22 mm、22 mm×24 mm、30 mm×32 mm、32 mm×36 mm、41 mm×46 mm、50 mm×55 mm、65 mm×75 mm,这两个数字分别是扳手两个头的开口度。单头呆扳手的规格同双头呆扳手,但只有一个头,所以只需用一位数字标识。

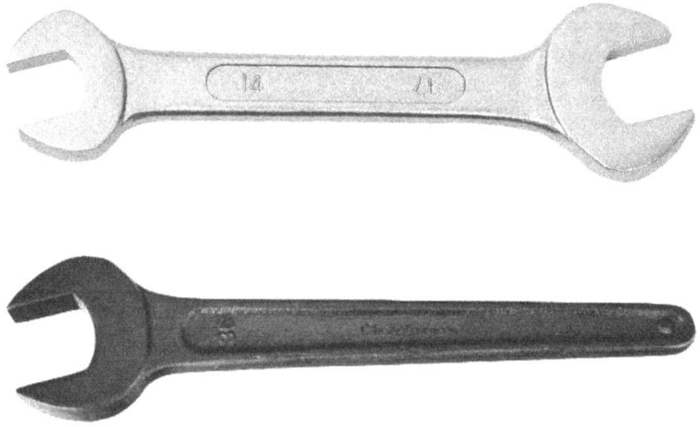

图 2.11　呆扳手

2.2.8.3　梅花扳手

梅花扳手是指扳手头部为花环状的扳手。为了减少扳手数量,同双头呆扳手一样,扳手两头花环的尺寸设计为不同规格。另外,扳手还可以设计为一头是呆扳手,另一头是梅花扳手,如图 2.12 所示。

梅花扳手也有各种规格,例如:12 mm×15 mm、24 mm×32 mm,这两种规格是日常工作中容易见到的梅花扳手规格。使用时要选择与螺母或螺栓相配的梅花扳手。

为了使用方便,有一些双头梅花扳手,从侧面看旋转螺栓的工作部分和手柄部分是错开的。这种结构方便于装配或拆卸安装在凹陷空间的螺栓、螺母,并可以为手指提供操作间隙,以防手指擦伤。在补充拧紧和类似操作中,可以使用梅花扳手对螺栓或螺母施加大扭矩。

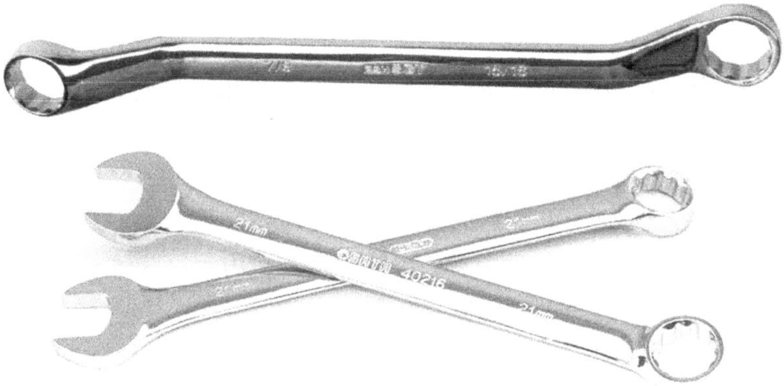

图 2.12　梅花扳手

2.2.8.4　套筒扳手

套筒扳手一般简称套筒。它特别适用于拧转安装空间十分狭小或凹陷很深处的螺栓或螺母，如图 2.13 左图所示。套筒扳手一般都附有一套各种规格的套筒头以及摆手柄、接杆、万向接头、旋具接头、弯头手柄等用来套入并拧动六角螺帽的工具。

从规格上来说，套筒有公制和英制之分，套筒虽然内凹形状一样，但套筒外径、连杆长短等参数是依据对应设备的形状和尺寸设计的，目前国家还没有统一规定，所以套筒的设计相对来说比较灵活。

2.2.8.5　内六角扳手

内六角扳手也叫艾伦扳手。它通过扭矩作用来施加对内六角螺丝的紧固力，大大降低了使用者的劳动强度，如图 2.13 右图所示。有用到内六角头螺丝进行紧固的地方，就必须用到内六角扳手。

内六角扳手的规格，按其对应螺丝头部的尺寸，可分为：1.5 mm、2 mm、2.5 mm、3 mm、4 mm、5 mm、6 mm、8 mm、10 mm、12 mm、14 mm、17 mm、19 mm、22 mm、27 mm。

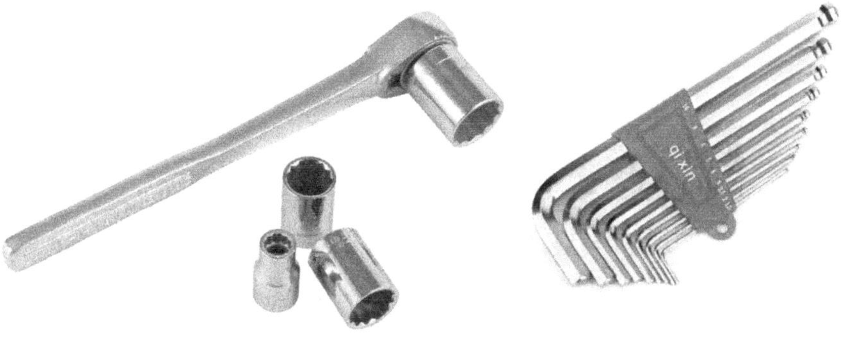

图 2.13　套筒扳手和内六角扳手

2.2.8.6 扳手使用注意事项

1. 扳手在使用过程中，最好是用手进行拉动，若必须用手推动时，也只能用手掌来推，并且手指要伸开，以防螺栓或螺母突然松动而碰伤手指。要想得到最大的扭力，作用力的方向一定要和扳手柄成直角，这样可以使得作用力臂最长。

2. 在扳动生锈的螺母时，可在螺母上滴几滴煤油或机油。在用手拧不动时，千万不可采用钢管套在扳手的手柄上，用加长力臂的方法来增加扭力。因为这样极易损伤扳手的活络唇或进行紧固的螺母，容易导致螺母变形无法取出。

3. 在使用扳手时应避免用力过大、过猛，否则有可能造成打滑碰伤人体。

4. 扳手不得当作撬棒或手锤使用；登高作业中需要用到扳手时，要用绳索传递，不得抛上或扔下。

2.2.9 凿子和锉刀

凿子是一种钢制常用手工工具，结构包括手柄和端部，如图 2.14 左图所示，凿子在端部带有刃口。凿子的刃口根据不同用途有不同的造型分类，如平凿、斜凿、圆凿、菱凿。

锉刀也是一种钢制常用手工工具，结构包括手柄和端部，如图 2.14 右图所示。锉刀用于对金属、木料、皮革等表层做微量加工。

锉刀规格：钳工锉以锉身(自锉梢端至锉肩之间的距离)长度来表示，有 100～150 mm、200～300 mm、350～450 mm 等几种规格。异形锉和整形锉的全长即为规格尺寸。

锉刀使用注意事项：应根据被锉削零件的材质、表面形状来选择锉刀，使两者相适应，这样才能达到最佳的锉削效果。

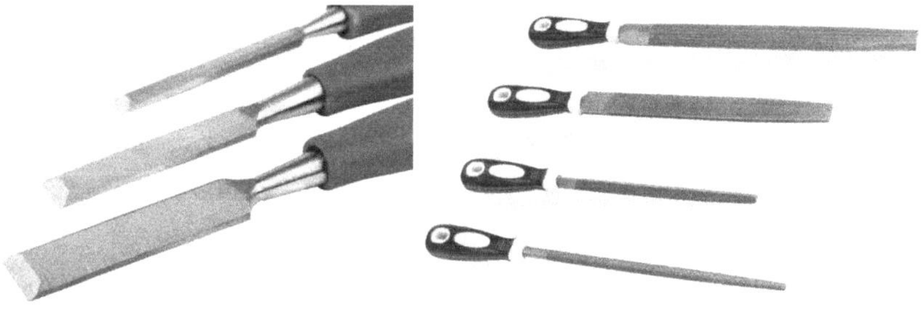

图 2.14 凿子和锉刀

2.2.10 手锯

手锯是指利用锯条、锯片来锯断金属、塑料、木头等材料或在材料上进行切槽等操作的手动工具，分为钢锯和刀锯等类型，如图 2.15 所示。

钢锯由钢架弓和钢锯条组成，使用起来方便简单，可以通过更换钢锯条来进行重复使用。

图 2.15　手锯

刀锯主要由锯刃和锯把两部分组成，可分为单面、双面、夹背刀锯等。单面刀锯的锯长 350 mm，一边有齿刃，根据齿刃功能不同，还可分纵割和横割两种。双面刀锯的锯长为 300 mm，两边都有齿刃，一边齿刃为纵割锯，另一边为横割锯。夹背刀锯的锯板长 250～300 mm，夹背刀锯的锯背上用钢条夹直，锯齿较细，也有纵割锯和横割锯之分。

手锯使用注意事项：

1. 应根据所加工材料的硬度和厚度正确地选用锯条；锯条安装的松紧要适度，根据手感随时进行调整。

2. 手锯的起锯要平稳，起锯角不应超过 15°；角度过大时，锯齿容易被工件材料卡紧。

3. 被锯割的工件要夹紧，进行锯割过程中工件不能有位移和振动；锯割线离工件支承点要近。

4. 用手锯进行锯割时，向前推锯时双手要适当地加力；向后退锯时，应将手锯略微抬起，不要再施加压力；用力的大小应根据被割工件的硬度来确定，硬度大的可以把作用力加大些，硬度小的可以减小些。

2.2.11　手锤

手锤也称为榔头，是电气安装工作中常用手动工具，用于对工件或设备进行锤击。手锤由锤头、手柄和楔子等部分组成，如图 2.16 所示。手锤的规格以锤头重量来表示，电工常用的规格有 0.25 kg、0.5 kg 和 0.75 kg 等，锤头用碳素工具钢 T7 锻造而成，并经热处理淬火变硬，手柄长度为 300～350 mm。

手锤使用注意事项：要根据各种不同的工作对象来选择适用的手锤。手锤使用过程中要注意，时常检查锤头是否有松动脱落等现象。

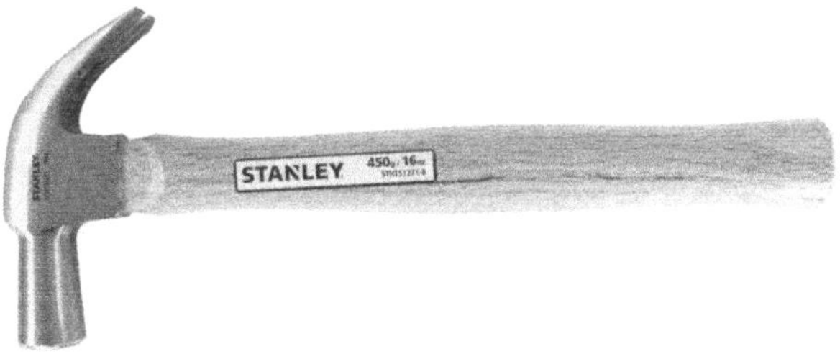

图 2.16　手锤

2.2.12　画规和塞尺

画规又称分线规，主要用途是在金属上面画线、画圆和分度，如图 2.17 左图所示。它可以把钢板尺上的尺寸移到工件上，它还可以用于等分线段、角度，以及用于绘制圆周和测量两点之间距离等用途。

塞尺又称厚薄规或间隙规。它是由一组具有不同厚度级差的薄钢片组成的量规，一般用于测量间隙尺寸，如图 2.17 右图所示。在检验被测尺寸是否合格时，可由检验者根据塞尺与被测表面配合的松紧程度来判断。塞尺一般用不锈钢制造，最薄的钢片为 0.02 mm，最厚的为 3 mm。其他钢片厚度在 0.02～0.1 mm 之间时，各钢片厚度级差为 0.01 mm；在 0.1～1 mm 之间时，各钢片的厚度级差一般为 0.05 mm；在 1～3 mm 之间时，各钢片的厚度级差为 0.1 mm。除了公制以外，也有英制的塞尺。

图 2.17　画规和塞尺

2.2.13　钢板尺和直角尺

钢板尺又称钢直尺，是常用量具的一种，主要用于线段长度的测量，如图 2.18 左图所示。从外形上看，很像普通塑料尺，但是钢板尺的材料一般是合金钢。

直角尺，是检验和画线工作中常用的量具，用于检测工件的垂直度及工件之间相对位置的垂直度，材料一般也是合金钢，如图 2.18 右图所示。

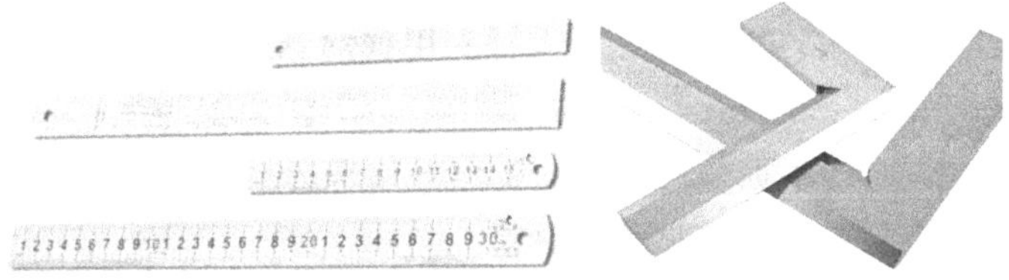

图 2.18　钢板尺和直角尺

2.2.14　游标卡尺

游标卡尺是一种测量长度、内外径、深度的量具。游标卡尺结构由主尺和附在主尺上能滑动的游标两部分构成，如图 2.19 所示。主尺一般以毫米为单位，而游标上则有 10、20 或 50 个分格，根据分格的不同，游标卡尺可分为十分度游标卡尺、二十分度游标卡尺、五十分度游标卡尺等。游标为十分度，其长度为 9 mm；二十分度，其长度为 19 mm；五十分度，其长度为 49 mm。常用游标卡尺按其精度可分为 3 种，即 0.1 mm、0.05 mm 和 0.02 mm。精度为 0.05 mm 和 0.02 mm 的游标卡尺较为常见。

游标卡尺的主尺和游标上有两副活动量爪，分别是内测量爪和外测量爪。内测量爪通常用来测量内径，外测量爪通常用来测量长度和外径。另外，在主尺尾端还有一个测量孔深用的探尺。

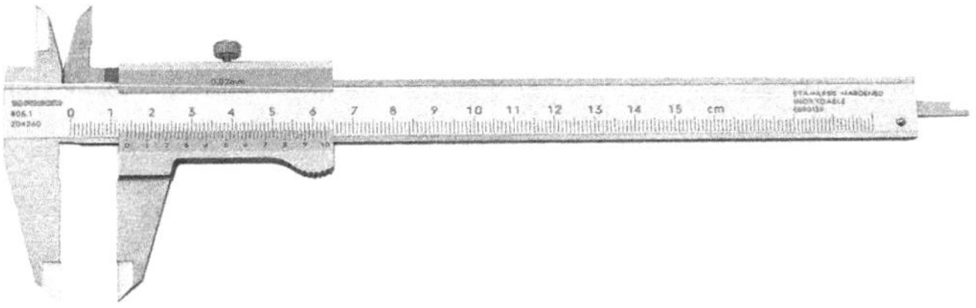

图 2.19 游标卡尺

游标卡尺使用注意事项：

1. 游标卡尺是比较精密的测量工具，要轻拿轻放，不得碰撞或跌落地下。使用时不要用它来测量表面粗糙的物体，以免损坏量爪，避免与刃具放在一起，以免刃具划伤游标卡尺的表面，不使用时应置于中性、干燥的地方，远离酸碱性物质，防止锈蚀。

2. 测量前应把卡尺擦拭干净，检查卡尺的两个测量面和测量刃口是否平直无损，把两个量爪紧密贴合时，应无明显的间隙，同时游标和主尺的零位刻线要相互对准。这个过程称为校对游标卡尺的零位。

3. 移动游标尺框时，要活动自如，不应过松或过紧，更不能有晃动现象。用固定螺钉固定游标尺框时，卡尺的读数不应有所改变。在移动游标尺框时，不要忘记松开固定螺钉，也不宜让游标尺框过松。

4. 用游标卡尺测量零件时，不允许过分地施加压力，所用压力应使两个量爪刚好接触零件表面。如果测量时压力过大，不但会使量爪弯曲或磨损，且量爪在压力作用下将产生弹性变形，使测量得到的尺寸不准确(外径尺寸测量值小于实际尺寸，内孔尺寸测量值大于实际尺寸)。

5. 在游标卡尺上读数时，应把卡尺水平地拿着，朝着亮光的方向，使人的视线尽可能和卡尺的刻线表面垂直，以免由于视线的歪斜，而造成读数误差。为了获得正确的测量结果，可以多测量几次，即在零件的同一截面上的不同方向进行测量。对于较长零件，则应当在全长的各个部位分段进行测量，以便获得一个比较正确的测量结果。

2.2.15 螺旋测微器

螺旋测微器又称千分尺、螺旋测微仪、分厘卡。它是比游标卡尺更精密的测量长度的工具，用它测长度可以准确到 0.01 mm，其测量范围只有几个厘米。

千分尺的结构包括测砧、测微螺杆、微调旋钮、棘轮、活动套管、固定套管、制动栓等部分，如图 2.20 所示。

千分尺的工作原理：将测微螺杆的一部分加工成螺距为 0.5 mm 的螺纹，当测杆在固定套管的螺套中转动时，测杆将前进或后退，活动套管和螺杆连成一体，其周边等分成50 个分格。螺杆转动的整圈数由固定套管上间隔 0.5 mm 的刻线去测量，不足一圈的部分由活动套管周边的刻线去测量，最终测量结果需要估读一位小数。

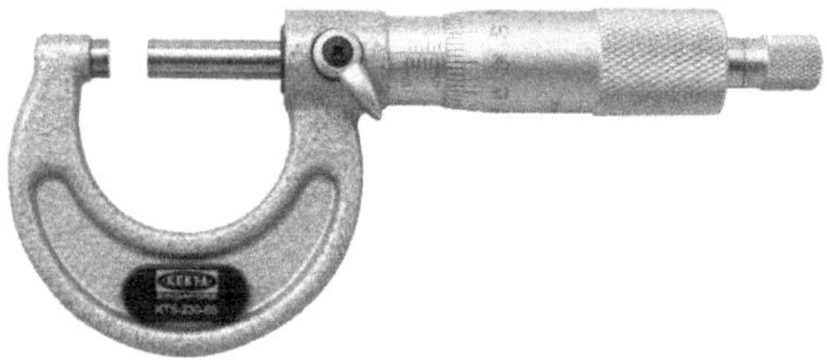

图 2.20　千分尺

千分尺使用注意事项：

1.使用千分尺测量时，注意要在测微螺杆快靠近被测物体时应停止使用套管旋钮，而改用微调旋钮，避免接触时产生过大的压力，这样既可使测量结果精确，又能保护螺旋测微器。

2.千分尺在测量读数时，要注意固定刻度尺上表示半毫米的刻线是否已经露出。

3.千分尺在测量读数时，千分位有一位估读数字，不能随便扔掉，即使固定刻度线的零点正好与可动刻度线的某一刻度值对齐，也应在千分位上读取为“0”。

4.当千分尺的测砧和测微螺杆并拢时，可动刻度线的零点与固定刻度线的零点不相重合，将出现“零点误差”，应加以修正，即在最后测得长度的读数上去掉修正该“零点误差”的数值。

2.2.16　钢卷尺

钢卷尺又称为(钢)皮卷尺或盒卷尺，它主要用于测量较长物体的尺寸或距离。卷尺主要由外壳、尺带、制动按钮、尺钩、提带、防摔保护套和贴标等部分组成，如图 2.21 所示。

钢卷尺规格按长度来决定，常见长度有 3 m、5 m、20 m、30 m、50 m 等几种。

图 2.21　钢卷尺

钢卷尺使用注意事项：

1.钢卷尺的尺带一般镀铬、镍或其他涂料，所以要保持清洁，测量时不要使其与被测表面摩擦，以防划伤。

2.钢卷尺使用时，拉出尺带不得用力过猛，而应徐徐拉出，用毕也应让它徐徐退回。对于制动式卷尺，应先按下制动按钮，然后徐徐拉出尺带，用毕后再按下制动按钮，尺带自动收卷；钢尺带只能卷，不能折。

3. 不允许将钢卷尺长期放置在潮湿和有酸类气体的地方，以防锈蚀。

2.2.17 电流表和电压表

电流表是用来测量交流、直流电路中电流数值的仪表，如图 2.22 所示。它可直接测量微安或毫安数量级的电流数值，为测量更大的电流数值，电流表应设有并联电阻器（又称分流器）。

图 2.22 电流表

电流表使用注意事项：

1. 测量电流时，电流表应与被测电路串联。测量直流电流，必须注意仪表的极性，应使仪表的极性与被测量的极性一致。

2. 测量大电流时，必须采用电流互感器，电流表的量程应与互感器二次侧的额定值相符。

3. 当电路中的被测电流值超过仪表的量程时，可采用外附分流器，但应注意其准确度等级应与仪表的准确度等级相符。

4. 电流表在使用时，还应注意仪表的使用环境要符合要求，要远离外磁场。

电压表是测量电压的一种常用电工测量仪器，如图 2.23 所示。电压表测量原理是基于电流的磁效应，电压表内有一个磁铁和一个导电线圈（螺线管），线圈通过电流后，会产生磁场，磁铁在磁场的作用下会带动指针发生偏转，即表中电流越大，所产生的磁力越大，表现出来的就是表上指针的摆幅越大。

图 2.23 电压表

电压表使用注意事项：

1. 使用电压表测量电压前，应检查电压表指针是否对准“0”刻度线；如果没对准，应调节“调零器”,使指针归零。

2.使用电压表测量电压时,电压表应与被测电路并联。

3.测量高电压时,必须采用电压互感器,电压表的量程应与互感器二次侧的额定值相符。

4.若在测量中发现指针反向偏转或正向偏转超过标度尺上满刻度线,应立即断电停止测量,待导线连接正确或重新选择更大量程的电压表后再进行测量。

2.2.18 台虎钳

台虎钳,通常又简称虎钳,是用来夹持工件的通用夹具,主要是指平口台虎钳。专门用于夹持钢管工件的称为钢管台虎钳,如图2.24所示。台虎钳一般应安装在工作台上,用以夹稳加工工件,是钳工车间必备的作业工具。带转盘式的钳体可旋转,使工件旋转到合适的工作位置。

图2.24 平口台虎钳和钢管台虎钳

台虎钳由钳体、底座、导螺母、丝杠、钳口体等组成。台虎钳的规格以钳口的宽度表示,常用规格有100 mm、125 mm、150 mm等几种。

台虎钳使用的注意事项:

1.夹紧工件时要松紧适当,只能用手来板紧手柄,不得借助其他工具加力;

2.强力作业时,应尽量使作用力朝向固定钳身;

3.不允许在活动钳身和光滑平面上进行敲击作业;

4.对丝杠、导螺母等活动表面应经常清洗、润滑,以防生锈。

2.2.19 万用表

万用表又称为复用表、多用表、三用表、繁用表等,是电控技术工作中不可或缺的测量仪表。万用表按显示方式分为指针式万用表和数字式万用表,数字式万用表如图2.25所示。万用表是一种多功能、多量程的测量仪表。通常,可以用它来测量直流电流、直流电压、交流电流、交流电压、电阻等电气参数,还可以测量电容量、电感量及半导体的一些基本参数,以及用于检查线路通断情况。

万用表由表头、测量电路、转换开关、测量表笔和表笔插孔等部分组成。

万用表使用注意事项:

1.在使用万用表之前,应先进行“机械调零”,即在没有被测电量时,使万用表指针指在

“零电压”或“零电流”的位置上。

2. 在使用万用表过程中，不能用手去接触表笔的金属部分，这样一方面可以保证测量值的准确，另一方面也可以保证人身安全。

3. 在测量某一电量时，不能在测量的同时换挡，尤其是在测量高电压或大电流时，更应注意这一点，否则可能会使万用表毁坏。测量过程中，如需更换万用表的测量挡位，应先断开表笔，换挡后再去测量。

4. 万用表在使用时，必须水平放置，以免造成误差。同时，还要注意避免外界磁场对万用表测量精度的影响。

5. 万用表使用完毕，应将转换开关置于测量交流电压最大挡的位置。如果长期不使用，还应将万用表内部的电池取出来，以免电池腐蚀表内其他器件。

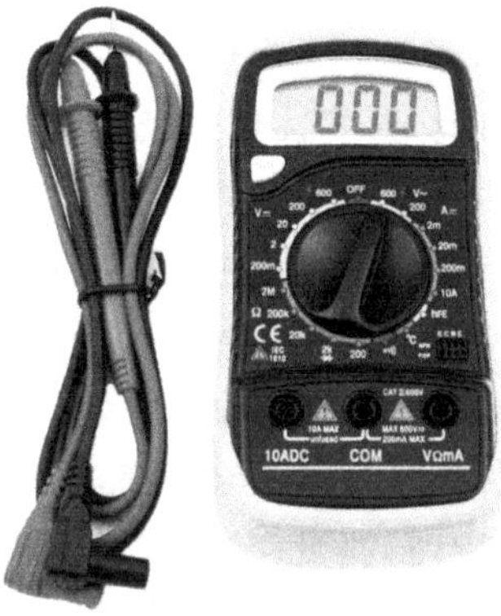

图 2.25　万用表

2.2.20　电能表

电能表是用来测量用电能耗值的仪表，又称电度表、火表、千瓦小时表，如图 2.26 所示。

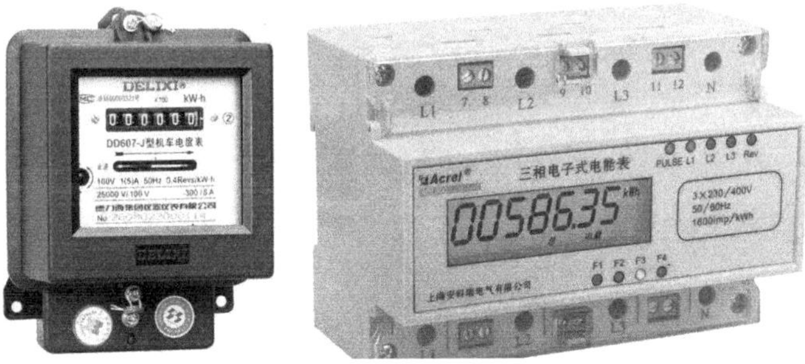

图 2.26　电能表

按用电电路中电源的属性，可将电能表分为直流电能表和交流电能表。交流电能表按其相线数量又可分为单相电能表、三相三线电能表和三相四线电能表。电能表按其工作原理可分为电气机械式电能表和电子式电能表。电能表按其结构可分为整体式电能表和分体式电能表。电能表按其用途可分为有功电能表、无功电能表、最大需量表、标准电能表、复费率分时电能表、预付费电能表、损耗电能表和多功能电能表等。电能表按其准确度等级可分为普通安装式电能表和携带式精密级电能表。

2.2.21 绝缘电阻测量仪

绝缘电阻测量仪，又称为兆欧表、绝缘表、绝缘特性测试仪、电动摇表，它主要用于测量大型变压器、互感器、发电机、电动机、电力电容、电力电缆、避雷器等设备的绝缘电阻，如图 2.27 所示。

绝缘电阻测量仪使用注意事项：

1. 一般在绝缘电阻测量仪的表盖内侧印刷有使用说明，这个简单的说明书很实用（尤其对于初学者来说），必须仔细阅读。

2. 绝缘电阻测量仪本身工作的时候要产生高压，为避免人身伤害及设备损坏事故，不能在设备带电的情况下测量其绝缘电阻值。

3. 绝缘电阻测量仪在测量时，要远离大电流导体和外磁场。

4. 测量被测设备连接导线的电阻，要选用绝缘电阻测量仪专用测量线，或者选用绝缘强度高的两根单芯多股软线，两根导线切忌绞在一起，以免影响测量准确度。

5. 测量过程中，如果指针指向“0”位，表示被测设备短路，应立即停止转动手柄。

6. 被测设备中如有半导体器件，应先将其插件板拆去之后再进行测量。

7. 测量过程中手或身体的其他部位不得触及设备的测量部分或绝缘电阻测量仪的接线柱，即工作人员应与被测设备保持一定的安全距离，以防触电。

8. 测量电容性设备的绝缘电阻时，测量完毕，应对设备充分放电。

9. 数字式绝缘电阻测量仪多采用 5 号电池或者 9 V 电池来供电，其工作时所需供电电流较大，所以在不使用时务必要对绝缘电阻测量仪进行关机。即便使用带有自动关机功能的绝缘电阻测量仪，还是建议用完后就手动关机，以便电池工作更为耐久。

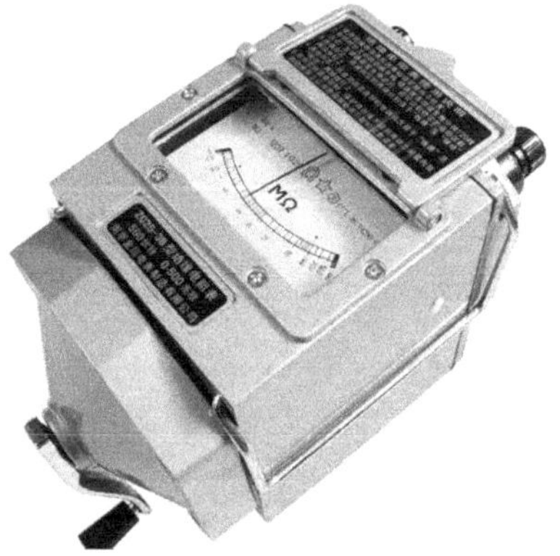

图 2.27 绝缘电阻测量仪

2.2.22 电桥

电桥是用比较法测量各种电量（例如，电阻、电容、电感等）的仪器，如图 2.28 所示。电桥的种类很多，一般可以分为单臂电桥和双臂电桥，直流电桥和交流电桥。单臂电桥（又称惠斯通电桥）是一种可以精确测量电阻的仪器，虽然它的结构简单，但它的准确度和灵敏度都比较高，所以它在医学诊断和检测仪器中都有广泛的应用。

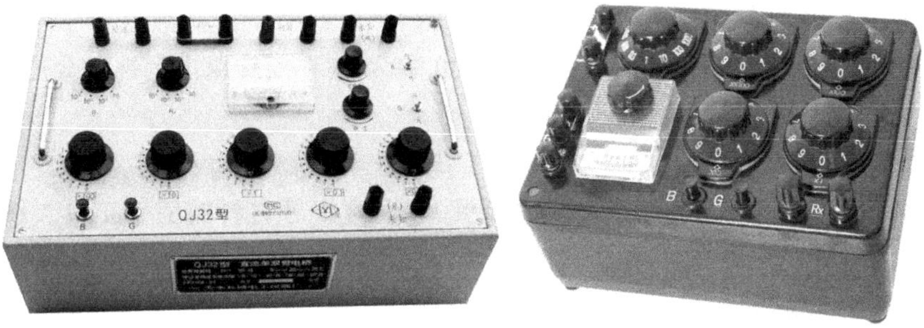

图 2.28　电桥

2.3　电工作业常用工具及使用

2.3.1　丝锥

丝锥是一种在工件表面上加工内螺纹孔的工具，按照形状可以分为螺旋丝锥和直刃丝锥，按照使用环境可以分为手用丝锥和机用丝锥，按照规格可以分为公制、英制和美制的丝锥。丝锥是手工作业人员加工内螺纹孔的最主要工具。

丝锥由工作端和夹持端(也称为绞手)两部分组成，如图 2.29 所示。

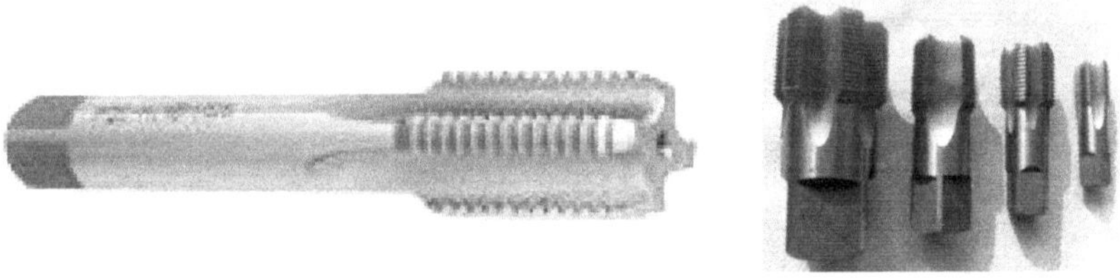

图 2.29　丝锥

丝锥使用注意事项：

1. 工件上螺纹底孔的孔口位置要有倒角，通孔则两端孔口位置都要有倒角。

2. 工件夹持位置要正确，尽量使待制螺纹孔中心线置于水平或竖直位置，使攻丝时容易根据丝锥轴线是否垂直于工件的平面，来判断丝锥轴线与孔的轴线是否保持了同轴性。

3. 在攻丝开始时，要尽量把丝锥放正，然后对丝锥施加压力并转动夹持端，当切入 1～2 圈时，仔细检查和校正丝锥的位置。一般切入 3～4 圈螺纹时，丝锥位置应正确无误。以后，只需转动夹持端，而不应再对丝锥加压力，否则螺纹牙形将被损坏。

4. 攻丝时，每扳动夹持端转 1/2～1 圈，就应倒转约 1/2 圈，使切屑碎断后更容易排出，并可减少切削刃因粘屑而使丝锥轧住的现象发生。

5. 攻不通的螺孔(盲孔)时，要经常完全退出丝锥，排除孔中的切屑。

6. 攻塑性材料的螺孔时，要加冷却润滑液；对于普碳钢材，一般用机油或浓度较大的乳化液；润滑性要求较高时，可用菜油或二硫化钼等。对于不锈钢材料，可用 30 号机油或硫化油。

7. 攻丝过程中换用后一支丝锥时，要先用手将新丝锥旋入已攻出的螺纹中，至不能再旋进时，然后用绞手扳转。在末锥攻完螺孔退出时，也要避免快速转动绞手，最好用手将丝锥旋出，以保证已攻好的螺纹质量不受影响。

8.采用机攻时，丝锥的校准部分不能全部出头，否则在反转退出丝锥时会产生乱牙。

2.3.2 铁皮剪

铁皮剪是一种用于剪切铁皮薄板、铝薄板、青铜薄板等材料的手动工具。铁皮剪包括手柄、转轴、刃口和弹簧等部分，如图2.30所示。

铁皮剪使用注意事项：

1. 应尽可能在干燥环境中使用铁皮剪，当无法避免在潮湿环境中使用时，就尽量加快操作速度，减少工作时间，以避免造成较大腐蚀；

2.在铁皮剪使用过程中，应根据工况需要合理选择其品种规格，不得以小代大，以免损坏；

3.铁皮剪使用后，要及时擦拭干净；铁皮剪停用时间超过6个月以上，应涂油或用防腐法保存，停用超过12个月应涂油装入袋内或箱内储存。

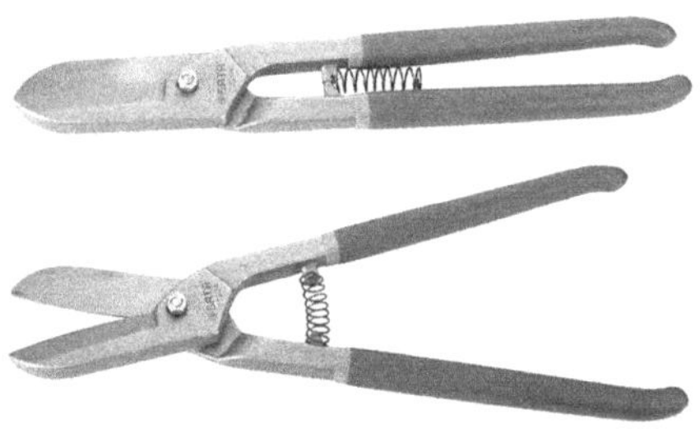

图2.30 铁皮剪

2.3.3 铁锹

铁锹是一种土方、砂石、矿物挖掘的手动工具。铁锹结构包括锹头和锹柄，如图2.31左图所示。常用的铁锹分类有尖头铁锹、方头铁锹。

铁锹使用注意事项：

1.应选择合适的锹柄长度和锹头形状，以便于提高工作效率；

2.不得将铁锹用于工件和石块的破断、粉碎等工作，以免损伤锹头刃口。

2.3.4 镐

镐，也是一种土方、砂石、矿物挖掘的手动工具。镐按用途分为农用镐、防爆镐、捣固镐等类型，镐按材料分为铁镐、不锈钢镐、铜镐等类型。铁镐包括镐头和木柄两部分，如图2.31右图所示。镐的使用应注意受力均衡，工作点应远离人体、埋地管道、电线和接地极等。

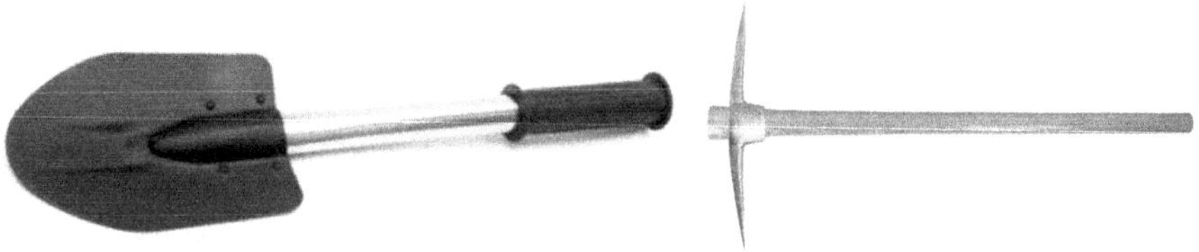

图 2.31 铁锹和镐

2.3.5 管钳

管钳是一种用来夹持和旋转钢管类工件的手动工具，如图 2.32 所示。管钳按其承载能力分为“普通级”和“重级”两个等级；按重量分为轻型、重型、加重型；按柄部材质分为铝合金管钳、铸钢管钳、玛钢管钳、球铁管钳等。

管钳使用注意事项：

1. 要选择合适的规格，一般应使得管钳的钳头开口度大于等于工件的直径。
2. 管钳的钳头要卡紧工件后再用力扳动，防止打滑伤人。
3. 管钳配用加力杆时，加力杆长度要适当。扳动管钳手柄时，注意承载扭矩，不能用力过猛，防止过载损坏。
4. 管钳的钳牙和调节环要保持清洁。
5. 管钳一般不能作为锤头使用。
6. 管钳所夹持的管道工件的温度不能超过 300 ℃。

图 2.32 管钳

2.3.6 液压钳

液压钳是一种专门用于电力工程中对电缆和接线端子进行压接的专业液压工具，如图 2.33 所示。液压钳分为分离式/整体式电缆液压钳、机械电缆接线钳、钢芯电缆液压钳、手动液压钳、电动液压钳等几大类。液压钳使用时应注意，当其工作压力到达 700 kg/cm^2 时，所设计安全卸压装置会有“咔嚓”声警告工作人员。此时应停止动作，以免损坏电气接线或造成液压钳本身的伤害。

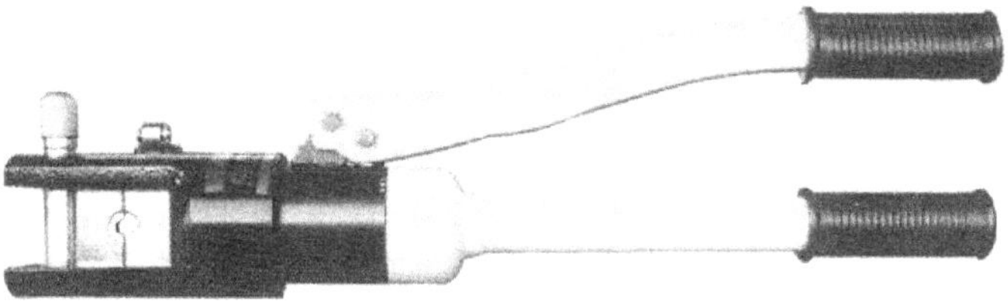

图 2.33 液压钳

2.3.7 梯子

梯子是常用登高作业工具。木梯子的结构由两根长粗杆子做支撑，中间横穿适合攀爬的横杆，梯子分为升降单梯和升降人字梯，如图 2.34 所示。梯子从材质和样式以及用途上可以分为好多类型。从材质上分类为：铝合金、不锈钢、玻璃钢、铁、竹、木等。从样式上分类为：直梯、人字梯，伸缩梯、单侧梯、双侧梯等。从绝缘性上分类为：非绝缘、半绝缘、全绝缘。从用途上分类为：工程梯、两用梯、创乾梯、货架梯、洗车台。

图 2.34 木梯子

梯子使用注意事项：

1. 梯子应放置在坚固平稳的地面上，禁止放在没有防滑和固定设备的冰、雪或湿滑的地表上。

2. 工作人员身体疲倦、饮酒、服用药物或有体力障碍时，禁止使用梯子。

3. 工作人员作业攀登时，应面向梯子，双手抓牢，身体重心保持在两侧梯柱中央，不要站在离梯子顶部 1 m 范围内的梯阶上，永远保留 1 m 以上的安全保护高度；严禁从梯子的一侧直接跨越到另一侧，更不要攀过梯子顶部的最高支撑点；工作人员用梯子登高作业时，手不要超过头顶，以免身体失去平衡，发生危险。

4. 禁止超过梯子标明的最大承重质量进行作业，禁止在强风中使用梯子。

5. 金属梯子容易导电，应避免靠近带电场所。

2.3.8 麻绳

麻绳是取各种麻类植物的纤维，经过加工而制成的捆扎、承载工具，如图 2.35 所示。麻绳可以做成单股、二股、三股、四股及多股，单股麻线直径范围是 1～5 mm。麻绳的常规直径范围是 0.5～60 mm，麻绳出厂时，采用圆筒形、锥形有纸筒包装或无纸筒包装。

图 2.35 麻绳

麻绳使用注意事项：

1. 麻绳适用于手工吊装工具及轻便工件的移动和起吊等作业，或用于吊装工件用的手拉溜绳，在机械驱动的起重机具中不得使用。

2. 麻绳在当作跑绳使用时，安全系数不得小于 10；当作绳扣使用时，安全系数不得小于 12。

3. 麻绳使用前应认真检查，当表面均匀磨损不超过直径的 30%，且局部触伤不超过同断面直径的 10%时，可按直径缩减程度折合降载使用。如局部触伤和局部腐蚀严重时，可截去受损部分再搭接使用。

4. 麻绳用于滑轮组时，滑轮的直径应大于麻绳直径的 10 倍，其绳槽半径应大于麻绳半径的 1/4。

5. 麻绳使用中，严禁与锐利的物体直接接触，如无法避免时应垫以保护物。

6. 麻绳不得向一个方向连续扭转，以免松散或扭劲。发现上述现象时，应及时消除。

7. 麻绳不得与酸、碱等腐蚀性介质接触；麻绳应存放在通风干燥的地方，不得受热受潮。

2.3.9 皮锤

皮锤是一种头部为橡胶锤头的锤击工具。皮锤包括锤头和手柄两个部分，如图 2.36 所示。

图 2.36 皮锤

皮锤使用注意事项：

1. 皮锤使用时，要注意锤头与手柄的连接必须牢固，稍有松动就应立即加楔紧固或重新更换锤柄，锤柄有劈裂和裂纹的不得使用。皮锤的手柄长度必须适度。根据经验，皮锤手柄比较合适的长度为皮锤使用人员的前臂长度。

2. 皮锤使用时，必须依据工况正确地选择锤头重量，掌握击打时的速度，控制击打力。在需要较小的击打力时，可采用手挥法；在需要较强击打力时，应采用臂挥法，采用臂挥法时应注意锤头的运动弧线，并注意控制好落点。

2.3.10 拉马

拉马也称为拉子、拉离器，是拆卸电动机、联轴器和滚动轴承的专用工具。拉马包括顶丝、拉爪、支架、连接销轴等部分，如图 2.37 所示。从传动角度来看，拉马可分为手动拉马和液压拉马。使用拉马拆卸滚动轴承时，将其三个拉爪扣住轴承外圈，顶丝端部顶住轴端中心孔，用手拧动顶丝轴，轴承就被缓慢拉出。

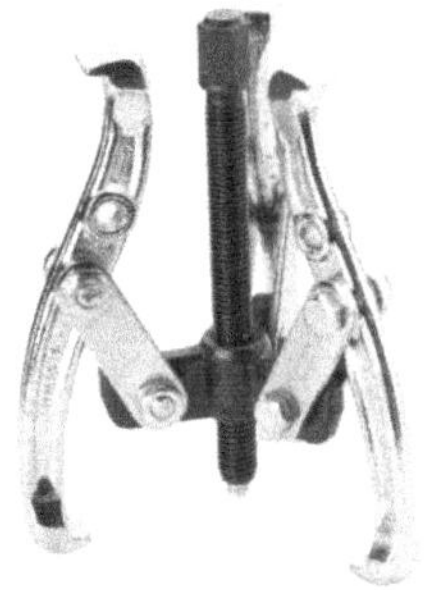

图 2.37 拉马

拉马使用注意事项：

1. 使用时应注意要把拉马摆正，顶丝要对准拆卸轴系的回转轴线；

2. 如果所拆卸部件有锈死现象发生，要在接缝处浸入少量松动剂，并用铜棒或铜锤敲击所需拆卸部件外缘或顶丝的端部，慢慢将工件拉出。

2.3.11 手持电钻

手持电钻，也简称为手电钻、电钻，是一种携带方便的小型钻孔用工具。手持电钻由微型电动机、控制开关、钻头夹和钻头等几部分组成，如图 2.38 所示。手电钻一般以交流电源或直流电池为动力，手持操作，一般用于金属、木材、塑料等材料的钻孔用途。加装有正反转开关和电子调速装置的手电钻，可用来作电动螺丝刀使用。

手持电钻使用注意事项：

1. 手持电钻使用前，要检查电源线有无破损。若有电源线破损现象，则必须包缠好绝缘胶带。电钻使用中切勿让电源线受水浸及乱拖乱拽，也不能触及热源和腐蚀性介质。对于金属外壳的手持电钻必须采取保护接地(接零)措施。

2. 手持电钻使用前，要确认手持电钻开关处于关断状态，防止电源插头插入插座孔时，手持电钻会突然转动。

图 2.38　手持电钻

3. 手持电钻使用前，应先空转 0.5～1 分钟，检查传动部分是否灵活，有无异常杂音，螺钉等有无松动；对直流手持电钻而言，其换向器（也称为整流子）的电火花是否正常。

4. 手持电钻使用前，应仔细检查钻头是否有裂纹或损伤，若发现有此情形，则要立即更换，不能使用有缺陷的钻头。

5. 手持电钻打孔操作时，要双手紧握电钻，尽量不要单手操作，应掌握正确操作姿势；为了避免切伤手指，在操作时要确保所有手指撤离工件或远离钻头；要注意钻头的旋转方向和进给方向。

6. 手持电钻打孔操作时，应及时清理钻头废屑，更换钻头；这些动作，都必须在断开电源的情况下进行。

7. 对于小工件钻孔，容易因在钻孔时受力而使得工件发生偏斜，必须借助夹具来进行可靠的夹紧，再使用手电钻进行钻孔。

8. 手持电钻打孔操作时，进钻的速度、下压力度不能过大，防止钻头打断或废屑飞出伤人。

9. 直流手持电钻使用中，若发现整流子上电火花过大，电钻过热，必须立即停止使用，进行检查。例如，清除污垢、更换磨损的电刷、调整电刷架的弹簧压力等。

10. 钻孔结束，先提起钻头，然后将电源关闭，等钻头旋转运动完全停止后，再把工件移开。

11. 停钻后，不要马上用手接触工件与钻头，以免因其过热而灼伤皮肤。

12. 手持电钻不使用时，应及时拔掉电源插头；电钻应存放在干燥、清洁的环境。

2.3.12　电动型材切割机

电动型材切割机是一种采用单相交流串励电动机作为动力，通过传动机构驱动砂轮片对金属型材进行切割作业的电动工具。它广泛用于对圆形钢管、异形钢管、铸铁管、圆钢、槽钢、角钢、扁钢等型材进行切割加工，具有安全可靠、劳动强度低、生产效率高、切断面平整光滑等优点，适配电源为交流 50/60 Hz，额定电压为单相 220 V。

电动型材切割机由单向交流串励电动机、传动机构、护罩机架、底座及可转夹钳等部分组成，如图 2.39 所示。

图 2.39　电动型材切割机

电动型材切割机使用注意事项：

1. 电动型材切割机工作前，应检查电源线路，保证线路安全可靠，严禁私自乱拉，谨慎布置电源线，不被切割机切断；使用前必须认真检查设备，确认其机械部件、防护部件和电气绝缘部件都完好，工作性能良好。

2. 电动型材切割机工作时，务必要全神贯注，不但要保持头脑清醒，更要理性操作电动工具；严禁在疲惫状态下、饮酒后、服用兴奋剂或药物之后，操作电动型材切割机。

3. 电动型材切割机工作时，工作人员应穿戴好合适的工作服，不可穿过于宽松的工作服，不应佩戴不恰当的首饰，更不要留长发，严禁未戴手套及工作服袖口不扣好就进行操作；切割时工作人员必须偏离砂轮片的正面，并戴好防护眼镜。

4. 切割加工的工件必须夹持牢靠，严禁工件装夹不紧就开始切割；不得试图切割没有夹紧的小工件或带棱边的型材；装夹工件时应装夹平稳牢固，装夹后应进行开机空运转检查，工件不得有抖动和异常噪音；在切割前，要等待电动机转速达到全速并稳定；为了提高工作效率，对单支或多支型材一起锯切之前，一定要做好辅助性装夹与定位等工作。

5. 防护罩必须安装正确，护罩未到位时，工作人员不得操作；锯片运转时，不得将手放到距锯片 15 cm 以内，不得探身越过或绕过切割机；切割机工作时，锯片未停止，工作人员不得从切割机或者工件上松开手或抬起手臂；不允许任何人站在切割机正面；停电、休息或离开工作地时，应立即切断电源。

6. 工作人员必须握稳切割机手柄均匀用力垂直下切，不得进行强力切割操作；工作人员操作时身体的上半部分以向前倾斜 45°为宜。

7. 严禁使用已有残缺的砂轮片，切割时应防止火星四溅，并远离易燃易爆物品；严禁在砂轮平面上修磨工件的毛刺，以防止砂轮片发生碎裂。

8. 维修或更换切割机配件前必须先切断电源，并等到锯片完全停止转动；切割工作中途更换新的切割片或砂轮片时，不要将锁紧螺母过度强力扭紧，以防止锯片或砂轮片崩裂，发生意外;切割机工作时,出现不正常声音,应立即停止工作并进行检查。

2.3.13 电动角向磨光机

电动角向磨光机,简称角磨机,它是利用高速旋转的薄片砂轮以及橡胶砂轮、钢丝轮等对金属构件、石材进行切削、磨削、除锈、磨光等加工的电动工具,如图 2.40 所示。

角磨机常见型号按照所使用的砂轮片附件规格,划分为 100 mm(4 寸)、125 mm(5 寸)、150 mm(6 寸)、180 mm(7 寸)及 230 mm(9 寸),欧美国家经常使用的小规格角磨机,砂轮片尺寸为 115 mm(4.5 寸)。

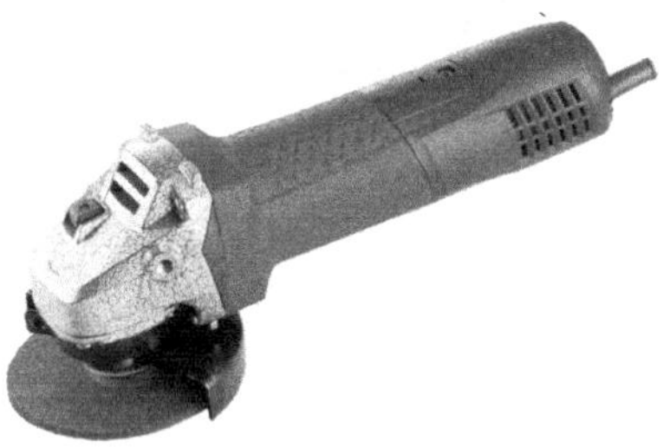

图 2.40 电动角向磨光机

角磨机使用注意事项:

1. 工作人员在操作时,要注意配件(尤其是保护罩)是否完好,绝缘电缆线有无破损,有无老化等现象。检查过后,插上电源,才可以进行作业。

2. 工作人员用角磨机进行切割及打磨作业时,周围 1 m 范围内不能有其他人员以及易爆物品,不要让砂轮片对着有人的方向进行旋转工作、以防造成人员伤亡。

3. 当砂轮片需要更换的时候,必须关闭开关并切断电源后,再进行更换,以防不小心误按开关,造成不必要的事故。

4. 在危险且易燃物品周围工作时,须配备有灭火器,防患于未然。

5. 在使用时间超过 30 分钟后,应该停止工作一段时间,待设备冷却后方能再次进行作业。防止在长期连续使用的过程中温度过高,以免损坏设备或造成事故。

6. 在使用角磨机的时候,工作人员要按照使用规范和说明书来操作和使用。定时进行检查、维修,保证设备处于完好的情况下才能进行工作,以减少事故的发生。

2.3.14 喷灯

喷灯是利用喷射火焰对工件进行加热的一种工具,常用于焊接时加热烙铁,封焊高压电缆接头,还可用于铸造时砂型烘烤,热处理时加热工件。根据加热能源不同,分为汽油喷灯、柴油喷灯和酒精喷灯。喷灯主要包括油桶、手柄、打气筒、放气阀、加油螺塞、油量调节阀(油门)、喷嘴、喷管、点火碗等部分,如图 2.41 所示。

喷灯使用注意事项:

1. 喷灯是封焊电缆或其他作业的专用工具,不准用于烧水、烧饭或另做他用。在设备的人孔内、地下室电缆旁边和易燃物附近,不准点燃和修理喷灯;在易燃物附近,不准使用喷灯。

2.使用前必须对喷灯进行检查。漏气、漏油者不准使用。不准放在火炉上加热。在设备的人孔内不准加油,加油不可太满,充气气压不可过高。

3.喷灯燃着后不准倒放,不准加油。需要加油时,必须将火熄灭、冷却后再加油。不准长时间、近距离对着地面、墙壁燃烧。暂停使用时,不准将火焰近距离对着电缆或人孔壁。

4.在高处使用时,喷灯必须用绳索系上以防止坠落。使用完毕应及时放气,并开闭一次油门,以避免油门堵塞。

图 2.41　喷灯

2.3.15　手持式红外线测温仪

手持式红外线测温仪又名便携式红外线测温仪,是一种小巧、便于携带的红外线测温仪。红外线测温的原理是,在自然界中一切温度高于绝对零度的物体都在不停地向周围空间发出红外线辐射能量。物体的红外线辐射能量的大小及其按波长的分布,与它的表面温度有着十分密切的关系。因此,通过对物体自身辐射出的红外线能量的测量,便能准确地测定它的表面温度。

手持红外线测温仪由光学系统、光电探测器、信号放大器、信号处理器、显示输出等部分组成,如图 2.42 所示。

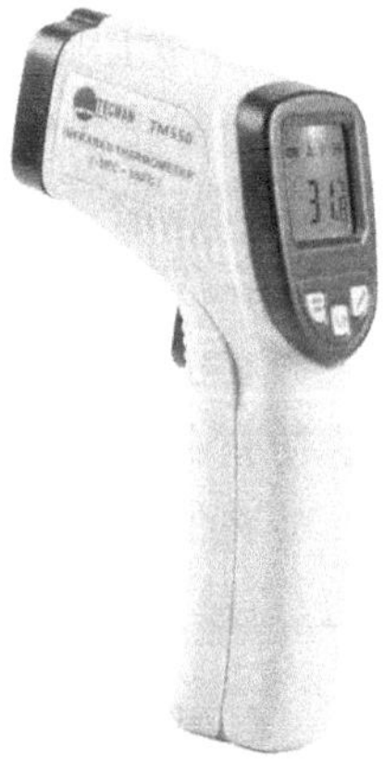

图 2.42　手持式红外线测温仪

手持式红外线测温仪使用注意事项:

1.手持红外线测温仪只能测量工件表面温度,不能测量内部温度。

2.手持红外线测温仪使用时,不可以透过玻璃来进行测温,但是可以通过红外窗口来进行测温。红外线测温仪最好不要用于抛光过的金属表面的测温(例如,不锈钢、铝箔等)。

3.手持红外线测温仪使用时,首先要发现热点,并用仪器瞄准目标,然后做上下扫描运动,直至确定热点位置。

4.应注意手持红外线测温仪使用时的环境条件,蒸汽、尘土、烟雾等都会影响仪器的正常使用。另外,如果测温仪突然暴露在环境温差为 20 ℃或更高的情况下,仪器在 20 分钟内才可以自调节并适应新的环境温度。

2.3.16 便携式测振仪

便携式测振仪，可以对位移、速度、加速度、高频加速度四种振动参数进行测量，具有测量数据保持、自动关机等多种功能，如图 2.43 所示。它可以通过测量振动的高频加速度值，对旋转机械的轴承、齿轮进行故障诊断，广泛应用于电动机故障的早期发现。

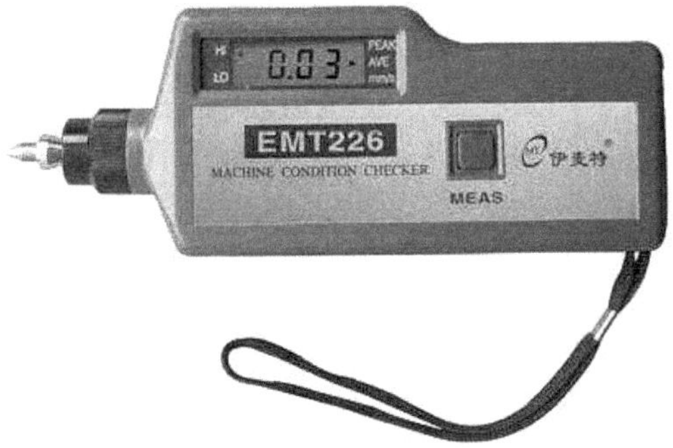

图 2.43 便携式测振仪

便携式测振仪使用注意事项：

1. 要注意测振仪的使用环境符合条件，确保其正常使用不受外部环境的影响。便携式测振仪不应在强电磁场干扰或腐蚀性气体的环境中使用，并且应避免承受超过仪器许用范围的强烈振动和冲击，因而在使用前一定要做好环境要素的把关，确保仪器在良性的环境下开展使用，另一方面仪器在具体的使用过程中也应注意谨慎操作，确保便携式测振仪的安全性。

2. 测振仪使用完毕后应注意切断电源。蓄电池是便携式测振仪重要的组成部分，电池的蓄电能力直接影响着后续的使用，因而注意蓄电池的保养很关键。仪器在使用后要注意及时将电源关闭，进而最大化地确保仪器电力的持久性。

3. 测振仪使用后应注意做好归位。便携式测振仪使用完后，应当将保护片重新放回到磁座的前端，以免磁座强大的磁力影响周围的元器件。便携式测振仪及传感器为全封闭结构，不可随意拆卸，不可随意调整内部电位器，应最大化地确保便携式测振仪的完整性。

2.3.17 钳形电流表

钳形电流表是一种可以在不切断电路的情况下，直接测量电流的电工仪表。钳形电流表一般是由电流互感器和电流表组合而成，如图 2.44 所示。

钳形电流表的测量原理为，穿过电流表钳头的被测电路导线，作为电流互感器的一次线圈，导线中通过的电流便在二次线圈中感应出测量电流，测量电流与被测电流成比例，所以被电流表检测到测量电流的数值并产生示数，就可以指示被测电流的大小。

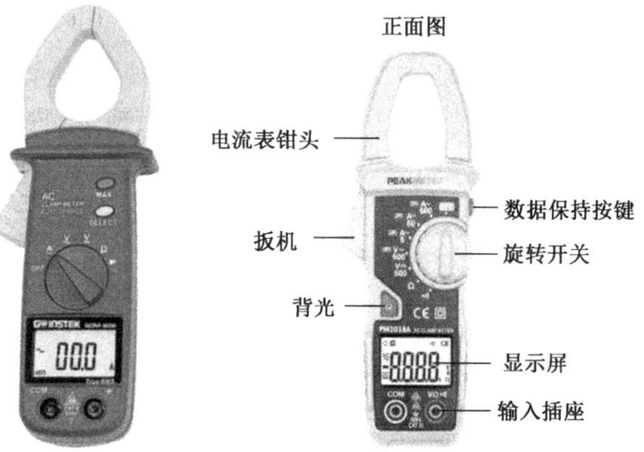

图 2.44　钳形电流表

2.3.18　携带型短路接地线

携带型短路接地线，全称为高耐寒软 PVC 携带型高压短路接地线，是用于电力行业断电后使用的一种临时性高压接地线，也可以称为安全回路线。它可以将高压电流直接导入地下，预防意外来电对维修人员的伤害，可以说是一根工作人员生命安全的保障线，所以有时也称作“个人保安线”，如图 2.45 所示。

携带型短路接地线的规格按电压等级进行划分。可划分为 0.4 kV、6 kV、10 kV、20 kV、35 kV、66 kV、110 kV、220 kV、330 kV、500 kV 等规格。

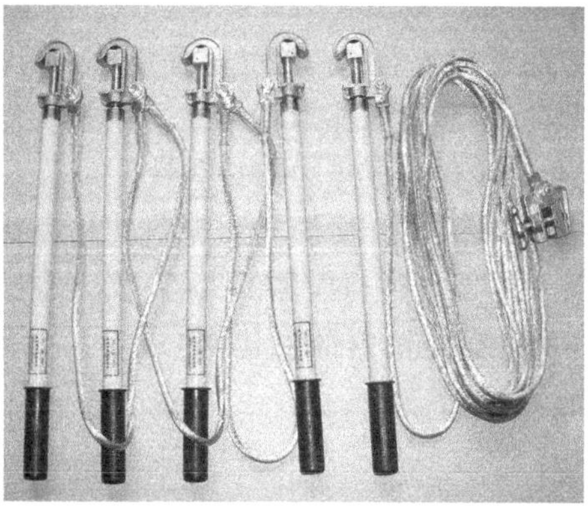

图 2.45　携带型短路接地线

携带型短路接地线使用注意事项：

1. 携带型短路接地线应确保设备或线路在断电后使用。携带型短路接地线使用前应核实接地棒的电压等级与所操作设备的电压等级是否一致。

2. 携带型短路接地线应进行安装后再使用。将接地软铜线分相上的双眼铜鼻子固定在接地棒上的接电夹（接电夹有固定式和活动式）相应位置上，将接地线合相上的单眼铜鼻子固定在接地夹或地针上，构成一套完整的接地线。

3. 挂装接地线时,应先连接接地夹,后连接接电夹;拆除接地线时,必须按规定程序,先拆除接电夹,后拆除接地夹。

4. 使用过程中工作人员应该佩戴相关防护器具,例如绝缘靴、绝缘手套以及安全帽,并在有专人监护的情况下进行使用。

2.3.19 便携伸缩型高压放电棒

便携伸缩型高压放电棒简称为高压放电棒,或放电棒,如图 2.46 所示。放电棒的棒身利用新型绝缘材料加工而成,它具有能拉长,又能收缩的特点。便携伸缩型高压放电棒便于在室外各项高电压实验中使用,特别是在做直流耐压实验后,对试品上积累的电荷进行对地放电,可确保人身安全。伸缩功能使得放电棒具有体积小、重量轻等特点,便于携带,使用灵活、方便。

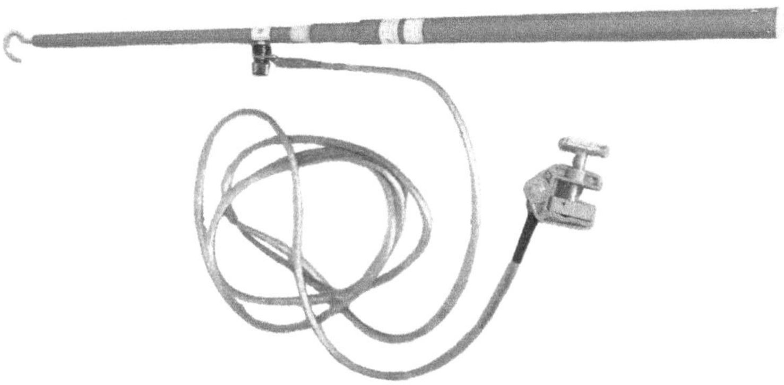

图 2.46 便携伸缩型高压放电棒

便携伸缩型高压放电棒使用注意事项:

1. 大电容试品积累电荷的大小与试品电容的大小和施加电压的高低与时间的长短成正比。对大电容试品放电时,必须在实验完毕、断开实验电源后,等待一段时间,先使得试品上的电荷通过倍压筒及试品本身对地自放电。此时可观察控制箱的电压表上的电压数值在逐步下降,当电压表的电压下降到较低的电压,一般在 5~15 kV 左右,方可用放电棒去逐步移向试品附近。先通过间隙空气游离放电,此时可听到嘶嘶的声音。当无声音后,再用放电棒尖端去碰试品,最后将试品直接接地放电。

2. 对几千米以上的高压电缆,实验结束后放电时间一般都要很长,且需多次反复放电。

3. 严禁未拉开实验电源,就用放电棒对试品进行放电。严禁用脚踩及重物挤压放电棒,严禁折弯、折断放电棒。放电棒应放在干燥的地方,严禁受潮,以免影响绝缘强度。

2.3.20 高压验电器

高压验电器是通过检测流过验电器对地杂散电容中的电流,检验设备、线路是否带电的仪表装置,如图 2.47 所示。高压验电器主要用来检测高压架空线路、电缆线路、高压用电设备是否带电。高压验电器的主要类型有发光型高压验电器、声光型高压验电器、旋转式高压电磁感应验电器。

发光型高压验电器主要由握柄、护环、紧固螺钉、氖管、氖管窗和金属探针(钩)等部分组成。

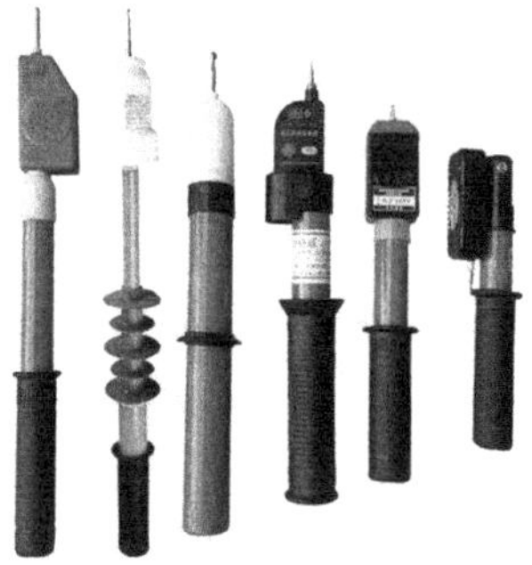

图 2.47　高压验电器

高压验电器使用注意事项:

1. 高压验电器使用前,应选用合适型号的指示器和绝缘棒,并对指示器进行检查,投入使用的高压验电器必须是经电气实验合格的。

2. 用高压验电器进行测试时,工作人员要按所测设备(线路)的电压等级,将绝缘棒拉伸至规定长度。工作人员进行测试时,必须戴上符合要求的绝缘手套,应特别注意手握部位不得超过护环。

3. 用高压验电器进行测试时,工作人员不可一个人单独完成测试,身旁必须有人监护;进行测试时,要防止发生相间或对地短路事故;人体与带电体应保持足够的安全距离,10 kV 高压的安全距离为 0.7 m 以上;在室外进行测试使用时,天气必须良好,在雨、雪、雾及湿度较大的天气条件下,不宜使用普通绝缘杆类型的高压验电器,以防发生危险。

4. 回转式高压验电器使用前,应把检验过的指示器旋接在绝缘棒上进行固定,并用绸布将其表面擦拭干净,然后转动至所需角度,以便使用时观察。

5. 回转式高压验电器使用时,指示器的金属触头应逐渐靠近被测设备(或导线),一旦指示器叶片开始正常回转,则说明该设备有电,应随即使验电器离开被测设备。不得让指示器中的叶片长期回转,以保证验电器的使用寿命。当电缆或电容上存在残余电荷产生的电压时,指示器叶片会短时缓慢转几圈,而后自行停转,因此用它可以准确鉴别高压设备是否已经停电。

6. 对电容式高压验电器,绝缘棒上标有红线,红线以上部分表示内有电容元件,且属带电部分,该部分要按《电业安全工作规程》的要求与临近导体或接地体保持必要的安全距离。

7. 对电力线路进行验电测试应逐相分开进行,对联络用的断路器或隔离开关或其他检修设备进行验电测试时,应在其进出线两侧各相分别进行测试。对同杆塔架设的多层电力线路进行验电测试时,先测低压、后测高压,先测下层、后测上层。

8. 在电容器组上进行验电测试,应待其放电完毕后再进行。

9. 高压验电器每次使用完毕,在收缩绝缘杆及取下回转指示器放入包装袋之前,应将验电器表面尘埃擦拭干净。回转指示器应妥善保管,不得受到强烈振动或冲击,也不准擅自调整拆装。验电器应存放在干燥通风的地方,以免受潮。

10. 为保证高压验电器的使用安全,应对其每隔 6 个月进行一次预防性电气实验。

2.3.21 绝缘棒

绝缘棒是用于闭合或拉开高压隔离开关,装拆携带型短路接地线等作业,以及进行测量和实验时使用的棒体。绝缘棒,又称为令克棒、绝缘拉杆、操作杆等。绝缘棒包括工作头、绝缘杆和握柄等三部分,如图 2.48 所示。

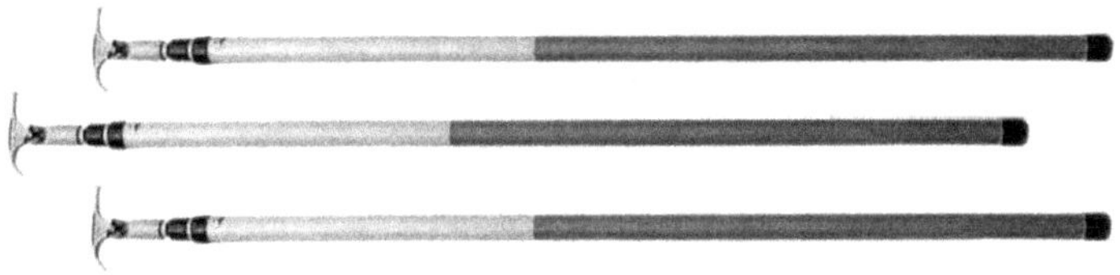

图 2.48 绝缘棒

绝缘棒使用注意事项:

1. 绝缘棒必须是经检验合格的产品,不合格的产品严禁使用;绝缘棒必须适用于操作设备的电压等级,且核对无误后才能使用。

2. 绝缘棒使用前必须对绝缘杆进行外观检查,外观上不能有裂纹、划痕等外部损伤;为保证操作时有足够的绝缘安全距离,绝缘杆的绝缘部分长度不得小于 0.7 m;绝缘杆的材料要耐高压、耐腐蚀、耐潮湿、机械强度高、质轻、便于携带,一个人能够单独操作。

3. 在连接绝缘杆的节与节之间的丝扣时,要让杆体离开地面,不可将杆体置于地面上进行连接,以防杂草、泥土进入丝扣中或粘附在杆体的外表面上,绝缘杆的各节之间的连接应牢固可靠,丝扣要用手轻轻拧紧,不得在操作与使用过程中脱落,绝不可将丝扣未拧紧的绝缘杆投入使用;雨雪天气必须在室外进行操作时,要使用带防雨雪罩的特殊绝缘棒。

4. 绝缘棒在使用时,要尽量减少对杆体的弯曲力,以防损坏杆体。

5. 绝缘棒在使用后,要及时将杆体表面的污迹擦拭干净,并把各节分解后,装入一个专用的工具袋内,存放在屋内通风良好、清洁干燥的支架上或悬挂起来,尽量不要靠近墙壁,以防受潮,破坏其绝缘性能。

6. 对绝缘棒要设有专人保管;每隔 6 个月时间,要对绝缘棒进行一次交流耐压实验,不合格的要立即报废,不可降低其标准而继续使用。

2.3.22 脚扣

脚扣是一种让工作人员攀爬电线杆时套在鞋上使用的一种弧形铁制工具,如图 2.49 所示。脚扣的工作原理是利用杠杆作用,借助人体自身重量,使脚扣的另一侧紧扣在电线杆上,与电线杆之间产生较大的摩擦力,从而使工作人员易于攀登电线杆。脚扣主要有水泥电线杆脚扣和木电线杆脚扣之分。

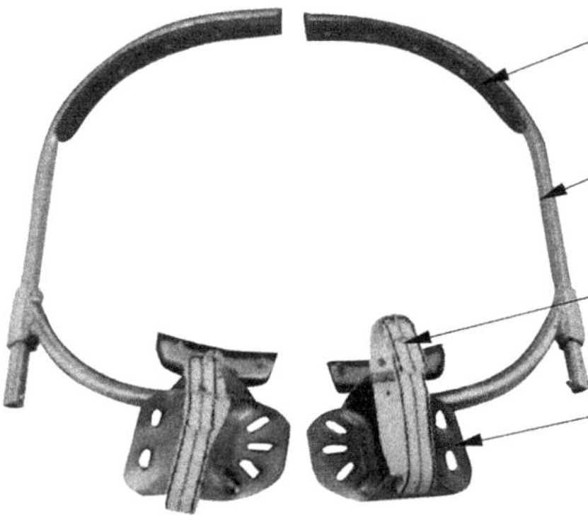

图 2.49　脚扣

脚扣使用注意事项：

1. 脚扣使用前，必须做一次全面检查，发现破损应停止使用。

2. 脚扣应经常保持清洁，用完后妥善存放好，弄脏后可用温水及肥皂水清洗，并放置在阴凉处晾干；不可令其接触明火和化学物品；不可用热水浸泡或日晒火烧。

3. 脚扣使用 12 个月后，要做全面检查，并抽检使用过的 1%做拉力实验，以各部件无破损或重大变形为合格，抽检通不过的脚扣不得再次使用。

2.3.23　安全帽

安全帽是指对工作人员头部受坠落物及其他特定因素引起的伤害起防护作用的帽子。安全帽由帽壳、帽衬、下颏带、后颈箍及附件等组成，如图 2.50 所示。

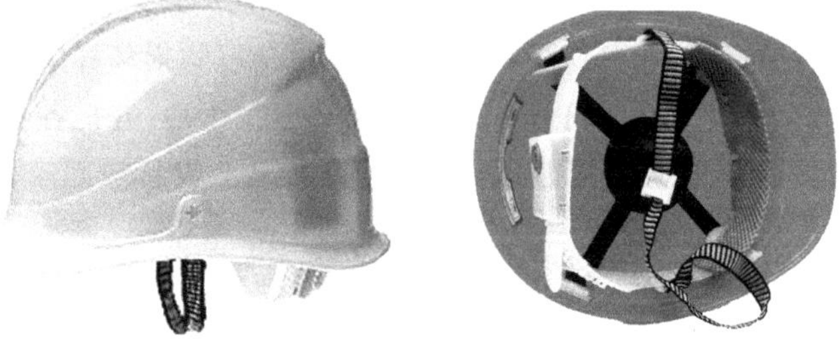

图 2.50　安全帽

安全帽使用注意事项：

1. 安全帽必须选择合格厂家按国家标准(GB 2811—2007“安全帽标准”)进行生产的产品。安全帽应通过质检部门检验，符合国家标准要求才能发给产品合格证，在购买安全帽时，应重点审查生产厂家是否持有生产许可证，证书是否在有效期内。

2. 佩戴安全帽前，应检查安全帽各配件有无破损、装配是否牢固、帽衬调节部分是否卡紧、插口是否牢靠、绳带是否系紧等项目，检查安全帽的各部件完好后方可使用。若帽衬与帽壳之间的距离不在 25～50 mm 之间，应使用顶绳调节到该范围内。

3. 根据使用者头部的大小，将帽箍长度调节到适宜位置(松紧适度)，高空作业人员佩戴的安全帽，要有颏下带和后颈箍，并都应对其拴牢以防帽子滑落与脱掉。

4. 安全帽在使用时受到较大冲击后，无论是否发现帽壳有明显的断裂纹或变形，都应停止继续使用，及时更换受损的安全帽；一般安全帽使用期限不超过 3 年。

5. 安全帽使用后，帽壳与帽衬可用冷水、温水(低于 50 ℃)洗涤，不可放在暖气片上烘烤，以防帽壳变形；安全帽不应储存在有酸碱、高温(50 ℃以上)、阳光、潮湿等处，避免重物挤压或尖物碰刺。

2.3.24 绝缘手套

绝缘手套又叫高压绝缘手套，是用天然橡胶制成，用绝缘橡胶或乳胶经压片、模压、硫化和浸模成型的五指手套，主要用于电工作业，具有保护工作人员手部的作用，如图 2.51 所示。绝缘手套是电力设备运行时，进行检修和维护过程中，常用的安全工器具和重要的绝缘防护装备。绝缘手套可以防电、防水、防油、耐酸碱。

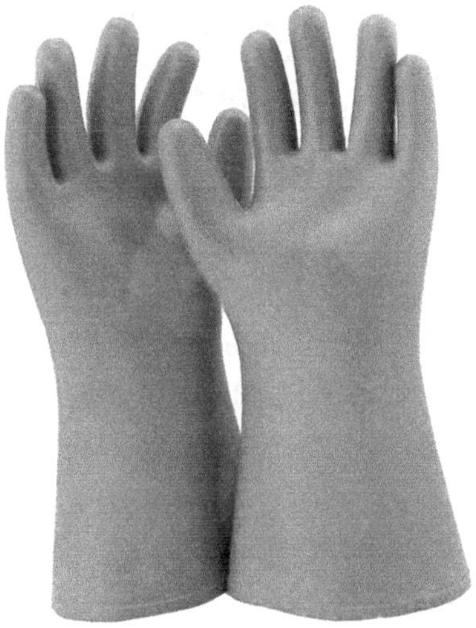

图 2.51 绝缘手套

绝缘手套使用注意事项：

1. 绝缘手套成包购买后，如发现在储存与运输的过程中遭雨淋、受潮湿、发生霉变，或有其他异常变化，应到法定检测机构进行电气性能复核实验。

2. 绝缘手套在使用前，必须进行充气检验，发现有任何破损则该手套不能使用。

3. 绝缘手套在使用时，工作人员应将工作服的衣袖口套入手套筒口内，以防发生意外。

4. 绝缘手套在使用后，应将其内外污物擦洗干净，待干燥后，撒上滑石粉放置平整，切勿放于地上，以防受压受损；绝缘手套应储存在干燥通风的库房中，存放位置应离开地面和墙壁 20 cm 以上，并远离热源；库房室温应保持在－15 ℃～＋30 ℃之间，相对湿度应保持在 50％～80％之间；绝缘手套应避免受酸、碱、油等腐蚀物品的影响，不得露天放置，避免阳光直射。

5. 绝缘手套每使用 6 个月必须进行一次预防性实验。

2.3.25 电绝缘鞋

电绝缘鞋，简称绝缘鞋，是使用绝缘材料定制的一种安全鞋，如图 2.52 所示。新国家标准中，明确规定了绝缘鞋的适用范围，实验耐压 15 kV 以下的电绝缘皮鞋和布面电绝缘鞋，适用于工频(50～60 Hz)1000 V 以下的作业环境中，实验耐压 15 kV 以上的电绝缘胶鞋，适用于工频 1000 V 以上的作业环境中。电绝缘鞋根据材质不同，分为电绝缘皮鞋、电绝缘布鞋、电绝缘胶鞋。

图 2.52　电绝缘鞋

绝缘鞋使用注意事项：

1. 绝缘鞋使用在交流 50 Hz、1000 V 以下或直流 1500 V 以下的电力设备上工作时，工作人员可作为辅助安全用具和劳动防护用品穿着绝缘鞋。

2. 绝缘鞋应注意勿受潮，受潮后严禁使用；一旦受潮应放在通风透气阴凉处自然风干，以免皮鞋变形受损；鞋底被异物刺穿后，不能做绝缘鞋继续使用。

3. 绝缘皮鞋的皮面应注意保养，勤擦鞋油；擦拭方式是先用干净软布把皮鞋表面的灰尘擦去，然后将鞋油挤在擦鞋布上均匀涂布在鞋面上，待鞋油略干后擦拭；彩色皮鞋(包括白色)在穿着中尤应注意，不能碰到污物、污水、茶渍、可乐等，否则将留下污渍，使皮鞋原色受损；皮鞋穿着后出现轻微褶皱、轻微变形等属正常现象。

4. 绝缘鞋不宜在雨天穿，更不宜水洗，否则，容易发生断线、脱胶、脱色、泛盐霜等现象。绝缘鞋不能与油类或酸性、碱性药品及尖锐物质相接触，以防腐蚀、变形、受损。

5. 绝缘鞋受潮湿或遇脚汗后，易出现泛盐霜的现象。如出现泛盐霜现象，可用纱布或棉花蘸少量温水，擦净鞋面上的白色盐霜，把鞋放置在通风处进行晾干。

6. 绝缘鞋存放时，应保持整洁、干燥、自然平放；存放一段时间后(特别是雨季)要经常使皮鞋通风干燥，并重新擦拭鞋油以防霉变。

2.3.26　电工安全带

电工安全带是工作人员作业时防止坠落的安全用具。电工安全带包括绳索、编带和金属配件等部分，如图 2.53 所示。

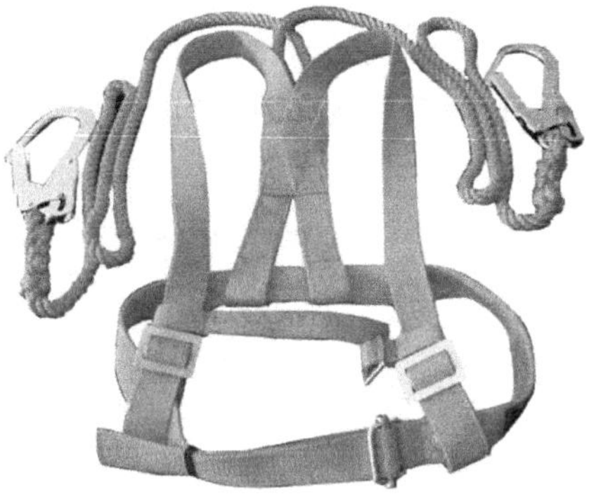

图 2.53 电工安全带

电工安全带使用注意事项：

1. 安全带使用期一般为 3～5 年，发现异常应提前报废。

2. 安全带的腰带和保险带、安全绳应有足够的机械强度，材质应有耐磨性，卡环(钩)应具有保险装置。保险带、安全绳使用长度在 3 m 以上的应加缓冲器。

3. 使用安全带前应进行外观检查：组件完整、无短缺、无伤残破损；绳索、编带无脆裂、断股或扭结；金属配件无裂纹、焊接无缺陷、无严重锈蚀；挂钩的钩舌咬口平整不错位，保险装置完整可靠；铆钉无明显偏位，表面平整。

4. 安全带应系在牢固的物体上，禁止系挂在移动或不牢固的物件上；不得系在棱角锋利处；安全带要相对于工作人员的身体位置进行高挂或平行拴挂，严禁低挂高用。

5. 工作人员在杆塔上工作时，应将安全带后备安全绳系在安全牢固的构件上(带电作业时，视其具体任务决定是否系后备安全绳)，不得失去后备保护。

2.3.27 耐静电绝缘服

耐静电绝缘服，简称为绝缘服，如图 2.54 所示。绝缘服采用锦纶涂覆织物材料。其绝缘性能，可防 7000 V 以下高电压。绝缘服耐高压、阻燃、防酸、防碱的性能良好，主要用于消防队员、电气检修人员带电作业时的身体防护。

图 2.54 耐静电绝缘服

绝缘服使用注意事项：

1. 凡是在正常情形下，爆炸性气体混杂物持续地、短时频繁地涌现或长时间存在的场合，以及爆炸性气体混杂物有可能呈现的场合，可燃物的最小点燃能量在 0.25 MJ 以下时，工作人员应穿用绝缘服。

2. 禁止在易燃易爆、火灾爆炸危险场所进行穿脱绝缘服；禁止在绝缘服上附加或佩戴任何金属物件。

3. 绝缘服的外层服装应完全遮盖住内层服装；分体式上衣应足以盖住裤腰，弯腰时不应露出裤腰；穿绝缘服时，还应与绝缘鞋配套；有条件时，作业地面也应为防静电地板并有接地系统。

4. 绝缘服应保持干净，保持其防静电性能。使用后最好用软毛刷、软布蘸中性洗涤剂擦洗，洗涤时不要与其他衣物混洗，采用手洗或洗衣机的柔洗程序，防止绝缘服的纤维断裂。

5. 绝缘服穿用一段时间后，应对绝缘服的性能进行检验，若性能不符合要求，则不能再使用。

2.3.28 电气安全标示牌

电气安全标示牌，是用来警告工作人员不准接近有电部分或禁止操作带电高压设备，以免使已经停电的设备突然来电，造成工作人员受伤或触电。标示牌还用来指示工作人员何处可以工作及提醒工作必须注意的其他安全事项，如图 2.55 所示。

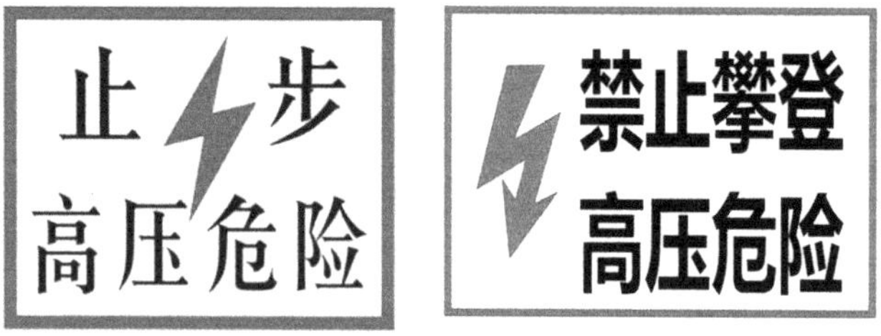

图 2.55 电气安全标示牌(1)

电气安全标示牌主要分为以下四类：(1)警告标示牌；(2)禁止标示牌；(3)提示标示牌；(4)允许标示牌。

标示牌又可分为永久性标示牌和临时性标示牌(携带式)两种。标示牌可用木材或其他绝缘材料制成，上面的字迹必须鲜明、醒目。

电气安全标示牌使用注意事项：

1. 标示牌的悬挂或拆除，均应按调度员的命令执行；标示牌必须由值班电工、维修人员来装拆；严禁工作人员在工作中私自移动或拆除标示牌。

2. 在一经合闸即可送电到工作地点或施工设备的开关和刀闸操作把手上，在断电时均应悬挂“禁止合闸”的标示牌，如图 2.56 左图所示。若线路上有人工作，则应在线路开关和刀闸操作把手上悬挂“禁止合闸，有人工作！”的标示牌。

3. 对于 35 kV 及以下设备的临时遮栏，可用干燥木材、橡胶或其他坚韧的绝缘材料制成，并装设牢固。同时要悬挂“止步，高压危险！”的标示牌。

图 2.56 电气安全标示牌(2)

4. 工作人员在室内的高压设备上工作时,应在工作地点间隔和对面间隔的遮栏上和通行的过道上悬挂“止步,高压危险!”的标示牌。

5. 工作人员在室外地面处的高压设备上工作时,应在工作地点四周用绳子做好围栏,围栏上悬挂适当数量的“止步,高压危险!”的标示牌,标示牌必须朝向围栏外面。

6. 工作人员在室外构架上工作时,应在工作地点邻近带电部分的横梁上悬挂“止步,高压危险!”的标示牌。此项标示牌应在值班人员监护下,由工作人员悬挂。在工作人员上下用的铁架或梯子上,应悬挂“从此上下!”的标示牌。在邻近的其他可能让工作人员误登的高电压构架上,应悬挂“禁止攀登,高压危险!”的标示牌。

2.4 导线的连接技法

2.4.1 导线连接基本要求

1. 导线接头应紧密接触,电流稳定性好,接头处电阻值应尽可能小,接头处与同长度、同截面导线的电阻比值不应大于 1;

2. 导线接头的机械强度不应小于导线机械强度的 80%;

3. 导线连接处的电气绝缘强度必须良好,其性能应不低于原导线的电气绝缘强度;

4. 导线连接处应具有保护措施,可以耐受腐蚀。

2.4.2 导线绝缘包皮和保护外皮的去除

1. 用钢丝钳剖削塑料硬线。

导线的芯线截面为 4 mm^2 及其以下的塑料硬线的绝缘包皮和保护外皮,一般用钢丝钳进行剖削,方法如图 2.57 左图所示,具体操作步骤如下:

(1) 根据导线连接时的需要,确定需要剖削的线头长度。

(2) 用左手握住电线,右手用钢丝钳的刃口,切割开绝缘包皮和保护外皮,但不可切入芯线。右手拇指与食指握住钢丝钳头部用力向外去除导线外皮。

(3) 在操作过程中，如果发现刃口对导线的芯线损伤较大，应对导线截断其头部，然后再重新确定长度，并重新进行剖削。

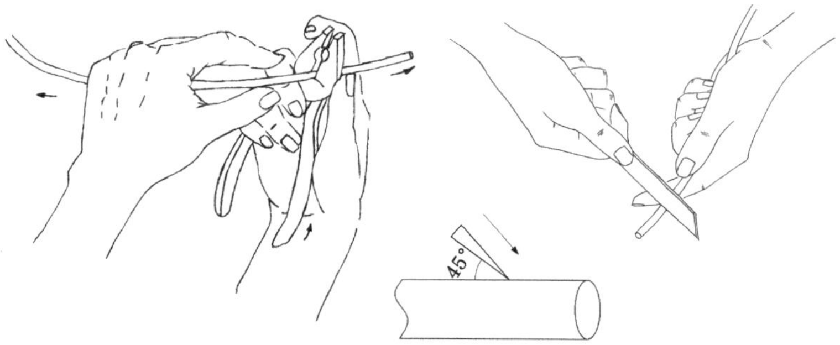

图 2.57　绝缘包皮与保护外皮的去除

2. 用电工刀剖削塑料硬线的绝缘包皮和保护外皮。

导线的芯线截面大于 4 mm^2 的塑料硬线的绝缘包皮和保护外皮，可用电工刀来剖削，方法如图 2.57 右图所示，具体操作步骤如下：

(1) 根据导线连接需要的长度，用电工刀以 45°角倾斜切入塑料导线的绝缘包皮和保护外皮。

(2) 刀面与芯线保持 25°角左右，用力向导线的端头推削，应注意削去导线表面上的塑料绝缘层的同时，不可让刀刃切入芯线；将下面塑料绝缘层翻到上面，如图 2.58 所示。

(3) 重复上面的步骤，即可用电工刀逐渐削去导线的塑料绝缘层。

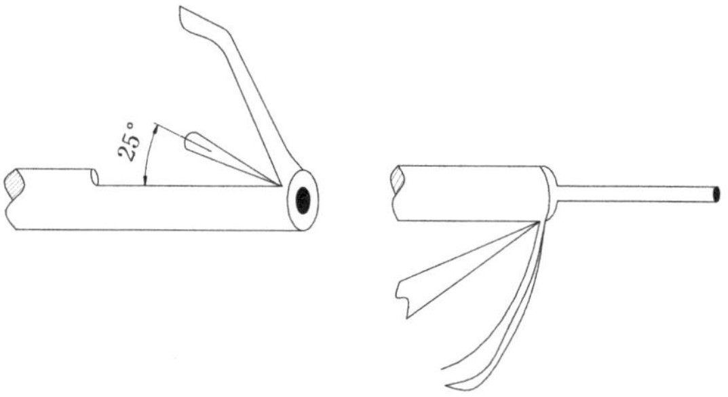

图 2.58　塑料硬线绝缘层的剖削

3. 塑料软线绝缘层的剖削。塑料软线绝缘层的去除不能用电工刀剖削，而应用剥线钳或钢丝钳剖削。

4. 塑料护套线绝缘层的剖削。塑料护套线绝缘层必须用电工刀来剖削，方法如图 2.59 所示，具体操作步骤如下：

(1) 按导线连接所需长度，用电工刀的刀尖对准芯线间的缝隙，来划开护套层；

(2) 用手撕开护套层，并向后扳翻，用电工刀的刀刃切去护套层；

(3) 导线内部的绝缘包皮和保护外皮的剖削方法，与塑料硬线绝缘层的去除方法相同。

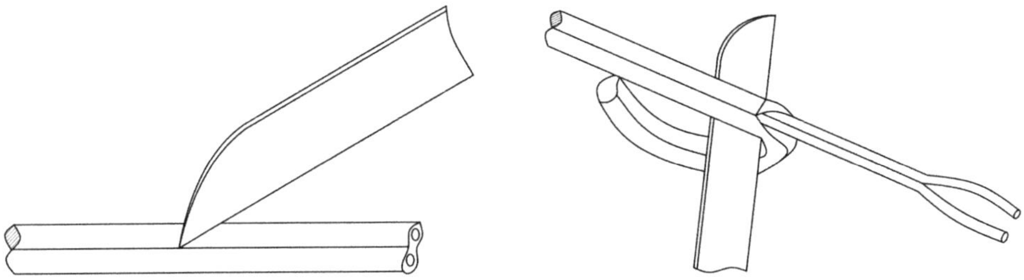

图 2.59　塑料护套线绝缘层的剖削方法

2.4.3　导线接头的连接方法

1. 单股铜芯导线直接连接(小截面积的导线),方法如图 2.60 所示,具体操作步骤如下:

(1) 先将两根导线的端头剖切掉绝缘层,作 X 形交叉;

(2) 然后让两根导线的芯线互相绞合,缠绕 2~3 匝后再扳直;

(3) 紧接着让两根导线预留的芯线,分别向各自接头芯线上紧密并绕 6 圈,再用工具剪去多余芯线;

(4) 最后用钢丝钳,将导线接头处的切口钳平。

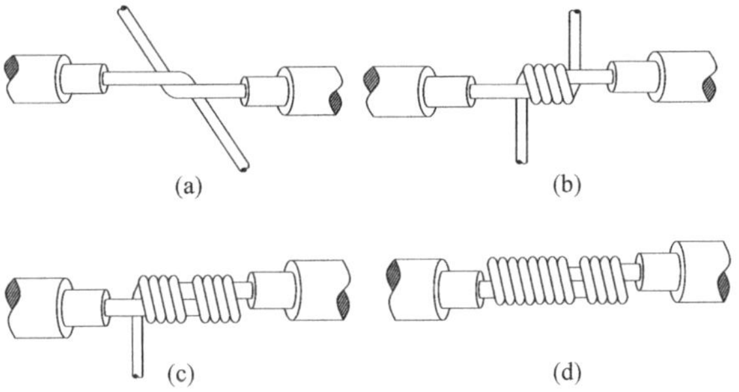

图 2.60　单股铜芯导线直接连接

2. 单股铜芯导线 T 字分支连接(小截面积的导线),方法如图 2.61 所示。具体操作步骤为:支线端和干线连接处十字相交,使支线的芯线根部留出 3 mm 后在干线上缠绕一圈,再环绕成结状,收紧线端后向干线并绕 6~8 圈,最后再剪平切口。如果连接导线截面较大,两芯线十字相交后,直接在干线上紧密缠绕 8 圈即可。

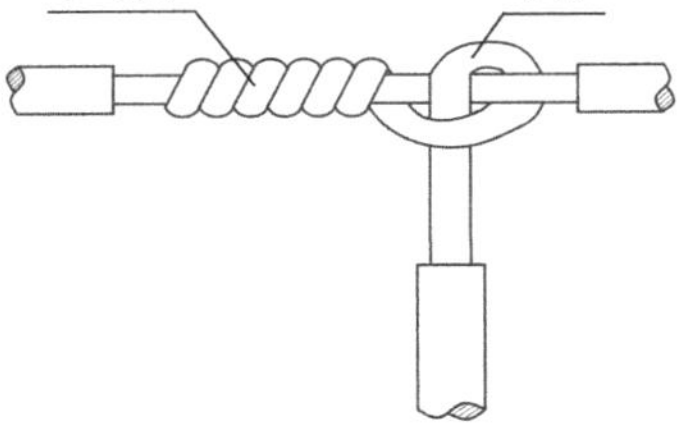

图 2.61　单股铜芯导线 T 字分支连接

2.4.4 导线与接线桩的连接

常见接线桩有 3 种形式，即平压式接线桩、瓦形接线桩和针孔式接线桩。相对应地，单股导线、多股导线与不同接线桩的连接方法也有所不同。

2.4.4.1 导线与平压式接线桩的连接

首先进行单股芯线连接圈的弯制，如图 2.62 所示，然后让芯线沿顺时针方向绕接线桩的螺钉转动一圈；最后旋紧螺母，压实芯线并剪去多余的芯线，就完成了导线与接线桩的连接。

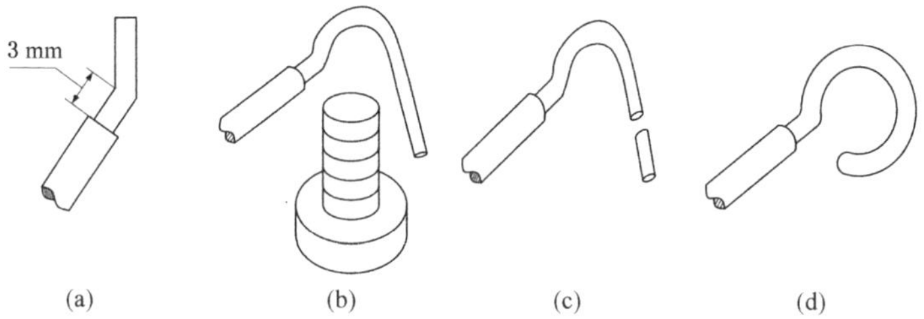

图 2.62 单股芯线连接圈弯法

2.4.4.2 导线与瓦形接线桩的连接

1. 先将单股芯线的一端按略大于瓦形垫圈的直径弯成“U”形，再用螺钉穿过“U”形孔压在垫圈上旋紧，如图 2.63(a)所示；

2. 如果两根导线要接在同一接线桩上，先将两个导线头都按略大于瓦形垫圈的直径弯成“U”形，按相反的弯曲方向叠在一起，再用螺钉穿过“U”形孔压在垫圈上旋紧，如图 2.63(b)所示。

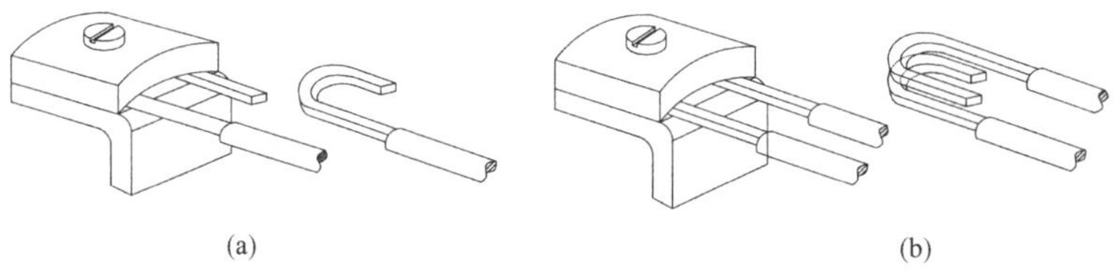

图 2.63 导线与瓦形接线桩的连接方法

2.4.4.3 多股芯线与针孔式接线桩的连接

1. 导线的芯线与接线桩的针孔大小相配时，可直接插入针孔，如图 2.64(a)所示；

2. 导线的芯线比接线桩的针孔更小时，先将导线头排绕一层，再插入针孔，如图 2.64(b)所示；

3. 导线的芯线比接线桩的针孔更大时，先将芯线的线头剪断两股，然后再绞紧并插入针孔内，如图 2.64(c)所示。

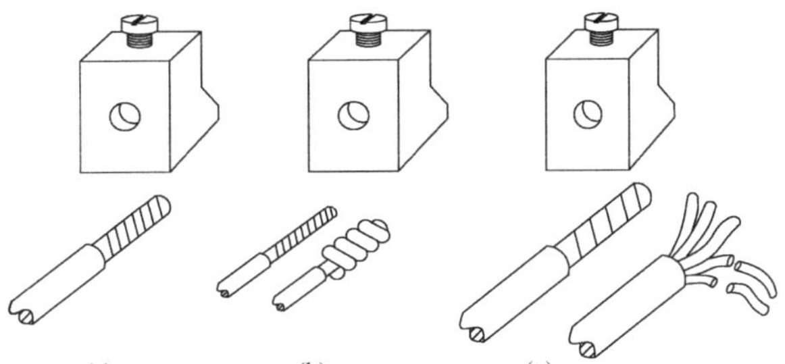

(a)　(b)　(c)

图 2.64　多股芯线与针孔式接线桩的连接

2.4.5　导线绝缘层的恢复

通常用黄蜡带、涤纶薄膜带和黑胶带等作为恢复绝缘层的材料。一般应从导线左端开始包缠，同时绝缘带与导线应保持一定的倾斜角，每圈的包扎要压住前一圈带宽的 1/2。包缠绝缘带时要用力拉紧，包卷要粘结密实，以免潮气侵入，如图 2.65 所示。

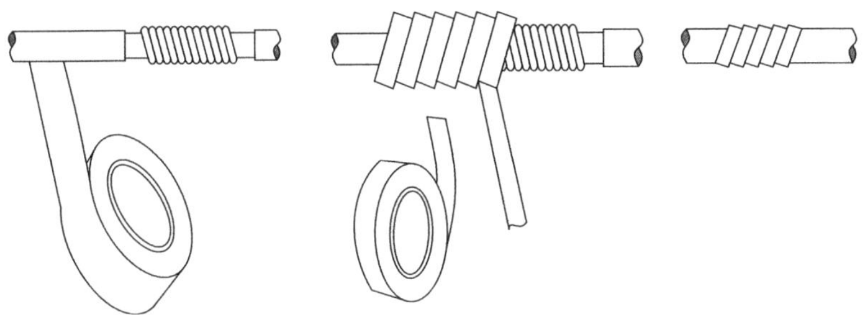

(a)　(b)　(c)

图 2.65　导线绝缘层的恢复

2.5　案例式教学习题

1. 请同学们简述一下，通过本章的学习，你能够记住哪些常用电工工具的名称、别名、结构组成、规格型号、使用方法和注意事项。

2. 请同学们为我院电气控制技术实验室设计一套小规模的教学设备，来锻炼同学们的电工工具操作能力。具体要求：设备体积要尽可能小，设备制造成本要尽量低廉。设备的主要零件均可以依托我院机械加工实习工厂来完成制造。在设备使用时，能够让同学们掌握尽量多的工具用法。

3. 请同学们设想自己是某大学新建电气控制技术实验室的负责老师，为使得实验室能够具备实验条件，需要购置常用的电工工具，请你来编写一份采购计划。采购计划应包括：采购的目的、具体采购清单(包括性能、规格、数量、品牌或供货商)、采购价格估算书、采购规范文件(包括询价方式，供应商确定方法，采购方式——集中或是分期分批；是否采用招投标，及其相应的文件)、采购时间、工作人员的分工和联络方式。

4. 请同学们设想自己是某新建电气控制设备制造厂装配车间的主任，为使得装配车间能够正常运转，需要购置常用的电工工具，请你来编写一份采购计划。采购计划应包括：采购的目的、具体采购清单(包括性能、规格、数量、品牌或供货商)、采购价格估算书、采购规范文件(包括询价方式,供应商确定方法,采购方式——集中或是分期分批;是否采用招投标,及其相应的文件)、采购时间、工作人员的分工和联络方式。

5. 请同学们设想自己是某电力公司的电工班长,带队去某市某小区的变压器室进行日常检修维护作业,请你来设计一份检修作业任务书。任务书中应明确工作人员及其组织、作业工具、安全用具、作业时间、检修目标、事前(停电)通知发布、突发事件的应急处理、人员联络等项内容。

6. 请同学们设想自己是国家电网某分公司作业组长,带队去市郊某区域对架空线路进行巡线作业,请你来设计一份巡线作业任务书。任务书中应明确工作人员及其组织、作业工具、安全用具、作业时间、检修目标、事前(停电)通知发布、突发事件的应急处理、人员联络等项内容。

2.6 阅读文献列表

[1] 乔长君. 全彩图解电工工具使用[M]. 北京:中国电力出版社,2016.

[2] 杨清德,康娅. 零起步巧学巧用电工工具[M]. 2 版. 北京:中国电力出版社,2013.

[3] 李金伴. 电工工具速查手册[M]. 北京:化学工业出版社,2009.

[4] 任致程. 画说电工工具操作技能[M]. 北京:机械工业出版社,2007.

[5] 胡山,杨宗强. 电工常用工具和仪表[M]. 北京:化学工业出版社,2007.

[6] 刘运和,等. 电子电工常用工具选用、自制与调修即时通[M]. 北京:机械工业出版社,2005.

[7] 郑凤翼. 电工工具与电工材料[M]. 北京:人民邮电出版社,1999.

[8] 谢秀颖. 实用电工工具与电工材料[M]. 北京:机械工业出版社,2012.

[9] 阎士琦. 电工工具手册[M]. 北京:中国电力出版社,2004.

[10] 于日浩,邱利军,朱政. 电工工具使用入门[M]. 北京:化学工业出版社,2008.

[11] 张应龙. 电工工具和仪器仪表[M]. 北京:化学工业出版社,2008.

2.7 技术关键词表

序号	中文书写	英文书写	页码
1	钢丝钳	Cutting pliers	11
2	尖嘴钳	Sharp nose pliers	12
3	斜口钳	Diagonal cutting pliers	12
4	剥线钳	Stripping wire pliers	12
5	低压验电器	Low pressure electroscope	13
6	电工刀	Electrician knife	14
7	螺钉旋具	Screw rotating tools	14
8	螺帽旋具	Nut rotating tools	15
9	凿子	Chisel	18

续表

序号	中文书写	英文书写	页码
10	锉刀	File	18
11	手锯	Hack saw	18
12	手锤	Hammer	19
13	画规	Compass	19
14	塞尺	Feeler	20
15	钢板尺	Steel ruler	20
16	直角尺	Square ruler	20
17	游标卡尺	Vernier ruler	20
18	螺旋测微器	Micrometer caliper	21
19	钢卷尺	Steel tape	22
20	电流表	Ammeter	23
21	电压表	Voltmeter	23
22	台虎钳	Table vice	24
23	万用表	Multimeter	24
24	电能表	Watt-hour meter	25
25	绝缘电阻测量仪	Insulation resistance instrument	26
26	电桥	Bridge	26
27	丝锥	Tap	27
28	铁皮剪	Tinsmith snips	28
29	铁锹	Shovel	28
30	镐	Pickaxe	28
31	管钳	Alligator wrench	29
32	液压钳	Hydraulic pincers	29
33	梯子	Ladder	30
34	麻绳	Rope	31
35	皮锤	Rawhide hammer	31
36	拉马	Tensile isolated device	32
37	手持电钻	Electric fie1d vcctor hand drill	32
38	电动型材切割机	Electric profile cutter	33
39	电动角向磨光机	Cordless angle grinder	35
40	喷灯	Burner	35

续表

序号	中文书写	英文书写	页码
41	手持式红外线测温仪	Hand-held infrared temperature measurement	36
42	便携式测振仪	Portable vibration meter	37
43	钳形电流表	Pincerslike ammeter	37
44	携带型短路接地线	Portable shorting grounding wires	38
45	便携伸缩型高压放电棒	Portable expansion high voltage discharger	39
46	高压验电器	High voltage electroscope	39
47	绝缘棒	Insulating bar	41
48	脚扣	Lineman climbers	41
49	安全帽	Crash helmet	42
50	绝缘手套	Insulation gloves	43
51	电绝缘鞋	Insulation shoes	43
52	电工安全带	Electrical safety belt	44
53	耐静电绝缘服	Electrostatic resistance garment	45
54	电气安全标示牌	Electric safety mark	46

2.8 本章小结

本章介绍了60种常用电工工具及其使用常识，这些学习内容的掌握无疑会对同学们的工程实践与工作应用产生很大的帮助作用。同时也为本书后续电气控制实践项目的深入学习，奠定一个良好的基础。

第3章 常用低压电器及其项目实践

3.1 学习目标

1. 了解低压电器的分类和发展概况；
2. 掌握常用低压控制电器的名称、图形符号、工作原理、型号含义和技术参数；
3. 掌握常用低压保护电器的名称、图形符号、工作原理、型号含义和技术参数。

3.2 低压电器的分类和发展概况

低压电器通常是指工作在交流电压小于1500 V、直流电压小于1200 V的电路中，起到接通、断开、保护、控制或调节作用的电器设备。低压电器种类繁多，结构各异，用途广泛，功能多样。其分类方法也很多，下面介绍三种常用的低压电器分类方法。

3.2.1 按其在电路中作用分类

控制类电器：在电路中主要起控制、转换作用。包括开关电器、接触器、控制继电器、主令电器等。

保护类电器：在电路中主要起保护作用。包括熔断器、热继电器、过电流继电器、欠电压继电器、过电压继电器等。

3.2.2 按其控制对象分类

低压配电电器：主要用于低压配电系统中，要求在系统发生故障的情况下动作准确、工作可靠，有足够的热稳定性和动稳定性。包括刀开关、熔断器和断路器等。

低压控制电器：主要用于电气传动系统中，要求使用寿命长、工作可靠、维修方便。在电路中主要起保护作用。包括接触器、控制继电器、起动器、主令电器等。

3.2.3 按其动作方式分类

自动切换电器：电器在完成接通、分段或使电动机起动、反向以及停止等动作时，依靠其本身的参数变化或外来信号而自动进行动作。包括接触器、继电器、熔断器等。

非自动切换电器：通过人力作业(用手动或者通过杠杆)直接扳动或旋转操作手柄来完成切换的电器。包括刀开关、转换开关或按钮等。

此外，低压电器还可以按电器的执行机能，分为有触点电器和无触点电器。还可以按用途和功能，分为控制电器、配电器、终端电器、执行电器、可通信电器。

低压电器的生产和发展是和电能的广泛应用密不可分的，从按钮、刀开关、熔断器等最简单的低压电器开始，到多种规格的低压断路器、接触器以及由它们组成的成套电气控制设备，都是伴随着生产的需要而发展起来的。

从新中国成立以来，随着国家经济的飞速发展，工业与民用各类经济部门对低压电器的种类、品种、质量提出了越来越高的要求。低压电器也经历了品种与规格从少到多，产品质量从低到高的逐步发展过程。但是，目前国内产品与电工行业的最先进国际品牌产品和IEC（“国际电工委员会”英文单词首字母的缩写，International Electro Technical Commission）的先进标准仍然存在差距。

改革开放以后，我国低压电器制造工业有了飞速的发展。一方面，国内产品，如CJ20系列接触器、RJ20系列热继电器、DZ20系列塑料外壳式断路器等，都是国内20世纪80年代研发的更新换代产品，符合国家新标准（参考IEC标准制定），有些甚至完全符合IEC标准。另一方面，我国还积极从德国西门子公司、美国西屋公司、瑞士ABB公司、法国施耐德公司和日本三菱公司等引进接触器、热继电器、起动器、断路器等先进的产品制造技术，并逐步实现了国产化，使国内低压电器的产品质量有了较大幅度的提高。

目前，国内低压电器的发展方向，是在研究不断提高其技术参数和性能指标，并在其经济性上下功夫。这一过程中，使用新材料、新工艺、新技术对产品质量的提高、性能的改善有着十分重要的作用。与此同时，我国还大力开发新产品，特别是多功能化产品及机电一体化产品，如电子化的新型控制电器（接近开关、光电开关、固态继电器与接触器、电子式电动机保护器等）已经被研发出来。总之，低压电器将不断地向高性能、高可靠性、多功能、小型化、使用方便等方向发展。

3.3 常用控制类电器

控制类电器在电气控制系统中主要起控制与调节等作用。控制类电器大多数情况下，都广泛用于电气传动系统中，有的（如开关电器）也被用于低压配电系统中。控制类电器主要包括：低压开关电器、接触器、控制继电器、主令电器等。

3.3.1 低压开关电器

低压开关电器主要用于低压配电系统及控制系统中，对电路和电器设备进行不频繁的通断、转换电源或负载控制，有的还可用作小容量鼠笼形异步电动机的直接起动控制。低压开关电器应用十分广泛，品种很多，主要有刀开关、组合开关、低压断路器。

3.3.1.1 刀开关

刀开关是具有“刀形触片”的各类开关电器的总称。它们属于结构比较简单、操作比较方便的手动控制电器。根据不同的工作原理、使用条件和结构形式，刀开关及其与熔断器组成的产品可以分为板用刀开关、开启式负荷开关、熔断器组合式刀开关等。

板用刀开关是手动电器中结构最简单的一种。板用刀开关由手柄、触刀、静插座、铰链支座和绝缘支座等组成，如图3.1所示。合上手柄时，触刀绕铰链支座转动，将触刀插入静插座内，电路接通；拉下手柄时，触刀脱离静插座，将电路断开。

板用刀开关按极数分为单极、双极、三极，其中三极刀开关用量最大；按切换功能（位置数）可分为单投和双投。按操作方式又可以分为中央手柄式、带杠杆机构式、旋转操作式等。刀开关的图形符号，如图3.2所示，文字符号为QS。

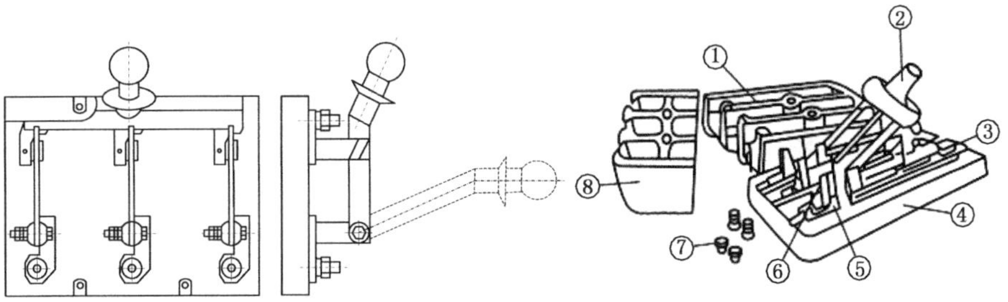

1—下胶盖;2—瓷质手柄;3—出线座;4—瓷底座;
5—静夹座;6—进线座;7—胶盖固定螺母;8—上胶盖

图 3.1 板用刀开关结构图

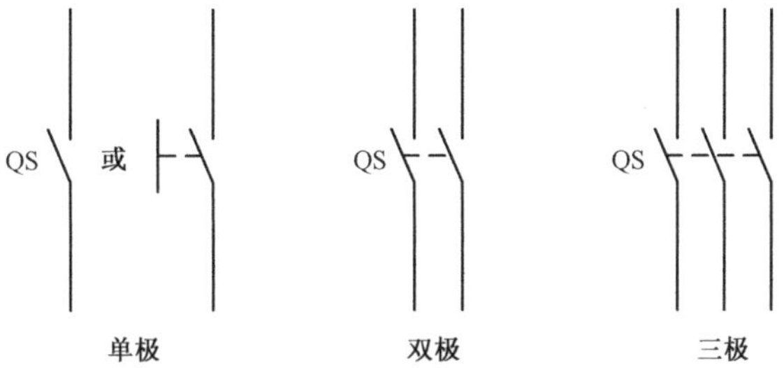

图 3.2 刀开关图形符号

目前,国内大批量选用的板用刀开关有 HD11、HD12、HD13、HD14 等系列的刀开关,以及 HS11、HS12、HS13、HS14 等系列的刀开关。HS12、HS13 系列刀形转换开关,能切断额定电流值以下的负载电流,用于接通或分断电路。而 HD11 系列刀开关和 HS11 系列刀形转换开关不能分断电流,只能作隔离电流用的隔离开关。HD11～HD14 系列刀开关和 HS11～HS14 系列刀形转换开关的技术数据可查阅相关电气工程手册。

刀开关的型号含义,如图 3.3 所示。图中刀开关的组类代号,可以填入“HD”,表示“单投刀开关”;或“HS”表示“双投刀开关”。操作方式代号,可以填入“11”,表示“中央手柄式”;或“12”,表示“侧方正面杠杆操作机构式”;或“13”,表示“中央正面杠杆操作机构式”;或“14”,表示“侧面操作手柄式”。级数代码,可以填入“1”,表示“单极”;或“2”,表示“双极”;或“3”,表示“三极”。辅助功能代号,可以填入“0”,表示“不带灭弧罩”;或“1”,表示“带灭弧罩”;或“8”,表示“板前接线(仅限中央手柄式)”;或“9”,表示“板后接线(仅限中央手柄式)”。

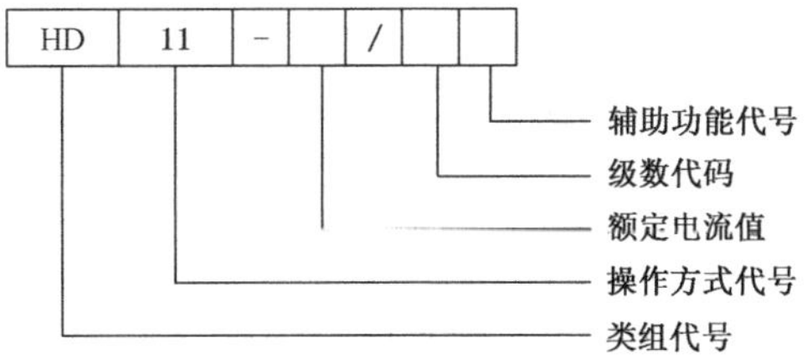

图 3.3 刀开关的型号含义

刀开关的主要技术参数有:

1. 额定电压:它是指在规定条件下,刀开关长期工作中能承受的最大电压。

2. 额定电流:它是指在规定条件下,刀开关在合闸位置允许长期通过的最大工作电流。

3. 通断能力:它是指在规定条件下,刀开关在额定电压时,能接通和分断的最大电流值。

4. 电寿命:它是指在规定条件下,刀开关不经维修或更换零件的额定负载操作循环次数。

在选用刀开关时,刀开关的额定电压应大于或等于电路的额定电压值,额定电流应稍大于或等于电路中的工作电流值,刀开关的极数、位置数和操作方式可根据实际需要选定。当用刀开关直接通断小型负载时,应注意选择相应的通断能力。

3.3.1.2 开启式负荷开关

开启式负荷开关(俗称胶盖瓷底刀开关)由刀开关和熔断器串联组合而成。常用来分断工作负荷电流,用作电气照明电路的控制开关及分支电路的配电开关,三级开启式负荷开关有时也可用于5.5 kW以下的三相鼠笼形异步交流电动机不频繁地直接起动和停止的控制。开启式负荷开关的外观,如图3.4所示。

图 3.4　刀开关(开启式负荷开关)的外观

目前,国内常用的开启式负荷开关有HK2、HK4系列等。开启式负荷开关具有使用方便、价格低廉等优点。但其在控制电动机时易出现某一相熔丝提前熔断,导致电动机缺相运行而被烧毁的现象,且该开关无灭弧装置,分断大电流时,所产生的电弧很大,容易出现人身安全事故,现已逐渐被塑料外壳低压断路器取代。

3.3.1.3 熔断器组合式电器

熔断器组合式电器是由刀开关、隔离器与熔断器组合而成的各类电器的总称。该电器一般都能进行带负载通断,并有一定的短路保护功能。熔断器组合式电器结构紧凑、操作方便、安全可靠,因而被广泛采用并逐渐替代某些老式产品。

熔断器组合式电器有刀开关熔断器组、熔断式刀开关、隔离器熔断器组、熔断式隔离器等四种。下面着重介绍刀开关熔断器组和熔断式刀开关。

1. 刀开关熔断器组:刀开关熔断器组是由刀开关和熔断器串联组合。将一个三极刀开关与三个熔断器串联组装在一个铁壳内就构成封闭式负荷开关,又称为铁壳开关。它的结构特点是,内部装有一个速断弹簧,拉闸时动片能很快与刀座分离,电弧因被迅速拉长而熄灭;另外,为保证安全,其操作机构有机械联锁装置,当铁壳打开时,刀开关被卡住,是不能进行合闸操作的;刀开关合闸时,铁壳也不能打开。封闭式负荷开关的结构及其图形符号,如图 3.5 所示，文字符号为 QF。

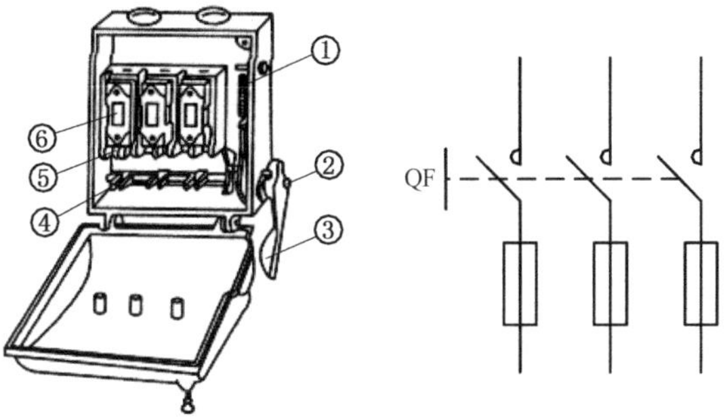

1—速断弹簧；2—转轴；3—手柄；4—闸刀；5—夹座；6—熔断器

图 3.5　封闭式负荷开关结构及其图形符号

目前，国内常用的封闭式负荷开关有 HH3、HH4、HH10D、HH11 等系列，可用于配电电路中作为电源开关，主要用于手控不频繁地接通或断开带负荷的电路。三极封闭式负荷开关还可作为小型异步电动机的不频繁全压起动的控制开关。封闭式负荷开关（铁壳开关）的外观，如图 3.6 所示。

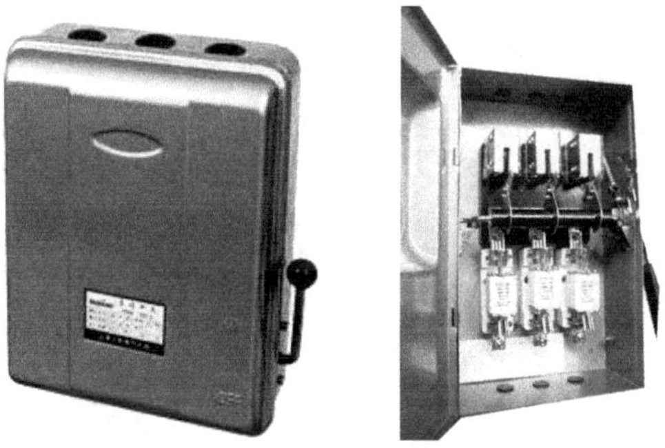

图 3.6　铁壳开关的外观

2. 熔断式刀开关：刀开关的动触点由熔断器组成时即为熔断式刀开关，也称刀熔开关。它兼有熔断器和刀开关的功能，在正常情况下，熔断式刀开关可以接通和分断额定及额定电流以下的电流，如果电路中出现严重过载及短路故障，熔断器中的熔体就被熔断，可以及时地切断故障电路。因此，熔断式刀开关一般由刀开关和 RT0 型熔断器组合而成。HR5 系列熔断式刀开关为国内更新设计的产品，配用 NT 型熔断器或类似质量水平的产品。HR11 系列熔断式刀开关为国内 20 世纪 80 年代进行技术攻关所获得的达标产品，配用 RT15 型熔断器。

3.3.1.4　组合开关

组合开关因其可实现多组触点组合连动，所以被称为组合开关，实际也是一种转换开关。组合开关有多对静触片和动触片，分别装在由绝缘材料隔开的胶木盒内，组合开关结构如图 3.7 左图所示。静触片固定在绝缘垫板上，动触片套装在有手柄的绝缘转动轴上，转动手柄就可以改变触片的通断位置，以达到接通或断开电路的目的。

由于该组合开关转轴上安装有扭簧储能机构，使得开关能快速闭合或分断，以利于灭弧，且其分合速度与旋转速度无关。组合开关的图形符号，如图 3.7 右图所示，文字符号为 SCB。

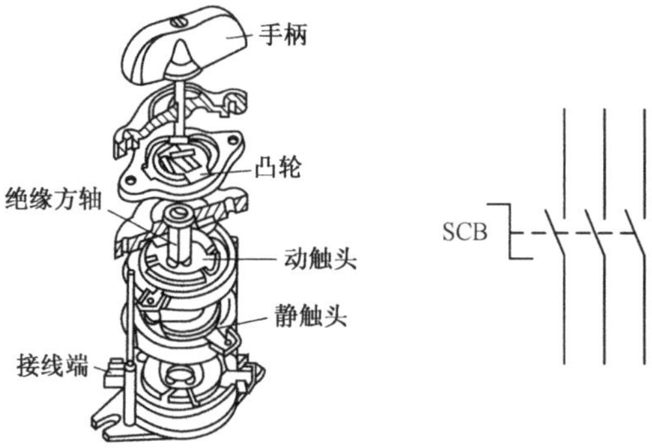

图 3.7　组合开关结构与图形符号

组合开关具有结构紧凑、体积小、操作方便等优点，在机床电气控制中主要用作电源开关，可以不带负载接通或断开电源；也可以按电动机控制要求进行组合，直接控制电动机的起动、停止、星三角电路连接变换等动作，组合开关不适于频繁操作的场所来使用。

目前，国内常用的组合开关有 HZ10、HZ15 等系列，国外引进产品有德国西门子 3LB 和 3ST 系列等。组合开关外观，如图 3.8 所示。

图 3.8　组合开关外观

3.3.1.5　低压断路器

低压断路器，一般也常称为自动开关或空气开关等，为了符合 IEC 国际标准，一般应使用低压断路器这个名称，也可简称为断路器。

当电路正常工作时，断路器可以接通或分断正常负载电流；当电路发生严重的过载、短路或失压故障时，断路器能够自动地分断故障电路，有效地保护串接在其后面的电气设备。因而，低压断路器是一种具有保护功能的开关电器，广泛应用在低压配电线路、电气控制线路中。

断路器按结构型式分为万能式和塑料外壳式两种。万能式（曾称为框架式）断路器一般有一个钢制框架，所有部件均安装在这个框架内（导电部分加绝缘）。万能式断路器容量较大，用作配电线路的保护开关。塑料外壳式断路器的主要特征是有一个塑料外壳，所有部件均安装在这个外壳中。塑料外壳式断路器容量较小，除可用作配电支路的保护开关外，还可用作电动机、照明电路及电加热电路的控制开关。塑料外壳式断路器的操作方式多为手动，主要有板式和按钮式两种。

低压断路器的工作原理和图形符号，如图 3.9 所示。图中选用了过电流和欠电压两种脱扣器。当电路正常工作时，断路器的主触点靠操作机构手动(或电动)合闸或断闸，即可接通或分断正常工作电流。当断路器合闸后，主触点合上，此时过电流脱扣器的衔铁是处于释放状态的，欠电压脱扣器的衔铁是处于吸合状态的，它们都使自由脱扣机构的主触点锁在闭合位置上。若电路中发生短路或过电流故障时，过电流脱扣器的衔铁被吸合，使自由脱扣机构自动脱扣，断路器自动跳闸，主触点分离，能及时有效地切断高过额定电流数十倍的故障电流；若电网中出现电压过低或电压为零时，欠电压脱扣器的衔铁被迫释放，同样使自由脱扣机构动作，断路器分断该电路。这样，当电路过电流或欠电压时，断路器都能自动切断电源，保证电路及电路中设备的安全。

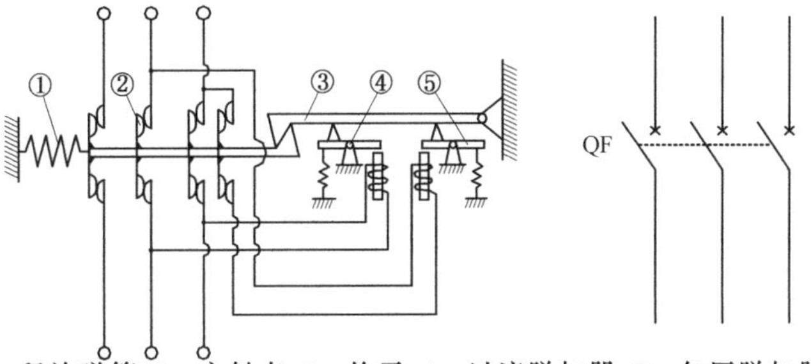

1—释放弹簧；2—主触点；3—钩子；4—过流脱扣器；5—欠压脱扣器

图 3.9　低压断路器工作原理及其图形符号

下面着重介绍塑料外壳式断路器，该断路器主要由三个部分组成：

1. 触点和灭弧系统；

2. 各种可供选择的脱扣器，包括过电流脱扣器、欠压(失电压)脱扣器、热脱扣器和分励脱扣器；

3. 操作机构和自由脱扣机构(自由脱扣是指当电路出现故障时，不论操作手柄在何位置，触点均能迅速自动分断)。

目前，国内常用的塑料外壳式断路器有 DZ5、DZ10、DZ15、DZ20、DZ10X 等系列，其中 DZ20 系列断路器是 20 世纪 80 年代开发的换代产品。引进生产的塑料外壳式断路器有：日本寺崎公司的 T0、TG 和 TH-5 系列、美国西屋公司的 H 系列、德国西门子公司的 3VE 系列、瑞士 ABB 公司的 S260 系列；法国施耐德公司的 ACTI9 系列小型断路器、EASY9 系列漏电保护断路器、EZD 系列漏电保护断路器等。塑料外壳式断路器的外观，如图 3.10 所示。

图 3.10　塑料外壳式断路器外观

DZ20 系列断路器的型号含义，如图 3.11 所示。图中，操作方式代码，可以填入“P”，表示“电动机操作”；或不作标注，表示“手柄操作”；用途代码，可以填入“2”，表示“保护电动机用”；或不作标注，表示“配电用”。

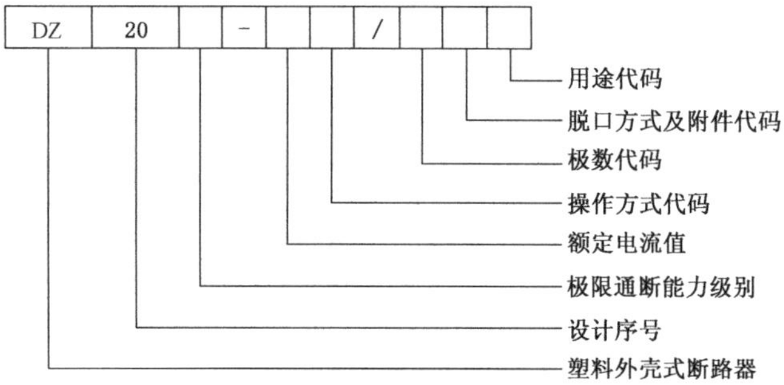

图 3.11　断路器的型号含义

塑料外壳式断路器的技术数据、脱扣方式及附件代号，可查阅相关电气工程手册。塑料外壳式断路器的主要技术参数除了额定电压、额定电流（这里指脱扣器的额定电流）之外，还有如下三项：

1. 壳架等级额定电流（I_N）：它是同一规格的断路器中通过的最大脱扣器额定电流。

2. 额定极限短路分断能力（I_{CN}）：它是断路器在规定实验电压及其他规定条件下的极限短路分断电流值，可用预期短路电流值表示。交流工况下，为周期分量的有效值。

3. 额定运行短路分断能力（I_{CS}）：它是断路器在规定实验电压及其他规定条件下的一种比 I_{CN} 小的分断电流值。

不同使用条件下的 I_{CS} 和 I_{CN} 标准比例关系的数据系列，可查阅相关电气工程手册。

选用低压断路器时，应满足如下三项要求：

1. 断路器的额定工作电压和额定工作电流应分别不低于线路上的额定电压和计算电流。

2. 热脱扣器的整定电流应与所控制电动机的额定电流或负载额定电流一致。

3. 断路器的瞬时或短延时脱扣器的整定电流应大于负载电路的尖峰电流值，对于电动机保护电路，当动作时间大于 0.02 s 时，可按不低于 1.35 倍电动机的起动电流的原则确定；当动作时间小于 0.02 s 时，则应增加为不低于 1.7～2 倍电动机的起动电流。

3.3.2　交流接触器

接触器是一种用来自动接通和断开主电路、大容量控制电路的控制电器，其主要控制对象是电动机，也可用于其他电力负载，如电热器、电焊机、电炉、变压器及电容器等。接触器不仅可用来频繁地接通或断开带负荷电路，而且能实现远距离控制，还具有欠电压（失电压）的保护功能，因而被广泛使用。

接触器种类繁多，按使用的电路不同分为交流接触器和直流接触器；按驱动力不同可分为电磁式、气动式和液压式等类型的接触器；按灭弧介质不同分为空气式、油浸式和真空式等类型的接触器。

下面主要介绍产量大、应用广的空气电磁式交流接触器，工程中习惯将其简称为交流接触器。

3.3.2.1 交流接触器的结构和工作原理

交流接触器的结构及其图形符号，如图 3.12 所示，文字符号为 KM。交流接触器由以下四部分组成：

1. 电磁机构：它是由电磁线圈、铁心和衔铁等组成，其功能是操作触点的闭合和断开。

2. 触点系统：它包括主触点和辅助触点，主触点可以通断较大的电流，用于主电路；辅助触点能通断较小的电流（一般不超过 10A），用于控制电路。一般每台接触器有三对（或四对）常开主触点（动合主触点）和数对常开辅助触点（动合辅助触点）、数对常闭辅助触点（动断辅助触点）。

3. 灭弧装置：容量在 10A 以上的接触器一般都有灭弧装置，常采用纵缝灭弧式或栅片结构。

4. 其他部分：包括弹簧、传动机构、接线柱及外壳等。

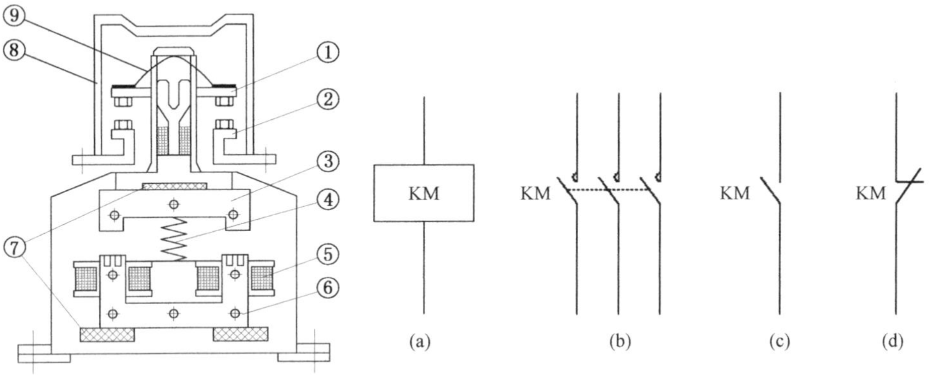

1—动触点；2—静触点；3—衔铁；4—触点弹簧；5—线圈；6—静铁心；
7—毡垫；8—灭弧罩；9—触点压簧

图 3.12 交流接触器结构及其图形符号

交流接触器的工作原理：当线圈(5)通电后，线圈中的电流产生磁场，使静铁心(6)产生电磁吸力将衔铁(3)吸合，衔铁(3)带着动触点(1)向下运动，使动断触点(常闭触点，图中未画出)断开，动合触点(常开触点，由元件(1)、(2)组合)闭合。当线圈(5)断电时，电磁吸力消失，衔铁(3)在触点弹簧(4)的作用下释放，各触点又恢复原来位置。

3.3.2.2 交流接触器的型号及主要技术参数

目前，国内常用的交流接触器有 CJ10、CJ12、CJ20、CJ24、CJX1、CJX2 等系列，其中 CJ20 和 CJ24 系列接触器是国内 20 世纪 80 年代开发的新产品，它们分别替代了 CJ10、CJ12 系列。CJ20 系列接触器主要用于控制鼠笼形三相异步交流电动机的起动、停止等，CJ24 系列接触器主要用于冶金、矿山及起重设备中控制绕线电动机的起动、停止及切换转子中所串联的电阻器等工作。引进生产的交流接触器有：德国西门子公司的 3TB 和 3TF 系列、法国 TE 公司的 LC1 和 LC2 系列、瑞典 ABB 公司的 B 系列等。

CJ 系列交流接触器的型号含义，如图 3.13 所示。图中，特殊配置代码，可以填入“Z”，表示“重任务”;或“X”表示“消弧”;或“B”表示“栅片去游离灭弧”。产品改型代码,可以填入“A”“B”表示“改型产品”;或“Z”表示“直流线圈”;或“S”表示“带按钮”。交流接触器产品如果是三级,则极数代码不应标注数字。

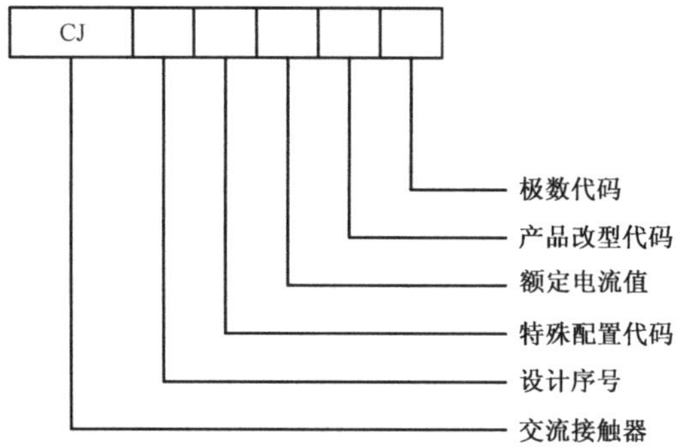

图 3.13 交流接触器的型号含义

接触器铭牌上所规定的电压、电流、功率及电寿命仅是对应于一定使用类别的额定值。

CJ20 系列交流接触器的主要技术参数有：

1. 额定电压:它是指主触点的额定工作电压。另外还规定有辅助触点、电磁线圈的额定电压。

2. 额定电流:它是指主触点的额定工作电流,它是在规定工作条件下(主要是额定工作电压、使用类别、额定工作制和操作频率等),保证接触器正常工作的电流值。主触点的额定电压和额定电流都是接触器的主参数,均应标注在该电器的铭牌上。

3. 接通和分断能力:它是接触器在规定条件下,在给定电压下,能接通和分断的预期电流值。接触器在此电流值下接通和分断时,不应发生熔焊、飞弧和触点过分磨损等。在低压电器标准中,按接触器的用途分类,规定了它的接通和分断能力,具体数据可查阅相关电气工程手册。

4. 机械寿命和电寿命:机械寿命是指需要维修或更换零部件前(允许的正常维护,包括更换触点)所能承受的无载操作循环次数;电寿命是指在规定的正常工作条件下,不需修理或更换零部件的带载操作循环次数。

5. 操作频率:接触器每小时允许的操作次数。操作频率直接影响到接触器的电寿命及灭弧室的工作条件,对于交流接触器还影响线圈温升,所以它是一个重要的技术指标。

6. 工作制:标准工作制有 4 种,它们分别是 8 h 工作制、不间断工作制、断续周期工作制和短时工作制。

选用接触器时应从其工作条件出发,主要考虑下列因素:

(1) 接触器的使用类别应与负载性质相一致;

(2) 接触器主触点的额定工作电压应大于或等于负载电路的电压值;

(3) 接触器主触点的额定工作电流应大于或等于负载电路的电流值;

(4) 接触器电磁线圈的额定电压应与控制回路电压相一致;

(5) 接触器主触点和辅助触点的数量以及辅助触点的类型应满足控制系统的需要。

另外补充一点,直流接触器与交流接触器非常相似,直流接触器用于控制直流电动机的起停、换向等工作。

CZ 系列直流接触器的型号含义，如图 3.14 所示。图中辅助触点代码，可以填入“D”，表示“带辅助触点”；或“C”，表示“不带辅助触点”。

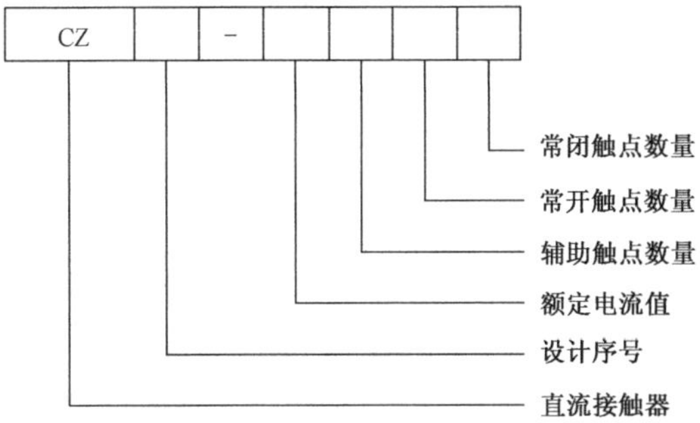

图 3.14　直流接触器的型号含义

常用的直流接触器有 CZ0、CZ18 等系列，其中 CZ18 系列接触器为国内 20 世纪 80 年代研发的更新换代产品，可取代 CZ0 系列。接触器的外观，如图 3.15 所示。

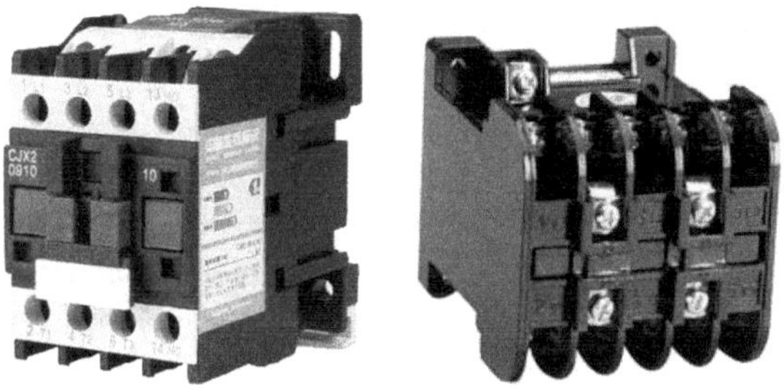

图 3.15　接触器外观

3.3.3　控制继电器

控制继电器，也可简称为继电器，是在某种输入量的作用下，得到某种输出量，实现信号的转换、传输、放大，以控制电路执行某种功能的电气元件。其输入量可以是电流、电压、功率等电量，也可以是时间、速度、温度、压力等非电量，而输出则都为触点的动作。继电器在控制电路中一般起控制、放大和保护等作用。

继电器种类繁多，广泛应用于供电系统、电力拖动系统以及电控系统中。在这里我们仅介绍用于电力拖动系统中，实现过程控制自动化和提供某种保护的继电器。按继电器在电路中所起作用的不同，可分两大类：一类是在电路中主要起控制、放大作用的控制继电器，另一类是在电路中主要起保护作用的保护继电器。

控制继电器主要有：中间继电器、时间继电器、速度继电器等。保护继电器主要有：过电流继电器、欠电流继电器、过电压继电器、欠电压继电器、热继电器等。

下面先介绍常用控制继电器，保护继电器放于下一节中介绍。

3.3.3.1　中间继电器

中间继电器是在控制电路中起到传输或转换信号等作用的一种电器元件，其作用主要是扩展控制触点数量或增加触点容量。中间继电器种类很多，除专门的中间继电器之外，额定电流较小(一般不大于5A)的接触器,也常被用作中间继电器。

中间继电器属接触式继电器,其工作原理与接触器相同,但其一般仅用于控制电路中。中间继电器的图形符号,如图3.16所示,其文字符号为KA。

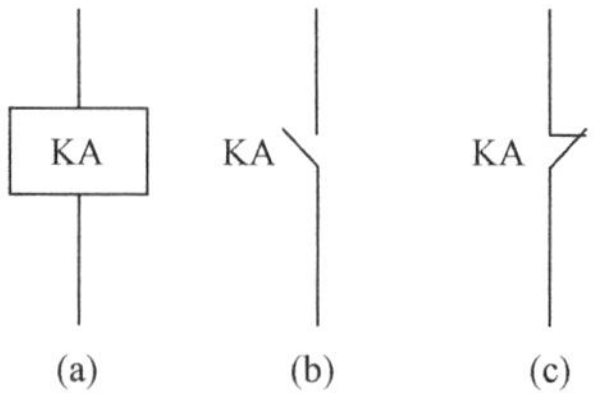

图3.16 中间继电器图形符号

目前,国内常用中间继电器有JZ7、JZ8(交流)及JZ14、JZ15、JZ17(交流、直流)等系列。国外引进产品有德国西门子公司的3TH系列和瑞士ABB公司的K系列等。

JZ15系列中间继电器型号的含义,如图3.17所示。图中,电源类型代码,可以填入"J",表示"交流电";或"Z",表示"直流电"。

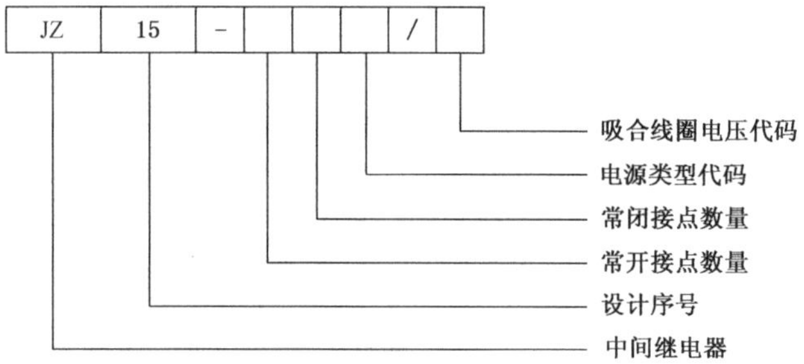

图3.17 中间继电器的型号含义

3.3.3.2 时间继电器

时间继电器是一种定时元件,在电路中用来实现延时控制,即时间继电器接收到输入信号以后,需经一段时间延时,才能有输出信号来控制电路。时间继电器的应用范围很广,特别是用在电力拖动系统和各种自动控制系统中,要求各项操作之间有必要的时间间隔或按一定的时间顺序接通或断开设备。

时间继电器按其延时原理来分,有电磁式、空气阻尼式、同步电动机式和电子式时间继电器等类型。

电磁式时间继电器是利用电磁阻尼原理而产生延时的。其特点是延时时间短(例如JT3通用继电器只有0.3~5.5 s),延时精度差,稳定性不高,而且只能用直流供电,断电延时;但其结构简单,价格低廉,寿命长,继电器本身适应能力较强,输出触点容量往往较大。在一些要求不太高,工作条件又较为恶劣的场合(如起重机控制系统),可采用这种时间继电器。

同步电动机式时间继电器是利用微型同步电动机拖动减速齿轮以获得延时的。其特点是延时范围宽,可以从几秒到几十个小时,延时过程能通过指针直观地表示出来,延时误差仅受电源频率影响;但机械结构复杂,体积较大,寿命短,价格较贵,适用于自动或半自动生产过程中的程序控制。目前,国内常用的同步电动机式时间继电器有JS10、JS11系列以及引进德国西门子公司生产的 TPR 系列等。

下面主要介绍空气阻尼式时间继电器。空气阻尼式时间继电器是利用空气阻尼作用而达到延时目标的,它是应用较广泛的一种时间继电器。空气阻尼式时间继电器有通电延时型和断电延时型两种。在此以通电延时型为例,介绍时间继电器的工作原理。

如图 3.18(a)所示,当电磁铁线圈(1)通电后,衔铁(3)与静铁心(2)吸合;主弹簧(4)缩回,于是推板(5)上升,驱动带有瞬时动作触点的微动开关(15)动作。

与此同时,顶杆(6)在顶杆弹簧(7)的驱动下也要向上移动,但由于顶杆下端连接着柱塞(12),柱塞(12)又连接着橡胶膜片(9),橡胶膜片(9)向上移动的过程中,将引起橡胶膜片(9)上下腔室的气压变化,该气压合力将试图阻止由橡胶膜片(9)、柱塞(12)和顶杆(6)所组成的组件(可简称为延时动作组件)的向上移动,而由于从进气孔调节螺钉(10)的位置,可以有调定好流量的微量空气流入,将部分地抵消掉对橡胶膜片(9)的阻滞气压,就这样延时动作组件在橡胶膜片(9)的阻滞下,缓慢地向上运动,同时也带动杠杆(14)缓慢地接近带有延时动作触点的微动开关(13)。当带有延时动作触点的微动开关(13)动作的时候,表示延时的时间已到;该时间继电器的延时时间,可以通过进气孔调节螺钉(10)的旋入深度,来进行调节。

当电磁铁线圈(1)失电后,释放衔铁(3);主弹簧(4)伸长,带有瞬时动作触点的微动开关(15)复位;由推板(5)驱动延时动作组件向下运动过程中,气压打开了单向阀(11),所以延时动作组件的运动,没有受到橡胶膜片(9)气压的阻滞作用,可以快速驱动杠杆(14)回程运动到位,因此带有延时动作触点的微动开关(13)也迅速复位。

断电延时型时间继电器的工作原理,如图 3.18(b)所示,其延时工作原理与通电延时型时间继电器基本相同,具体的内部零件动作过程,请同学们自行分析。

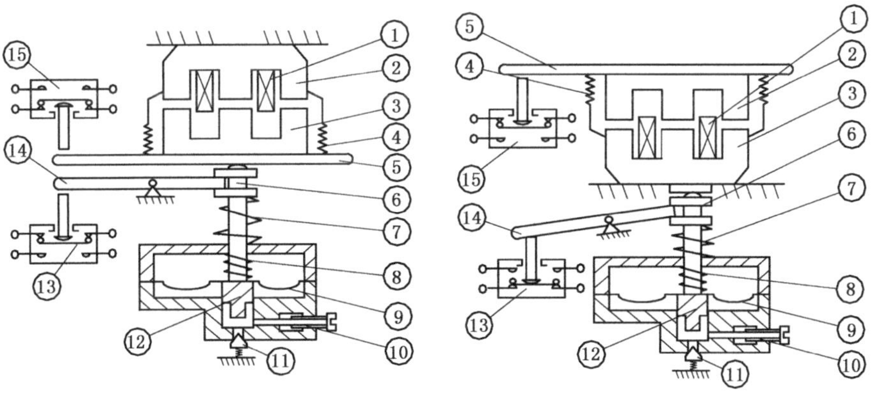

(a) 通电延时型　　(b) 断电延时型

1—线圈;2—静铁心;3—衔铁;4—主弹簧;5—推板;6—顶杆;7—顶杆弹簧;
8—柱塞弹簧;9—橡皮膜;10—进气孔调节螺钉;11—排气孔单向阀;12—柱塞;
13—微动开关(带延时动作触点);14—杠杆;15—微动开关(带瞬时动作触点)

图 3.18　时间继电器工作原理

时间继电器的图形符号,如图 3.19 所示,文字符号为 KT。

空气阻尼式时间继电器的优点是:延时范围大,且不受电压和频率波动的影响;结构较简单,寿命长,并且价格低廉;可以做成通电延时型及断电延时型两种类型的产品。

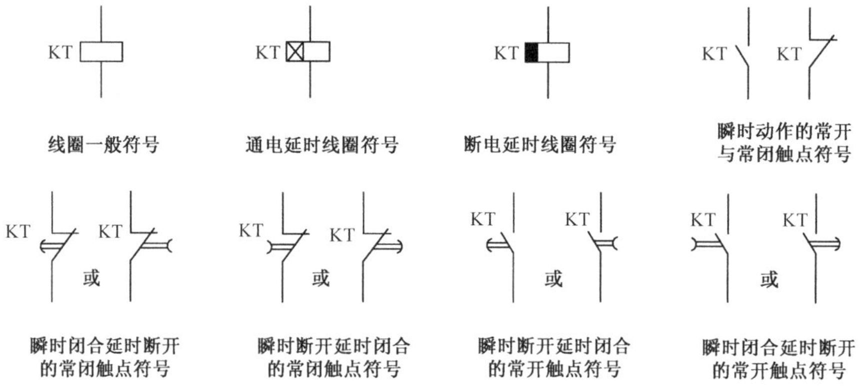

图 3.19　时间继电器图形符号

其缺点是延时误差大(±10%～±20%),延时值易受周围环境温度的影响。在延时精度要求不是很高的场合(如普通机床控制电路中),常采用这种时间继电器。

目前,国内常用的空气阻尼式时间继电器有 JS7、JS16、JS23 等系列,其中 JS23 系列时间继电器是国内 20 世纪 80 年代开发的换代产品。国外引进产品有法国 TE 公司的 JSS 系列时间继电器等。

JSS1 系列时间继电器的型号含义,如图 3.20 所示。图中,显示方式代码,可以填入"A",表示"2 位递增数显示";或"C",表示"3 位递增数显示";或"E",表示"4 位递增数显示";或不作标注,表示"发光二极管显示"。动作方式代码,可以填入"W",表示"往复循环延时";或"D",表示"断电延时";或不作标注,表示"通电延时"。安装方式代码,可以填入"M",表示"面板式";或不作标注,表示"装置式"。

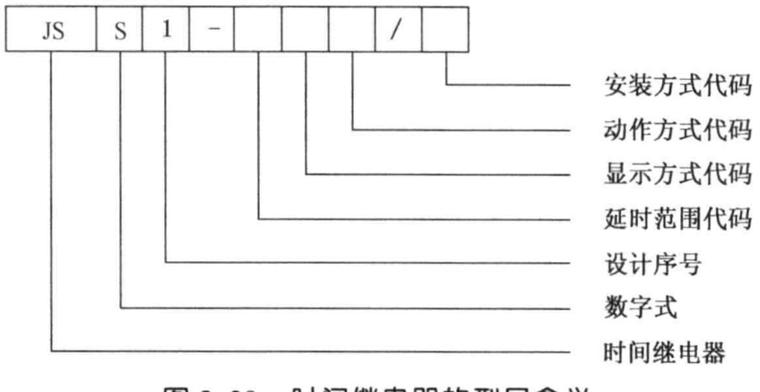

图 3.20　时间继电器的型号含义

时间继电器的技术数据和输出触点形式及组合代号可查阅相关电气工程手册。时间继电器的外观,如图 3.21 所示。

3.3.3.3　速度继电器

速度继电器是用来反映转速和转向变化的继电器。速度继电器常与接触器配合实现对电动机的反接制动控制,有时也称之为反接制动继电器。

速度继电器的结构原理,如图 3.22 左图所示。速度继电器主体部分主要由转子(6)、定子(7)和触点(9)、(10)、(11)等部分组成。速度继电器的转子(6)是一个圆柱形永久磁铁,定子(7)是一个笼形空心圆环,由矽钢片叠成并装有笼形绕组,转子中的转轴(5)与被控电动机的转轴相连,而定子(7)空套在转子(6)上。

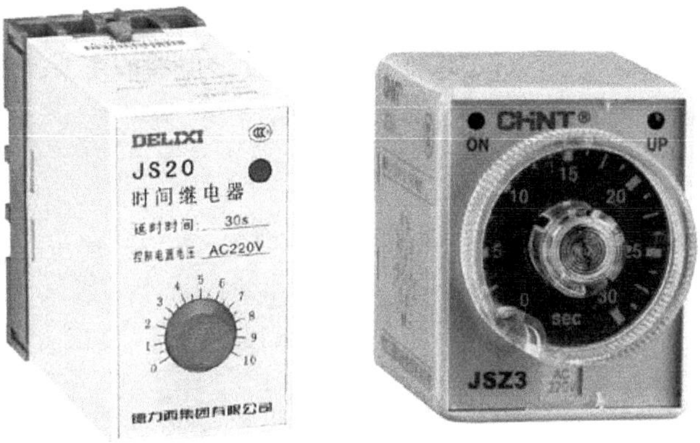

图 3.21　时间继电器外观

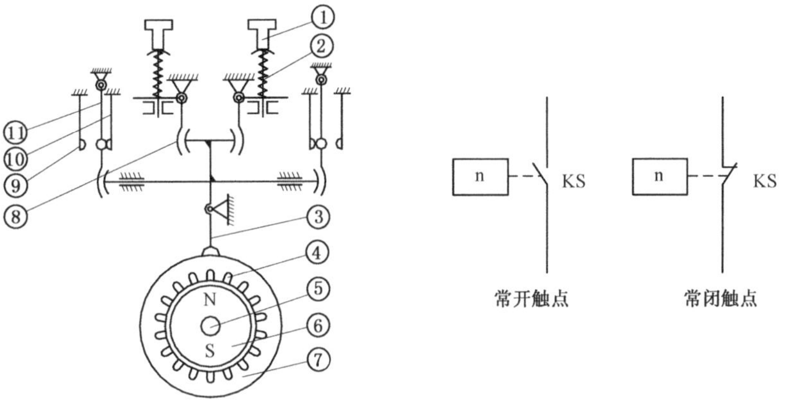

1—调节螺钉；2—反力弹簧；3—杠杆；4—定子导体；5—转轴；6—转子；7—定子；

8—反力杠杆；9—常开静触点（动合静触点）；10—常闭静触点（动断静触点）；11—动触点

图 3.22　速度继电器的工作原理及其图形符号

当电动机转轴顺时针转动时，速度继电器的转子(6)与电动机转轴相连，并随之转动。由此一来，继电器中转子永久磁铁的静磁场就变成了旋转磁场。继电器定子内的短路导体(4)因切割磁力线而产生感应电势并形成感生电流，于是定子导体(4)在旋转磁场作用下产生电磁转矩，推动定子(7)向跟随转子(6)的旋转方向转动，但由于有反力杠杆(8)挡位，故定子(7)只能随转子(6)转动一定角度，定子(7)的转动经杠杆(3)的作用使相应的动触点(11)动作。在杠杆(3)推动触点(11)动作的同时，压缩反力弹簧(2)，其反作用力将阻止定子(7)进一步转动。

当被控电动机转速下降时，速度继电器转子(6)速度也随之同步下降，于是作用于定子(7)上的电磁转矩减小，当电磁转矩小于反力弹簧(2)的反作用力矩时，定子(7)返回原来位置，对应触点也复位，即恢复到初始状态。

同理，当电动机转轴向相反方向逆时针转动时，经电磁转矩作用，继电器中定子(7)也作反方向转动，使速度继电器另外一侧的动触点动作。速度继电器在实际应用时，靠定子的正转和反转来切换触点的动作，并指示出电动机实际的旋转方向及转速的变化。

调节螺钉(1)可以调节反力弹簧(2)反作用力的大小，从而可以调节动触点(11)动作时所需转子(6)的转速。一般速度继电器的动作转速不低于 120 r/min，复位转速约为

100 r/min 以下。速度继电器的图形符号，如图 3.22 右图所示，文字符号为 KS。目前，国内常用速度继电器有永磁型 JY1 和 JFZ0 系列。速度继电器的主要技术参数可查阅相关电气工程手册。速度继电器的外观，如图 3.23 所示。

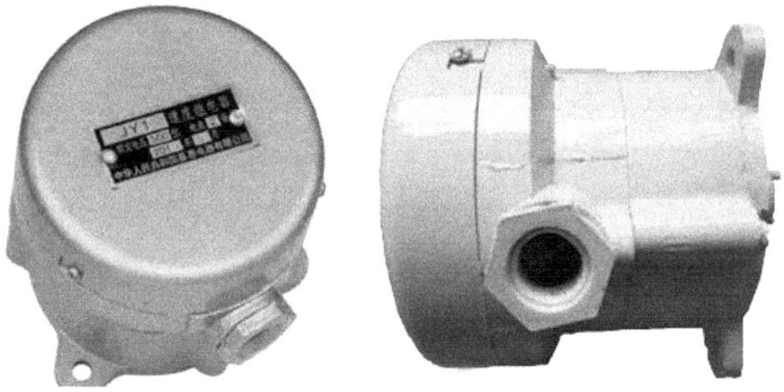

图 3.23　速度继电器的外观

3.3.3.4　主令电器

主令电器主要是用来接通和分断控制电路，用以发出信号或命令，达到对电气传动系统控制的目的。主令电器应用广泛，种类繁多，主要有控制按钮、位置开关(包括行程开关、微动开关、接近开关、万能转换开关等)。

1. 控制按钮

控制按钮是一种短时接通或分断小电流电路的电器，它不直接去控制主电路的通断，而是在控制电路中用于手动发出控制信号，去控制继电器、接触器或其他电气联锁电路，以实现对各种设备运动的控制。

控制按钮是一种结构相对简单的手动电器。控制按钮的工作原理与图形符号，如图 3.24 所示，文字符号为 SB，其典型结构由按钮帽(1)、复位弹簧(2)、桥式动触点(3)、静触点(4)组成。常态时，控制按钮的桥式动触点(3)将静触点 A-B 接通，静触点 C-D 断开；当按下按钮帽(1)时，带动桥式动触点(3)向下移动，将静触点 A-B 先断开，然后再将静触点 C-D 接通；当松开按钮帽(1)时，在复位弹簧(2)作用下，先是静触点 C-D 断开，然后再将静触点 A-B 接通，控制按钮恢复原来状态。

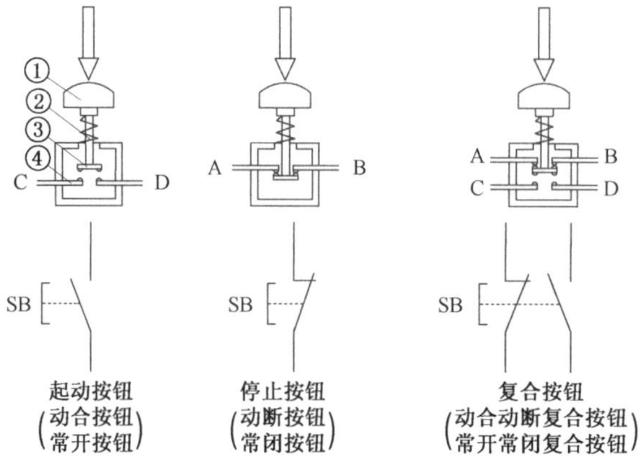

图 3.24　控制按钮的工作原理及其图形符号

常用的控制按钮，可分为起动按钮（一般为常开触点按钮、动合触点按钮）、停止按钮（一般为常闭触点按钮、动断触点按钮）、复合按钮（即常开触点与常闭触点的复合按钮、动合与动断触点复合的按钮）三种。

控制按钮的使用非常广泛。为了适应电气控制系统的要求，控制按钮具有多种结构形式，如表 3.1 所示。

表 3.1 控制按钮主要结构型式

分类		代号	特点	备注
安装方式	面板安装按钮	—	供开关板、控制台上安装固定用	
	固定安装按钮	—	底部有安装固定孔	
防护式	开启式按钮	K	无防护外壳，适于嵌装在柜、台面板上	
	保护式按钮	H	有防护外壳，可防止偶然触及带电部分	
	防水式按钮	S	具有密封外壳，可防止雨水侵入	
	防腐式按钮	F	具有密封外壳，可防止腐蚀性气体侵入	
操作式	按压操作	—	手动按压操作	
	旋转操作（手柄式）	X	用手柄操作旋钮，有两个位置和三个位置	
	旋转操作（钥匙式）	Y	用钥匙插入旋钮进行操作，可防止误操作	
	拉杆	L	用拉杆进行操作，有自锁和自动复位两种	
	万向操纵杆式	W	操纵杆能以任何方向进行操作	
复位性	自复按钮	—	外力释放后，按钮依靠弹簧作用恢复原位	
	自持按钮	—	按钮内装有自持用机构或电磁机构，主要用作互通信号，一般为面板安装式	
结构特征	一般式按钮	—	一般结构	
	带灯按钮	D	按钮内装有信号灯，兼作通电情况时的信号指示	
	紧急式按钮	J	一般有蘑菇头凸起，作为紧急情况时切断电源用	

为了标明各个按钮的作用，避免误操作，通常将按钮帽做成不同颜色以示区别，其颜色有红、绿、黑、黄、蓝、白、灰等，颜色使用必须符合国家标准《人-机界面标志标识的基本和安全规则 指示器和操作器的编码规则》(GB/T 4025—2003/IEC 60073:1996)中关于“指示灯和按钮颜色” 的相关规定。例如:“停止”和“急停”按钮必须是红色，“起动”按钮是绿色等。现代新型按钮不但要求动作精度高、电气性能良好、通断绝对可靠，还要求造型新颖美观、手感好、功能齐全、安装使用方便。

目前，国内常用按钮有 LA2、LA10、LA18、LA19、LA20、LA25、LA53 等系列，其中 LA25 系列按钮是国内 20 世纪 80 年代研发的通用型更新换代产品，LAY 系列按钮为国外引进产品。LA53 系列为防爆控制按钮，其型号含义如图 3.25 所示。图中，特殊配置代码，可以填入“A”，表示带电流表；或“D”，表示“带指示灯”。特殊配置参数中，如果是带电流表则填入的是电流表量程；如果是带指示灯则填入的是指示灯数量。工作环境代码，可以填入“W”，表示“户外防轻腐蚀”；或“WF1”，表示“户外防中腐蚀”；或“WF2”，表示“户外防强腐蚀”。

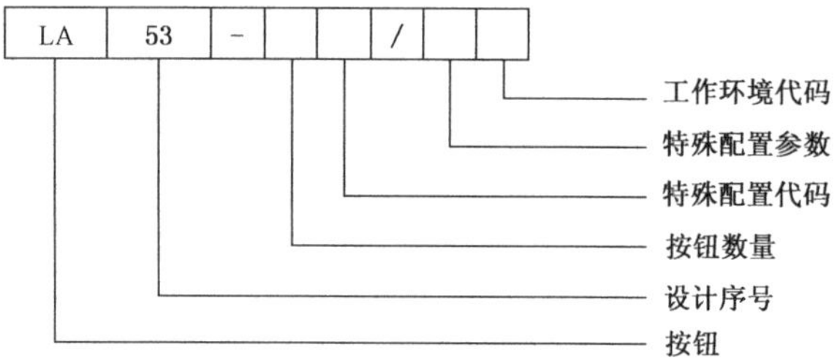

图 3.25　控制按钮的型号含义

控制按钮的主要技术参数可查阅相关电气工程手册。控制按钮的外观，如图 3.26 所示。

图 3.26　按钮外观照片

2. 行程开关

在工业电气控制系统的顺序控制、定位控制和位置状态检测中，位置开关被广泛使用。位置开关按结构分为机械式和电气式两种。机械设备中常用的机械式位置开关有行程开关和微动开关等，电气式位置开关有接近开关、光电开关等。

行程开关是一种常用的位置开关，是依照生产机械的行程发出命令以控制其行程大小或运行顺序的主令电器。行程开关常装在机械设备基座的某个预定位置，被控机械设备的运动部件装有撞块，当撞块碰上行程开关，行程开关就通过可动触点的动作，将机械运动位置信号转换为电信号，对控制电路发出指令以实现对机械系统的自动控制、程序控制或位置保护。行程开关广泛用于各类机床和起重机械等有运动位置要求或顺序动作要求的机械设备中。

行程开关电气通断的工作原理与控制按钮相同，区别仅是行程开关的动作不是靠手指的按压，而是利用生产机械运动部件上撞块的碰压而使开关触点动作。直动式行程开关的结构与图形符号，如图 3.27 所示，文字符号为 ST。

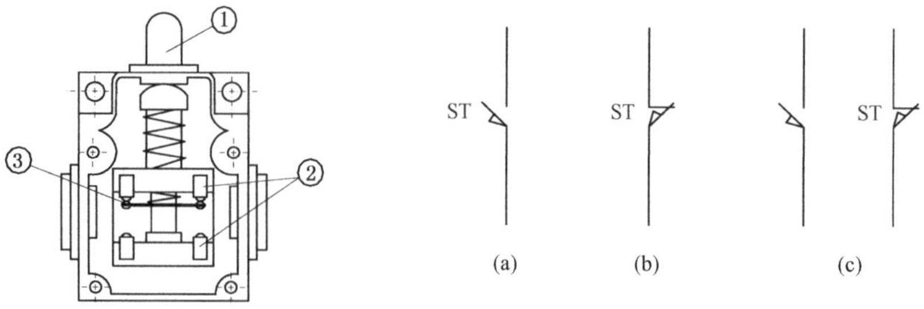

1—压杆；2—静触点；3—动触点

图 3.27　直动式行程开关的结构及其图形符号

行程开关种类繁多，按操作形式分为直动式(按压柱塞式)、直动滚动式(滚动柱塞式)、转臂式、万向式、叉式、铰链杠杆式等，按复位方式分为自动复位和非自动复位，按外壳防护形式分为开启式、防护式和防尘式，按运动速度分为瞬动式和慢动式(蠕动式)。

行程开关具有体积小、动作可靠、工作寿命长、调整方便等优点。目前，国内常用行程开关有 LX19、LX32、JLXK1 等系列，其中 LX32 系列行程开关是国内 20 世纪 80 年代研发的更新换代产品，JLXK1 系列为机床用的快速行程开关(瞬动式)。

工程应用时，习惯上把尺寸与工作行程微小的行程开关称为微动开关。微动开关以操作力和行程都很小为主要特点，它还具有体积小、瞬时动作灵敏、重复定位精确等特点，适合在小型机构及定位要求较高的场合。目前，国内常用的微动开关有 LXW5、LXW31 等系列。另外，我国还引进法国产品，生产了 831 系列。

行程开关、微动开关的主要参数可查阅相关的电气工程手册。行程开关的外观，如图 3.28 所示。

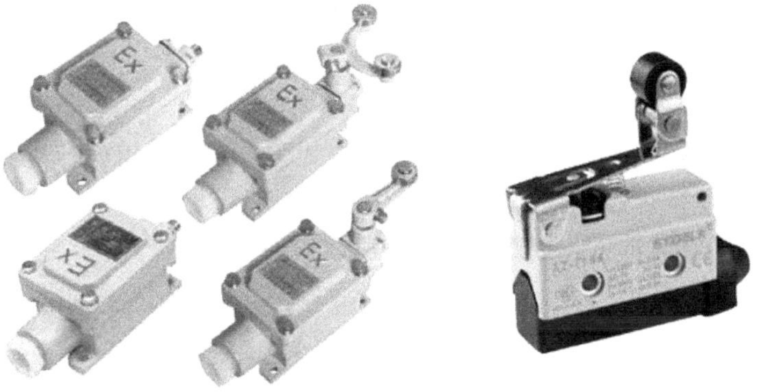

图 3.28　行程开关外观

3. 接近开关

接近开关是一种非接触式开关，当运动物体接近某一带开关信号的机构时，接近开关发出电气控制信号，它不需要像机械式行程开关的动作一样，必须施以机械外力。接近开关的用途已远超出一般行程控制和限位保护等作用，它还可用于检测、计数、测速，以及可直接与计算机或可编程控制器的接口电路连接，作为它们的传感器之用。

无机械动作触点的接近开关与有机械动作触点的行程开关相比，具有动作可靠、反应速度快(即操作频率高)、工作寿命长、灵敏度高、没有机械损耗、能适应恶劣的工作环境等优点，所以在工业生产方面已逐渐得到推广应用。

接近开关按其激励方式(输入信号)、接收方式可分为电感式、电容式和超声波式三种。其中，以电感式接近开关最为常用。

电感式接近开关的工作原理，如图 3.29 所示。接近开关由感应开关、高频振荡器和整形放大器组成，高频振荡器开始振荡后，在感应开关的检测面产生交变磁场，当金属体接近检测面时，金属体内将产生涡流电流，吸收了一部分高频振荡器的能量，使振荡减弱以至停振。通过对“振荡”和“停振”两种不同状态的检测，再由整形放大器转换成“高”和“低”两种不同的电平，从而起到发出“开”和“关”信号的控制作用。

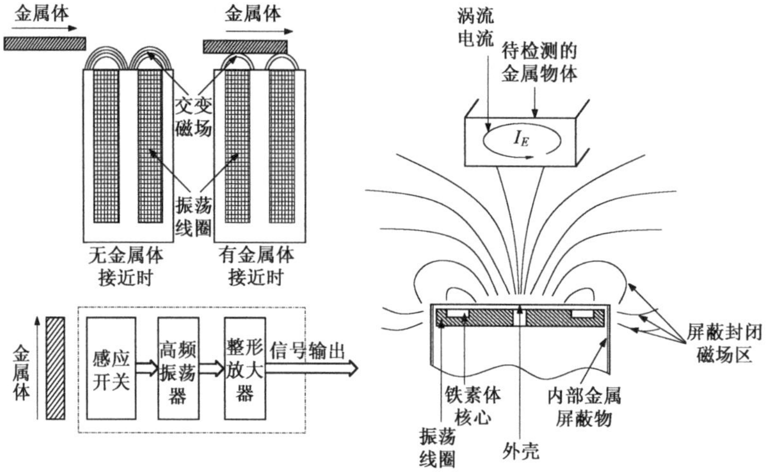

图 3.29 接近开关工作原理

目前,国内常用电感式接近开关的产品有 LJ1、LJ2、LJ5、LXJ6、LXJ18 等系列,其中 LJ5 系列接近开关是国内 20 世纪 80 年代研发的更新换代产品,取代了 LJ1、LJ2 等老式产品,国外引进产品有德国西门子公司的 3SG、LXT3 系列等。

电感式接近开关一般是用金属触发,而电容式接近开关可用各种材料触发,无论其是固体、液体或粉末状均可;超声波式接近开关可触发固体、液体或粉末状物体,只要对声音有足够反射能力的物体即可。接近开关的外观,如图 3.30 所示。

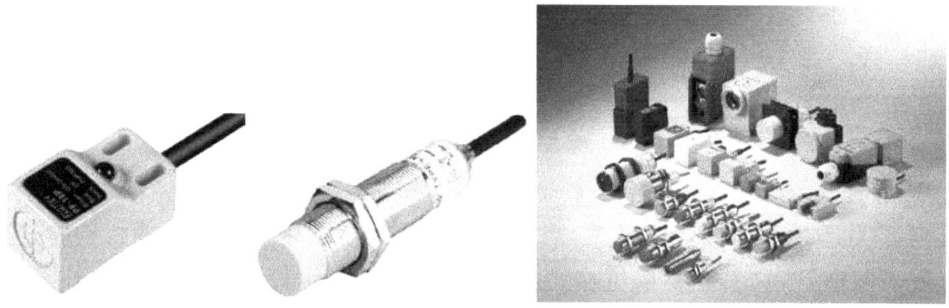

图 3.30 接近开关外观

4. 万能转换开关

万能转换开关是一种多挡式且能对电路进行多种转换的主令电器。它用于各种控制电路的转换、电气测量仪表的转换以及配电设备的远距离控制,也可用作小容量电动机的起动、制动、调速和换向等控制。

万能转换开关的结构,如图 3.31 所示,它具有多层结构。万能转换开关的第一层结构,如图 3.31 左图所示,主要由触点座、操作定位机构、凸轮、手柄等部分组成。万能转换开关的操作位置可以有 0～12 个,触点底座可以有 1～10 层叠装而成,每层触点底座里有三对触点和一个装在转轴上的凸轮,每层凸轮可做成不同形状。万能转换开关在操作时,手柄带动转轴和凸轮一起旋转,当手柄转到不同的位置时,可使每层的各触点按照由凸轮形状设置的规律接通或断开,因而这种开关可以组成多种接线方案。

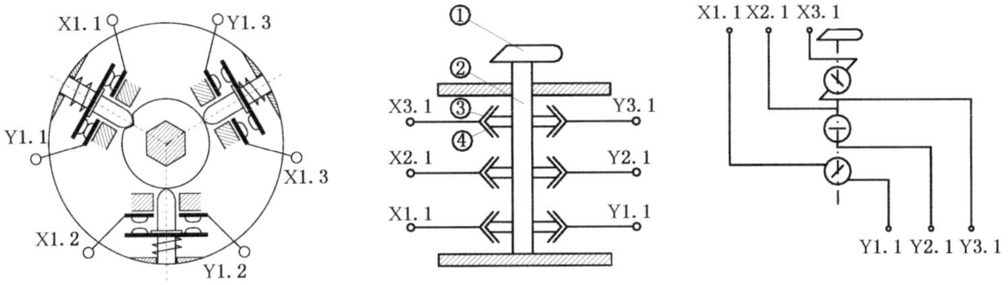

1—转动手柄；2—转动轴；3—静触片；4—动触片

图 3.31 万能转换开关结构

万能转换开关的图形及文字符号、触点接线表，如图 3.32 所示，文字符号为 SC。图中“0”表示手柄的中间位置，两侧的数字表示手柄的操作位置，即用虚线代表手柄位置。通过这样的表达，我们知道图中有几条虚线，对应万能转换开关就有几个手柄位置。由左到右的一对带小圆圈实线则表示一路触点，在触点图形符号下方的虚线位置上画“·”(实心点)，表示当操作手柄处于该虚线位置时，该路触点是处于接通状态；若在该虚线位置上未画“·”(实心点)时，则表示该路触点在该虚线位置是处于断开状态。

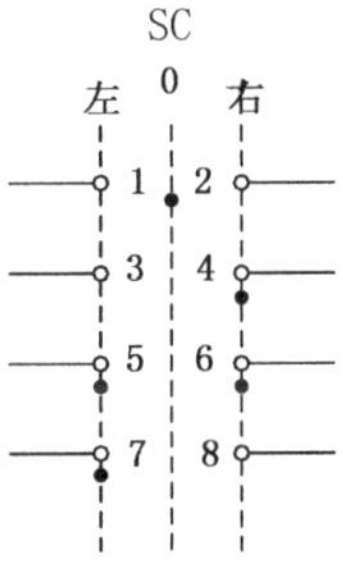

(a) 图形及文字符号

触点 \ 开关位置	左	0	右
1-2		√	
3-4			√
5-6	√		√
7-8	√		

(b) 触点接线表

图 3.32 万能转换开关的图形、文字符号和触点接线表

目前，国内常用万能转换开关有 LW5、LW6 等系列。

5. 凸轮控制器

凸轮控制器是一种大型的手动控制电器，也是多挡式、多触点的控制电器，是利用人手转动凸轮去接通和分断大电流的转换开关。主要用于起重设备中直接控制中小型绕线转子异步电动机的起动、停止、调速、换向和制动。

凸轮控制器的工作原理，如图 3.33 所示，其工作原理与万能转换开关相似，当转动操作

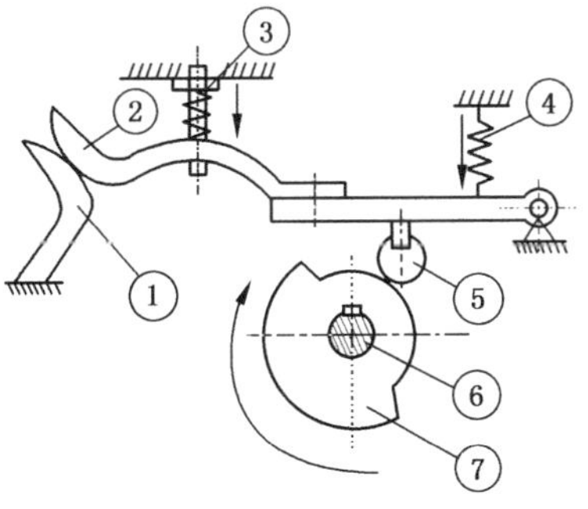

1—静触点；
2—动触点；
3—触点压缩弹簧；
4—复位压缩弹簧；
5—滚子；
6—凸轮转轴；
7—凸轮

图 3.33 凸轮控制器的工作原理

手柄时，在凸轮转轴(6)上的凸轮(7)随之转动，从而使静触点(1)和动触点(2)按规定的动作顺序接通和分断。由于凸轮控制器的触点容量大并有灭弧装置，所以用它可直接控制电动机工作，与此同时它也具有体积较大、操作时比较费力等特点。

在电路中，凸轮控制器图形符号的表示方法与万能转换开关的相同。目前，国内常用的凸轮控制器有 KT10、KT14 及 KT15 等系列产品。

3.4　常用保护类电器

常用的保护类电器包括熔断器和保护继电器。

熔断器是一种最简单有效的保护电器，广泛应用于低压配电系统和各种控制系统中，主要用作短路保护，它同时也是单台电气设备的重要保护元件之一。熔断器与开关电器组合可构成各种熔断器组合电器，使开关电器附加短路保护功能。

保护继电器是指电路中主要起保护作用的各种继电器。常用保护继电器有热继电器、过电流继电器、欠电流继电器、过电压继电器和欠电压(零电压、失电压)继电器、压力继电器等。

下面对熔断器和各种保护继电器逐一进行介绍。

3.4.1　熔断器

3.4.1.1　熔断器结构及工作原理

熔断器主要由熔体或熔丝(俗称保险丝)和安装熔体的熔管两部分组成。熔体是熔断器的核心，通常采用低熔点的铅、锡、锌、铜、银及其合金等材料制成丝状、栅状或变截面片状的结构，栅状结构主要起灭弧的作用。熔管一般采用高强度陶瓷、绝缘板或玻璃纤维等制成，在熔体熔断时兼有灭弧作用。

熔断器的动作是靠熔体的熔断来实现的，熔断器的熔体与被保护的电路串联，当电路正常工作时，熔体允许通过一定大小的电流而不熔断；当电路发生短路或严重过载时，熔体上流过很大的故障电流，经过一定时间，当电流产生的热量使熔体达到熔点温度时，熔体被熔断，电路被切断，从而达到保护电气线路与用电设备的目的。

电流流过熔体时产生的热能与电流的平方及电流通过的时间成正比。当故障电流较大时，熔体熔断所需的时间就较短。而当故障电流较小时，熔体熔断所需用的时间就较长，甚至不会熔断。这一熔体熔断电流值与熔断时间的关系称为熔断器的保护特性，也称安-秒特性。熔断器的安-秒特性，如图 3.34 左图所示。每一熔体都有一最小熔化电流(I_R)。理论上来说，对应于不同的环境温度，最小熔化电流也不同，即外界环境温度对最小熔化电流值有一定的影响，但工程实际应用中在室温条件下，其电流变化范围非常微小，一般可以忽略不计。

熔断器的图形符号，如图 3.34 右图所示，文字符号为 FU。

一般定义熔体的最小熔断电流(I_R)与熔体的额定电流(I_N)之比为最小熔化系数，常用熔体的熔化系数大于 1.25，也就是说额定电流为 10 A 的熔体在电流 12.5 A 以下时将不会熔断。实测某熔断器的熔断电流与熔断时间之间的关系如表 3.2 所示。

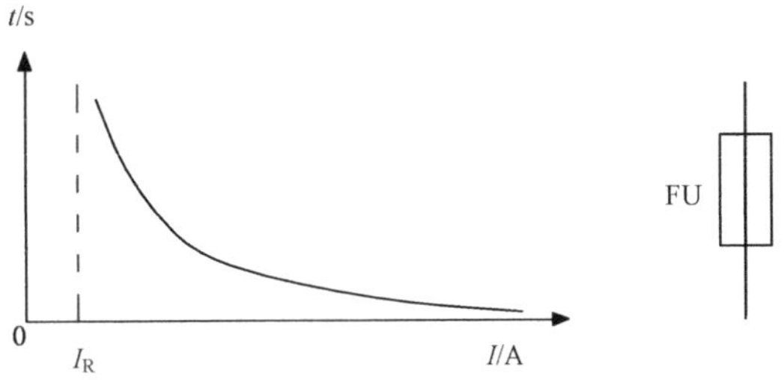

图 3.34 熔断器安秒特性和图形符号

表 3.2 熔断电流与熔断时间之间的关系

熔断电流	1.25～1.3I_N	1.6I_N	2I_N	2.5I_N	3I_N	4I_N
熔断时间	∞	1 h	40 s	8 s	4.5 s	2.5 s

从这里可以看出，该熔断器只能起到短路保护作用，不能起过载保护作用。如确需在电路中起到过载保护作用，必须降低熔断器使用的额定电流，如 8 A 的熔体用于 10 A 的电路中，可作短路保护兼作过载保护用，但此时的过载保护特性将并不理想。因此一般情况下，不推荐熔断器兼作短路与过载保护两种用途。

1. 熔断器的选择

应依据负载的保护特性和短路电流的大小选择熔断器的类型。对于容量小的电动机和照明支线，常采用熔断器作为过载及短路保护，因而希望熔体的熔化系数适当小些，通常选用铅锡合金熔体的 RQA 系列熔断器；对于较大容量的电动机和照明干线，则应着重考虑短路保护和分断能力，通常选用具有较高分断能力的 RM10 和 RL1 系列的熔断器；当短路电流很大时，宜采用具有限流作用的 RT0 和 RT12 系列的熔断器。

熔断器中熔体的额定电流可按以下方法选择：

(1) 当需要保护无起动过程的平稳负载时，如照明线路、电阻、电炉等时，熔体额定电流选取可略大于或等于负荷电路中的额定电流。

(2) 当需要保护单台长期工作的电动机时，应根据实际工作中的具体情况而定：不进行频繁起动的电动机，熔体额定电流可按最大起动电流选取，也可按 1.5～2.5 倍的电动机额定电流来选取；如果该电动机频繁起动，可按 3～3.5 倍的电动机额定电流来选取。

(3) 当需要保护多台长期工作的电动机时，可用 1.5～2.5 倍的容量最大单台电动机的额定电流再加上其余电动机额定电流之和来计算。熔体额定电流值，应略大于这一计算电流值。

2. 熔断器的级间配合

为防止发生越级熔断、扩大事故范围，上、下级线路（即供电干线、支线）的熔断器间应有良好的选择性配合。选用时，应使上级（供电干线）熔断器的熔体额定电流比下级（供电支线）的大 1～2 个级差。

3.4.1.2 常用熔断器

熔断器的种类很多，按其结构型式主要有以下几种：

1. 插入式熔断器

常用插入式熔断器有 RC1A 系列，该系列熔断器是一种常见的结构简单的熔断器，俗称“瓷插保险”。它由瓷盖、底座、触点、熔丝等组成。主要用于低压配电分支电路及中、小容量的控制系统中的短路保护，亦可用于民用照明电路中的短路保护。此种熔断器具有价格低廉、熔体更换方便等优点。但该熔断器的分断能力低，熔化特性不稳定，比较重要的工作场合不能使用，在含有易燃气体、尘埃的工作场合应禁止使用。

2. 螺旋式熔断器

螺旋式熔断器由瓷底座、熔管、瓷套等组成。瓷管内装有熔体，并装满石英砂，将熔管置入底座内，当熔体熔断时，指示器将会跳出。螺旋式熔断器具有较高的分断能力，限流特性好，有明显的熔断指示，可不用工具就能安全更换熔体，在机床行业中被广泛采用。

常用螺旋式熔断器有 RL1、RL2、RL6、RL7 等系列，其中 RL6、RL7 系列熔断器为国内 20 世纪 80 年代研发的更新换代产品，可分别取代 RL1、RL2 系列，常用于配电线路及机床控制线路中作为短路保护。螺旋式快速熔断器有 RLS2 等系列，常用作半导体元器件的保护。

3. 无填料封闭管式熔断器

无填料封闭管式熔断器分断能力较低，限流特性较差，适合于线路容量不大的电网中。其最大优点是熔体可很方便拆换。

常用无填料封闭管式熔断器有 RM1、RM10 等系列，主要用作低压配电线路的过载和短路保护。

4. 有填料封闭管式熔断器

有填料封闭管式熔断器具有高的分断能力、保护特性稳定、限流特性好、使用安全等优点，可用于各种电路和电气设备的过载和短路保护。有填料封闭管式熔断器主要作为工业电气装置、配电设备的过载和短路保护，亦可配套使用于熔断器组合电器中。

常用有填料封闭管式熔断器有 RT0、RT12、RT14、RT15 等系列，国外引进产品有德国 AEG 公司的 NT 系列等。有填料快速熔断器 RS0、RS3 等系列，用作硅整流元件和晶闸管元件及其所组成的成套装置的过载和短路保护。

熔断器的型号含义，如图 3.35 所示。图中，型式代号，可以分别填入“C”，表示“插入式”；或“L”，表示“螺旋式”；或“M”，表示“无填料封闭管式”；或“T”，表示“有填料封闭管式”。

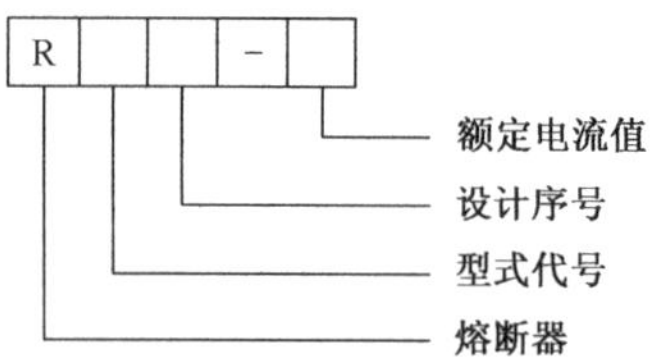

图 3.35 熔断器的型号含义

熔断器的主要技术数据可查阅相关电气工程手册。熔断器的外观，如图 3.36 所示。

3.4.1.3 熔断器的主要性能参数

1. 额定电压：熔断器的额定电压取决于线路的额定电压，它必须大于或等于电路的额定电压。

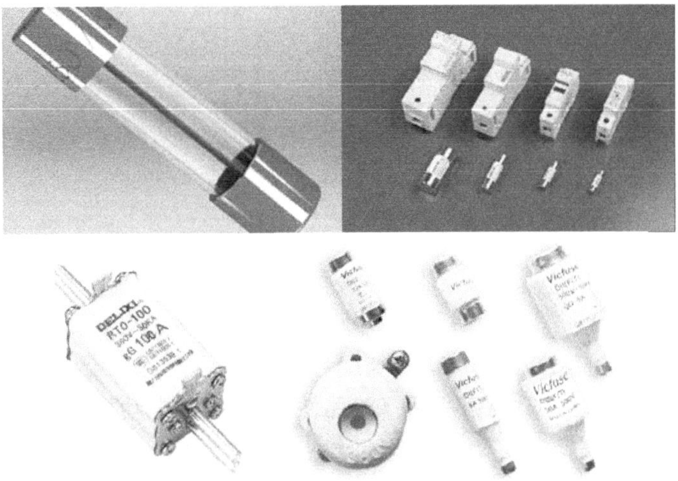

图 3.36 熔断器的外观

2. 额定电流:熔断器在规定的条件下可以连续使用而不会发生运行状态变化的电流。熔断器的额定电流应根据被保护的电路及电气设备的额定负载电流来进行选择。

3. 分断能力:熔断器在额定电压下能分断的最大电流值称为分断能力。它取决于熔断器的灭弧能力,与熔体额定电流无关。

4. 限流特性:熔断器应具有良好的限流特性,即熔断器实际分断的电流比预期短路电流小得多,限流特性可由产品样本提供。

3.4.2 热继电器

保护继电器一般由检测机构、中间机构和执行机构三个基本部分组成。检测机构把感测到的物理量(温度、电压、电流)传递给中间机构,与预定值(整定值)进行比较,当达到预定值(过量或欠量)时,中间机构便使执行机构动作,从而断开电路,起到保护作用。

热继电器是保护继电器的一种。它是利用电流的热效应原理来工作的保护电器,它在电路中主要用作电动机的过载保护。电动机在实际运行中,如果长期过载、频繁起动、过电压或断相运行等,都可能使电动机的工作电流超过其额定值。如果该电流值超过额定值并不大,熔断器在这种情况下不会熔断,在这样的工况下长期工作将会引起电动机过热,损坏绕组的绝缘,缩短电动机的使用寿命,严重时甚至烧坏电动机。因此,必须对电动机采取更加有效的过载保护措施,即在其控制电路中安装热继电器。

3.4.2.1 热继电器结构及工作原理

如图 3.37 所示,热继电器主要由热元件(1)、双金属片(2)、导板(3)和触点(4)等部分组成。双金属片是热继电器的温度检测元件,它由两种不同线膨胀系数的金属片用机械碾压的方法成为一体。线膨胀系数大的那一层称为主动层,多采用铬合金、铜合金、高锰合金等材料($\alpha_1=13\sim20\times10^{-6}/℃$);线膨胀系数小的那一层称为从动层,多采用铁镍类合金(如殷钢)材料($\alpha_2=1\sim2\times10^{-6}/℃$)。当双金属片受热后由于两层金属的线膨胀系数不同,且两层金属片又紧密贴合在一起,因此使得双金属片向从动层一侧弯曲。

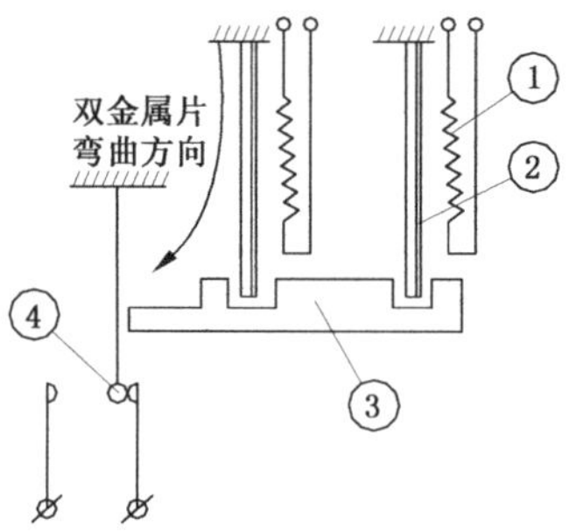

1—热元件；2—双金属片；3—导板；4—触点

图 3.37　热继电器工作原理

热继电器工作原理，如图 3.37 所示。热元件(1)串接在电动机定子绕组中，电动机绕组电流即为流过热元件的电流。一对动断辅助触点(也称为“常闭辅助触点”，即元件(4)中右边的一对触点)串接在电动机控制电路中，当电动机正常运行时，热元件中流过电流较小，产生的热量虽然能使双金属片(2)的下端向左略有弯曲，但不足以推动导板(3)，进而使得动断辅助触点(4)动作；当电动机过载时，热元件(1)中流过电流增大，产生热量增加并累积，使得双金属片(2) 向左产生的弯曲位移增大，经过一定时间后，双金属片(2)将推动导板(3)，并使动断辅助触点(4)断开，切断电动机控制电路，最终切断电动机的电源，使得电动机得到保护。此时，由于发热元件断电，该元件和双金属片的温度将会降低，待双金属片恢复原来形状后，手动按下复位按钮就可使动断辅助触点(4)重新闭合。也就是说，当过载故障排除、热继电器复位后，可重新起动电动机。

由于发热量的累积有一定“惯性”的原因，热继电器不能用作短路保护。因为发生大电流短路故障时，要求电路立即断开。此时热继电器并不能立即动作，而是需要一定时间。也正是这个“热惯性”，在电动机起动的瞬时，由于起动电流持续的时间非常短，无法达到热继电器动作所需热量，这样就保证了热继电器将不会产生误动作，从而保证电动机正常起动工作。

热继电器的图形符号，如图 3.38 所示，文字符号为 FR。

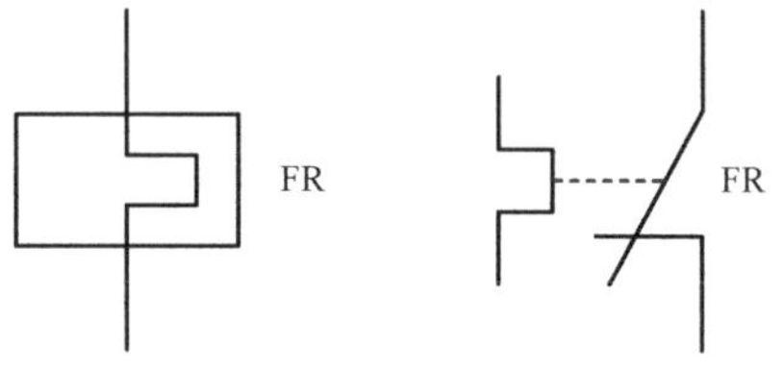

(a) 热元件　　(b) 常闭触点

图 3.38　热继电器的图形符号及其文字符号

3.4.2.2　热继电器型号及主要技术参数

目前，国内常用热继电器有 JR0、JR15、JR16、JR20 等系列，其中 JR20 热继电器为国内 20 世纪 80 年代研发的更新换代产品，引进的产品有德国西门子公司的 3UA5 和 3UA6 系列、法国 TE 公司的 LR1-D 系列等。

JR20系列热继电器的型号含义，如图3.39所示。图中，工作环境代码，如果是应用在热带地区的产品，应填入“TH”来表示。热继电器的外观，如图3.40所示。

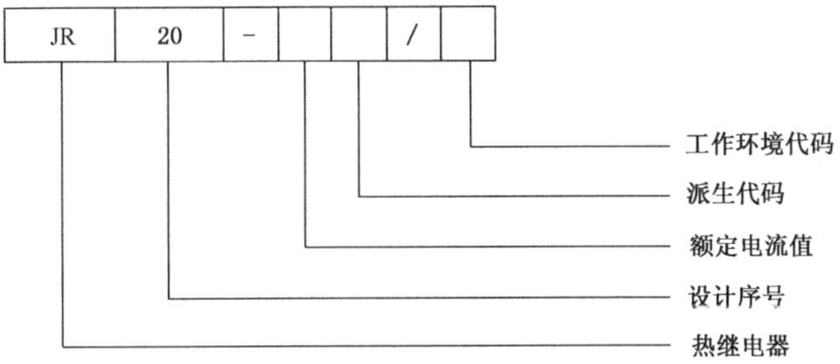

图3.39 热继电器的型号含义

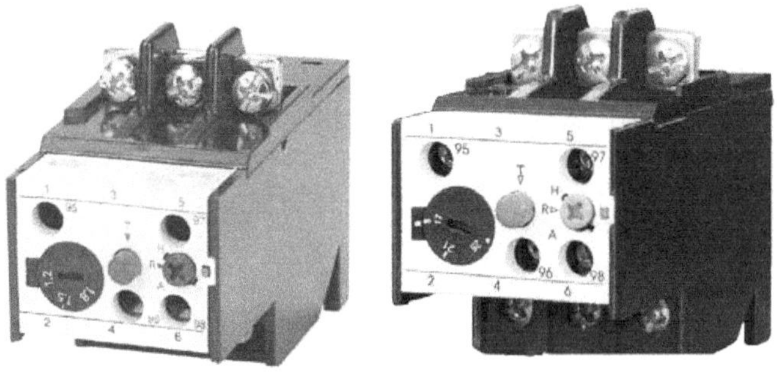

图3.40 热继电器的外观

热继电器的主要技术参数可查阅相关电气工程手册。热继电器的主要性能参数如下：

1. 整定电流：热继电器中热元件能够长期通过而不致引起继电器动作的最大电流值称为整定电流。通常热继电器的整定电流与电动机的额定电流相当，一般取0.95～1.05倍的额定电流。

2. 热元件额定电流：热继电器中热元件整定电流调节的范围值。

3. 热继电器额定电流：热继电器中可以安装的热元件的最大整定电流值。

3.4.3 电流与电压继电器

电流继电器的检测对象是线圈中电流的变化信号。根据动作电流值的不同，电流继电器有过电流继电器和欠电压继电器之分。下面对这两种继电器分别进行介绍。

3.4.3.1 过电流继电器

过电流继电器是当继电器线圈中电流高于整定值时发出动作的继电器，它的任务是：当电路发生过电流及短路时，立即将电路切断，起到过电流保护作用。

过电流继电器的吸合电流调整范围通常取1.1～1.4倍的额定电流。

实际工作中，过电流继电器的过电流保护功能，是采用过电流继电器与接触器相配合使用来完成的。将过电流继电器的线圈串接在电动机的主电路中，过电流继电器的一对常闭辅助触点（动断辅助触点）串接在控制电路中。当电路正常工作时，继电器的衔铁处于释放状态；当电路中发生过电流情况时，过电流继电器的衔铁将被吸合，带动其常闭辅助触点（动断辅助触点）动作，切断控制电路的电源，引起接触器动作，更进一步由接触器主触点的动作，在主电路中切断电动机的电源，使电动机得以保护。过电流继电器常作为笼形、绕线转子型异步交流电动机的短路和冲击性过载保护等用途。

3.4.3.2　欠电流继电器

当继电器线圈中电流低于整定值时动作的继电器，称为欠电流继电器。欠电流继电器的任务是：当电路发生欠电流或零电流现象时，立即将电路切断，起欠电流保护作用。因而在电路正常工作时，继电器的衔铁处于吸合状态，只有当线圈电流降低到某一整定值时，衔铁释放，继电器触点动作，才能切断控制电路。欠电流继电器常作为直流电动机弱磁超速保护和电磁吸盘的失磁保护。欠电流继电器的吸合电流为线圈额定电流的 30%～65%，释放电流为额定电流的 10%～20%。

过电流、欠电流继电器的图形符号，如图 3.41 所示，其中(a)图为过电流继电器的线圈，(b)图为欠电流继电器的线圈，(c)图为电流继电器的常开触点，(d)图为电流继电器的常闭触点，电流继电器的文字符号为 KI。

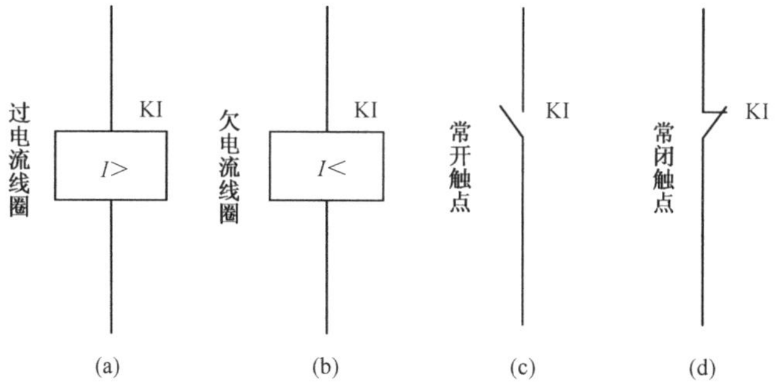

图 3.41　电流继电器的图形符号及其文字符号

目前，国内常用的过电流继电器有 JL15、JL18 等系列，其中 JL18 系列是国内 20 世纪 80 年代研发的更新换代产品。JL18 系列通用继电器也可作为欠电流继电器使用。

JL18 系列电流继电器的型号含义，如图 3.42 所示。图中，派生代号，可以分别填入“J”，表示“交流”；或“Z”表示“直流”；或“S”，表示“手动复位”；或“F”，表示“高返回系数”。电流继电器的外观，如图 3.43 所示。

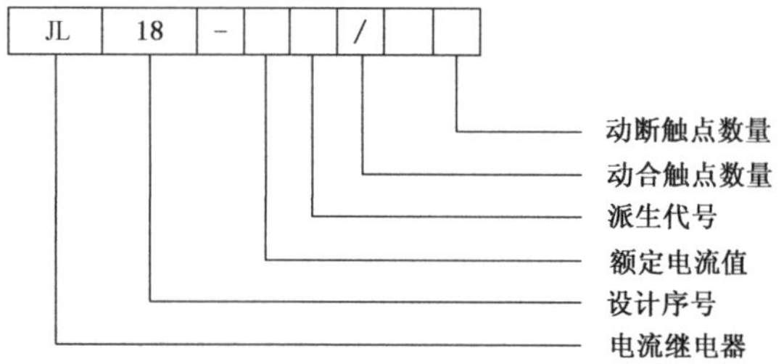

图 3.42　电流继电器的型号含义

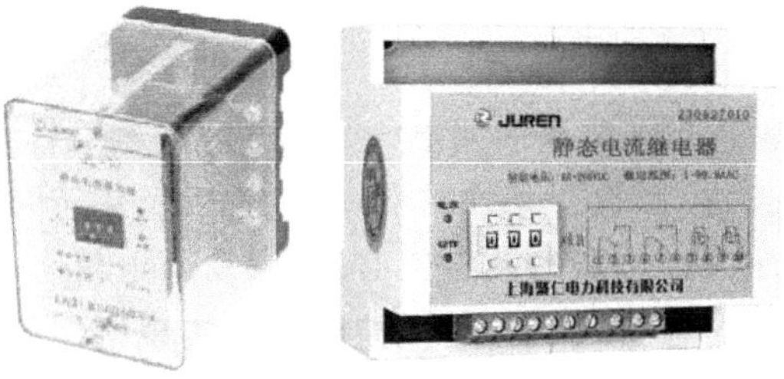

图 3.43 电流继电器的外观

3.4.3.3 电压继电器

电压继电器检测对象为线圈两端电压的变化信号。根据动作电压值的不同，电压继电器有过电压和欠电压继电器之分。工程实践中，电压继电器的线圈常并联于交流电源的两相电压之间。电压继电器的触点动作控制原理与电流继电器相类似，这里不再重复。

欠电压继电器在电动机控制电路中作为欠电压、失电压保护作用。它还可以防止电源故障过后，恢复供电时，电动机自行起动。欠电压继电器的整定值为 0.4～0.7 倍的额定电压。

过电压继电器用来保护设备不受电源系统过电压的危害，多用于发动机—电动机的机组系统中。过电压继电器的整定值为 1.1～1.5 倍的额定电压。

过电压、欠电压继电器的图形符号，如图 3.44 所示，其中(a)图为过电压继电器的线圈，(b)图为欠电压继电器的线圈，(c)图为电压继电器的常开触点，(d)图为电压继电器的常闭触点。电压继电器的文字符号为 KUV。

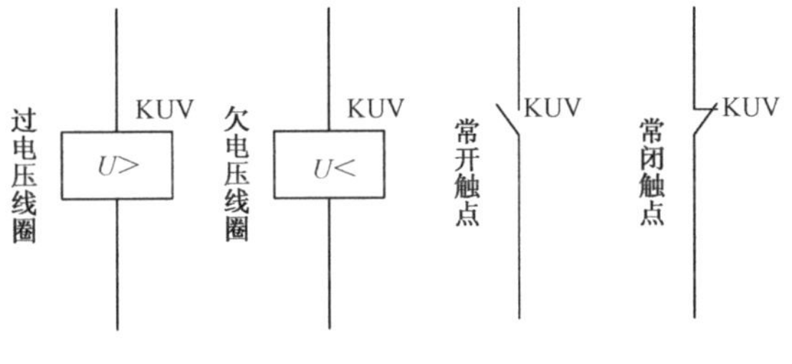

图 3.44 电压继电器的图形符号及其文字符号

在电力拖动系统中，欠电压继电器常用一般电磁式继电器充当，常用型号有 JT4 等系列。电压继电器的外观，如图 3.45 所示。

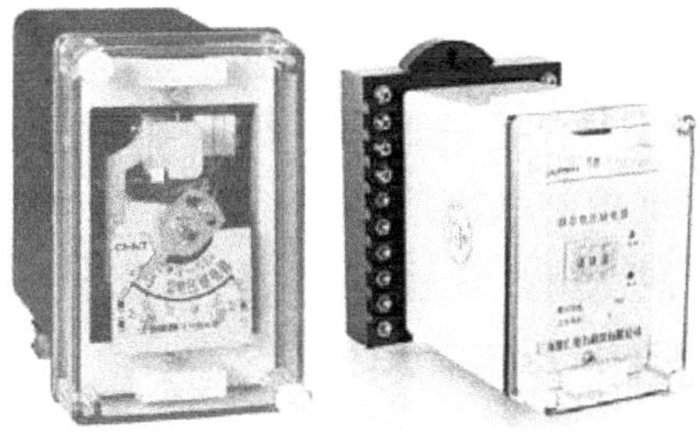

图 3.45 电压继电器的外观

3.4.4 压力继电器

压力继电器是利用液体的压力来启闭电气触点的液压电气转换元件，它主要用于液压流体系统的电气安全保护、控制执行元件的顺序动作，以及用于泵的启闭和泵的卸荷。当液压流体系统压力达到压力继电器的调定值时，它将发出电信号，使电气元件(如电磁铁、电动机、时间继电器、电磁离合器等)动作，使控制元件实现换向、卸压和改变流量，或使执行元件实现顺序动作，或关闭电动机使系统停止工作，以起到安全保护等作用。需要特别注意的是，压力继电器必须放在压力有明显变化的地方才能输出电信号。若将压力继电器放在液压系统回油路上，由于回油路直接连回油箱，压力没有变化，这时压力继电器也不会工作。

压力继电器有柱塞式、膜片式、弹簧管式和波纹管式四种结构形式。最常见的柱塞式压力继电器的工作原理，如图 3.46 所示。当从柱塞式压力继电器下端进油口进入的液体压力达到调定压力值时，将推动柱塞(1)上移，此位移通过杠杆放大后推动微动开关(4)动作。通过改变弹簧的预压缩量，就可以调节继电器的动作压力。

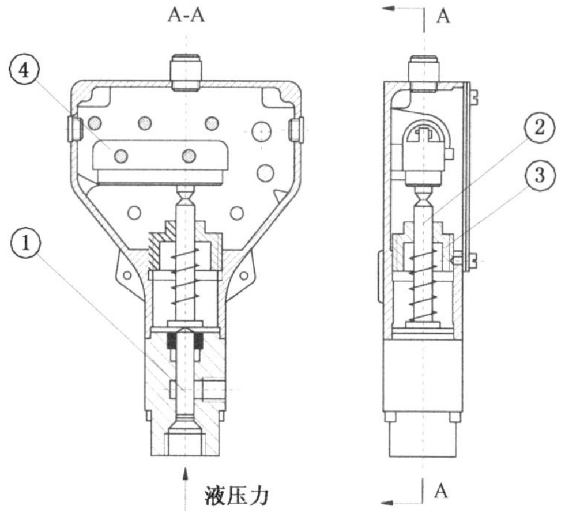

1—柱塞；2—顶杆；3—调节螺套；4—微动开关

图 3.46 柱塞式压力继电器的工作原理

3.5 案例式教学习题

1. 请同学们通过专业文献检索，找出国内外著名的低压电器制造厂商，并详细说明他们所生产的低压电器产品的类别、规格、型号、特点、选用原则、供货周期、购买价格和售后服务等项目。

2. 由于篇幅所限，本章没有详细论述低压电器在构成电气控制系统时的设计计算与型号选择，请同学们结合具体电气控制系统应用实例，论述该系统中的低压电器元件所发挥的作用、型号选择依据、设计计算过程，并进行深入的技术分析、工程分析和经济分析，将这些细节编写为该电气控制系统的低压电器技术报告。

3. 请同学们用口头的形式说明，我院电气控制技术实验室中现有的低压电器。着重说明元件来源、元件名称、结构组成、工作原理和主要的性能参数。

3.6 阅读文献列表

[1] 王仁祥. 常用低压电器原理及其控制技术[M]. 2 版. 北京:机械工业出版社,2008.

[2] 周志敏,纪爱华. 低压电器应用问答[M]. 北京:化学工业出版社,2015.

[3] 孙克军,刘骏. 图解低压电器选用与维护[M]. 北京:化学工业出版社,2016.

[4] 郝忠敬,胡德霖,赖真华. 低压电器测试技术[M]. 北京:科学出版社,2018.

[5] 方大千. 高低压电器维修技术手册[M]. 北京:化学工业出版社,2013.

[6] 北京京城电气控制股份有限责任公司工会. 高低压电器装配(配线)工岗位手册[M]. 北京:机械工业出版社,2015.

[7] 曾允文. 智能低压电器原理及应用[M]. 北京:化学工业出版社,2015.

[8] 李靖. 高低压电器及设计[M]. 北京:机械工业出版社,2016.

[9] 北京京城电气控制股份有限责任公司. 高低压电器装配(配线)工岗位手册[M]. 北京:机械工业出版社,2017.

[10] 黄威. 低压电器与电气控制技术问答[M]. 北京:机械工业出版社,2017.

[11] 方大千. 实用高低压电器速查速算手册(大千电工系列)[M]. 北京:化学工业出版社,2013.

[12] 中国北车股份有限公司. 高低压电器装配工[M]. 北京:中国铁道出版社,2015.

3.7 技术关键词表

序号	中文书写	英文书写	页码
1	控制类电器	Control apparatus	56
2	低压开关电器	Low-voltage switching apparatus	56
3	刀开关	Knife switch	56
4	铁壳开关	Iron cored cover switch	58
5	组合开关	Combination switch	59
6	低压断路器	Low voltage circuit breakers	60
7	交流接触器	AC contactors	62
8	直流接触器	DC contactors	64
9	中间继电器	Auxiliary relay	65
10	时间继电器	Time relay	66
11	速度继电器	Speed relay	68
12	主令电器	Master switch	70
13	控制按钮	Control button	70
14	位置开关	Position switch	72
15	行程开关	Travel switch	72

续表

序号	中文书写	英文书写	页码
16	微动开关	Micro switch	73
17	接近开关	Proximity switch	73
18	万能转换开关	Universal change switch	74
19	凸轮控制器	Cam control	75
20	熔断器	Fuse	76
21	热继电器	Thermal relay	79
22	电流继电器	Current relay	81
23	电压继电器	Voltage relay	83
24	压力继电器	Pressure relay	84

3.8 本章小结

本章介绍了电气工程中最常见的低压电器，包括元件名称、元件分类、结构组成、工作原理、型号含义和技术参数。通过认识和理解常见低压电器的项目实践，为后面进行电气线路安装调试等项目，奠定理论与实践基础。

第4章　计算机辅助设计电气工程制图及其项目实践

4.1　学习目标

1. 了解常用计算机辅助设计电气工程制图软件；
2. 掌握计算机辅助设计软件 AutoCAD 的安装；
3. 掌握电气工程常用图形符号和电气工程图纸绘制的注意事项；
4. 学会电气工程制图软件 AutoCAD 的基本操作技巧。

4.2　常用计算机辅助设计电气工程制图软件简介

4.2.1　电气工程制图软件 PROTEL

电气工程制图软件 PROTEL 是澳大利亚的 Altium 公司在 20 世纪 80 年代末推出的 EDA(电子设计自动化,其英文全称为:Electronic Design Automation)软件。

在电气电子行业的 CAD 软件中,它当之无愧地排在众多 EDA 软件的前面,是电子设计者的首选软件,它较早就在国内开始使用,包含了电路原理图绘制、模拟电路与数字电路混合信号仿真、多层印制电路板设计(包含印制电路板自动布线)、可编程逻辑器件设计、图表生成、电子表格生成、宏操作等功能,并具有 Client/Server(客户/服务器)体系结构,同时还兼容一些其他设计软件的文件格式,如 ORCAD、PSPICE、EXCEL 等,其多层印制线路板的自动布线功能可实现高密度 PCB 100%的布通率。

4.2.2　电气工程制图软件 Elecworks™

电气工程制图软件 Elecworks™ 是一款由法国 Trace Software 公司研发的高端电气设计软件,内含工业电气及自动化工程设计解决方案。其使用标准 Windows 操作界面,帮助工程师在短时间内完成出色的设计。

Elecworks™ 在工程师开始绘制原理图之前,就可以帮助其呈现项目的设计思路,掌握项目的整体规划。原理图采用智能布线,以及国际标准符号库,帮助工程师快速高效地绘制图纸。使用 Elecworks™ 设计时,无论项目大小,都采用智能工具菜单引导用户进行设计,允许多个工程师同时协同工作于同一项目,操作简单。Elecworks™ 实现了与 SolidWorks 无缝集成,数据可以实时同步共享。Elecworks™ 的模块可以直接在 SolidWorks 中运行,实现二维数据和三维数据的转换,并完成布局,根据原理图中的接线信息,对于已经完成的装配体布局,可以实现自动布线。

4.2.3　电气工程制图软件 EPLAN

电气工程制图软件 EPLAN 自 1984 年由德国的 EPLAN 公司推出第一个版本,经过 30 余年的持续改进,由最初单一的电气设计软件演变为具有同一工程数据管理平台的 CAE

工具。它已发展成为享誉欧美电气设计领域的知名电气工程设计软件。

最新版本 EPLAN Electric P8 结合 Windows 和 AutoCAD 的操作风格，使用户有更好的操作体验。EPLAN Fluid 让工程师可以快速进行气动、液压等流体工程图设计。EPLAN PPE 可以让工程师进行现场仪器仪表安装图设计，而 EPLAN Cabinet 可以在工程师设计电气控制柜时，为其提供 3D 的直观视图，还可以提供自动布线、自动统计导线长度等功能。EPLAN ESG(原理图生成器)则将工程师的工作由原来的制图为主转变为设计为主。这些软件模块与 EPLAN Electric P8 具有同一个数据库，在电气设计中的数据信息可以传递到其他的第三方软件(如 Autodesk Inventor、UG 等机械设计软件，SIEMENS Step－7、Schneider Unity 等电气工程设计软件)或第三方系统(如 ERP、PDM 等)中去，实现设计数据共享，提高工作效率。

4.2.4 电气工程制图软件 AutoCAD

电气工程制图软件 AutoCAD 是美国 Autodesk 公司开发的通用计算机辅助设计和制图软件，广泛应用于机械、建筑、电子、航天、造船、石油化工、土木工程、冶金、气象、纺织、轻工等领域。在我们国内 AutoCAD 已经成为工程设计领域内应用最广泛的计算辅助设计软件，它贯彻了 Autodesk 公司着重考虑广大工程师用户使用方便性与设计高效性的理念。

从市场占有率、软件获取途径、日后工作应用等各方面衡量，AutoCAD 都是适合全日制本科大学生学习电气工程制图入门的最理想软件。因此，本章将以 AutoCAD(2014 版)工程制图软件为例，介绍该软件在电气工程制图领域中最基本的使用方法。

4.3 工程制图软件(AutoCAD)安装

4.3.1 安装的要求

安装 AutoCAD 工程制图软件时，程序首先会自动检测 Windows 操作系统是 32 位或是 64 位的，进而引导同学们安装适当的 AutoCAD 版本，如果软件与计算机操作系统不兼容，则无法完成安装(例如，不能在 64 位的 Windows 操作系统上安装 32 位的 AutoCAD 软件，反之亦然。)

1. AutoCAD (2014 版)对计算机及其操作系统(32 位)的需求：

(1) 操作系统，Windows 7、Windows 8 的企业版、标准版或专业版、旗舰版，Windows XP 的专业版或家庭高级版(SP3 或更高版本)操作系统；

(2) 中央处理器，四核处理器、主频 3.6 GHz 或更高；

(3) 内存，2 GB RAM 容量及其以上(推荐使用 4 GB)；

(4) 硬盘，7200 转，需要至少 6 GB 的可用磁盘空间用于本软件的安装；

(5) 显示器，1024×768 像素分辨率，16 位真彩色(推荐 1600×1050 像素，32 位真彩色)；

(6) 软件配置，Microsoft Internet Explorer 7 或更高版本的 Web 浏览器。

2. AutoCAD (2014 版)对计算机及其操作系统(64 位)的需求：

(1) 操作系统，Windows 7、Windows 8、Windows 10 的企业版、标准版或专业版、旗舰

版的操作系统；

(2) 中央处理器，六核处理器、主频 3.8 GHz 或更高；

(3) 内存，4GB RAM 容量及其以上(推荐使用 8 GB)；

(4) 硬盘，7200 转，需要至少 10 GB 的可用磁盘空间用于本软件的安装；

(5) 显示器，1024×768 像素分辨率，16 位真彩色(推荐 1600×1050 像素，32 位真色彩)；

(6) 软件配置，Microsoft Internet Explorer 11 或更高版本的 Web 浏览器。

3. 大型数据集、点云和 3D 建模的附加要求(所有配置)：

(1) 中央处理器，八核处理器、主频 3.8 GHz 或更高；

(2) 内存，8 GB RAM 容量或更高；

(3) 硬盘，10 GB 可用磁盘空间或更高；

(4) 显示器，1280×1024 像素，32 位真彩色，显示适配器 128 MB 或更高，支持 Pixel Shader 3.0 或更高版本 Microsoft 的 Direct3D 功能的工作站级图形卡。

4.3.2 安装过程

1. 获取 AutoCAD(2014 版)软件安装包，或将 AutoCAD(2014 版)安装光盘放入光驱，安装程序将自动运行。用户也可在 Windows 系统的资源管理器中查找软件包或光盘中的"setup.exe"文件并运行该文件。

2. 运行安装文件程序后，会显示 AutoCAD 的安装界面，单击【安装】项。

3. 在弹出的安装协议对话框中选择【我接受】选项，然后单击【下一步】按钮，系统将继续安装，若选择【我拒绝】选项，则无法安装。

4. 安装向导将提示用户输入产品序列号，确认序列号输入无误后单击【下一步】选项。

5. 在窗口中选择要安装的程序包选项，单击【安装】按钮即可开始安装。

6. 单击【安装】按钮后，安装程序将自动进行安装的初始化工作，并弹出安装进度窗口。

7. 如果用户成功地完成了上述步骤，安装程序提示用户已经完成安装，单击【完成】按钮结束软件安装过程。

4.4 电气工程制图基本规定

4.4.1 电气工程图纸的组成及其特点

4.4.1.1 电气工程图纸的组成

1. 目录与前言：目录是根据所有图纸的编号所排出的数据表，便于工作人员的查询与整理，一般由序号、图样名称、编号、张数组成。前言一般包括设计说明、图例、设备材料明细表、工程经费概算等。

2. 电气系统图：电气系统图表示某一电气系统中各元件的连接关系或整个工程中供电方式与电能输送的关系。

3. 电路原理图：电路原理图主要表示某一装置的工作原理或某一电气工程中的逻辑关

系，而不考虑其实际位置。电路原理图用途广泛，可以用于详细直观地理解电路、设备及其组成部分的作用原理，分析和计算电路特性，为测试和寻找电路故障提供信息。

4. 安装接线图：安装接线图是用来表示电气装置内部各元件之间及其外部其他部件直接的连接关系的简图，便于安装接线与维护。

5. 电气平面图：电气平面图主要表示电气工程中电气设备、装置和线路的平面布置，它一般是在建筑平面图的基础上绘制出来的，常见的电气平面图主要有线路平面图、变电所平面图、弱电系统平面图、照明平面图、防雷与接地平面图。

6. 设备布置图：设备布置图用于表示各种设备的布置方式、安装方式以及相互之间尺寸关系，主要包括设备的平面布置图、立面布置图、断面图、纵横剖面图等。

7. 大样图：大样图主要表示电气工程某一部件的结构，用于指导加工与安装，其中一部分大样图为国家标准图。

8. 产品使用说明书的电气附图：电气工程中选用的设备与装置，其生产厂家往往在使用说明书后附上电气图，这种电气图也属于电气工程图。

9. 设备元件与材料明细表：设备元件和材料明细表是把某一电气工程中所需的主要设备、元件、材料和有关的数据列成表格，表示其符号、名称、规格、型号、数量。这种表格主要应用于标示图纸上、说明书中符号所对应的元件名称和有关数据，应该与电气工程图联系起来阅读。

10. 其他电气图：在电气工程图中，电气系统图、电路原理图、安装接线图、电气平面图是主要的电气工程图，但在一些复杂的电气工程中为了弥补或详细说明某一局部工程，还需要使用一些特殊的电气工程图，比如功能图、逻辑图、印制电路板图、曲线图、工程表格等。

4.4.1.2 电气工程图的特点

1. 电气工程图具有简洁性：在电气工程图中没有必要画出电气元器件的外形结构，只需采用标准的图形符号和带注释的框线或者简化外形来表示系统或设备中各元件之间的相互关系，电气工程图绝大部分采用简图，简图并不是内容简单，而只是形式的简化。

2. 电气工程图层次分明：一个电气系统或装置通常由许多部件、组件构成，这些部件、组件或者功能模块称为项目，项目一般由简单的图形符号表示，通常每个图形符号都有对应的文字符号，设备编号和文字符号一起构成了项目代号，项目代号用于区别不相同的电气设备。

3 电气工程图逻辑性强：元件和连线是电气工程图的主要组成部分，无论是何种类型的电气工程图都是以元件和连线的相互关系来表现其内容的，元件与连线关系的描述方法不同，造就了电气工程图的多样性。

电气工程图的绘制主要采用位置布置法与功能布置法。位置布置法既考虑元件之间的逻辑关系，也考虑元件之间的实际位置关系，而功能布置法只考虑元件之间的逻辑关系，不考虑元件之间的实际位置关系。

4. 电气工程图的表现形式具有多样性：正是由于电气工程图种类的多样性与表达对象的多样性，才需要用不同的描述方法。比如，会用到能量流、逻辑流、信息流、功能流等描述方法。系统图、电路图、接线图、框图是描述能量流和信息流的电气工程图，逻辑图是描述逻辑流的电气工程图，功能表图、程序图、电气系统说明书附图为描述功能流的电气工程图。

4.4.2 电气工程制图的常用图形符号

从国家标准《电气工程图纸的常用图形符号》(GB/T 5465.2—2008)中，摘录一部分常用电气元件的图形符号，如图4.1所示。

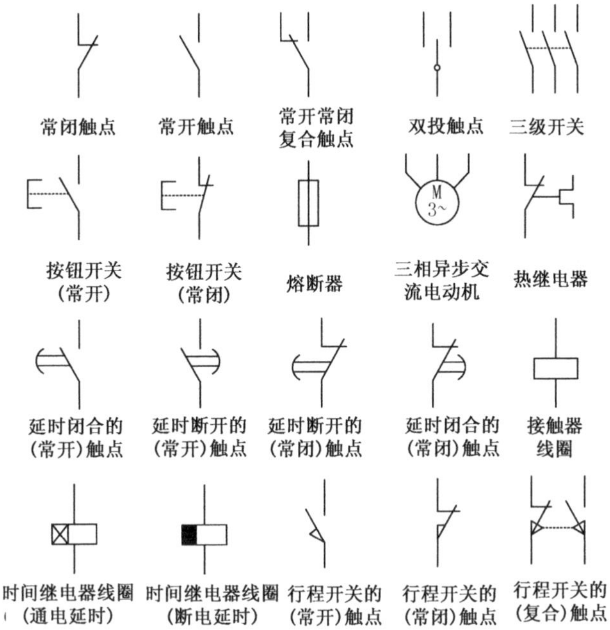

图4.1 电气工程图的常用图形符号

4.4.3 电气工程图绘制注意事项

4.4.3.1 绘制电气简图

简图是由图形符号、带注释的框线和连接线组成，用来表示系统、设备中各组成部分之间的相互关系和连接关系，简图不具体反映元件、部件及组件的实际结构和位置，而是反映它们之间的逻辑关系。

简图应布局合理、排布均匀、画面清晰、便于看图，简图的引入线和引出线应绘制在图纸边框附近，表示导线、信号线和连接线的线型应尽量减少交叉和弯折，电路和元件应按功能布置，并尽量按工作顺序从上到下、从左往右进行排列。

简图上采用的图形符号应遵循国家标准《电气简图用图形符号》(GB/T 4728.1—2018)的相关规定，在选取图形符号时应注意以下事项：

1. 图形符号应按国标列出的符号形状和尺寸绘出，其含义仅与其形式有关，与其大小和线条宽度无关；

2. 有些图形符号有多种形式，在同一张简图中只能选一种图形形式，其中优选形和简化形应优先选用；

3. 未给出的图形符号，应根据元件、设备功能，选取《电气简图用图形符号》(GB/T 4728.1—2018)给定的符号要素、一般符号和限定符号，按其中规定的组合原则派生出来；

4. 图形符号的方位一般取标准中实例的方向，为了避免折弯或交叉，在不改变符号含义的前提下，图形符号的方位可根据制图需要作旋转或镜像，但文字和指示方向应保持不变。

图形符号一般绘制有引线，当引线取向改变时，符号含义就有可能会改变，此时必须按照规定方向绘制；在不改变其符号含义的前提下，引线可取不同方向。

4.4.3.2 绘制电气原理图

电气原理图是表达电路工作的图纸，所以应该按照相关国家标准进行绘制，图纸的尺寸必须符合国家标准规定，图中需要用图形符号和文字符号绘制出全系统所有的电气元件，但不必绘制电气元件的外形、结构，同时也不考虑电气元件的实际位置，而是依据电气制图标准来绘制，反映电气元件之间的逻辑关系。

电气原理图中，一般将电路分为主电路与辅助电路两部分，主电路是电路系统中的“强电流”通过的部分，一般由电动机等负载和与其相连的电气元件(比如刀开关、熔断器、热继电器和接触器的主触点等)组成。辅助电路是电路系统中“弱电流”通过的部分，一般由按钮开关、接触器的辅助触点等电气元件构成，一般包括控制电路、信号电路、照明电路及保护电路。

绘制电气原理图应注意以下相关事项：

1. 所有的元件都应按照国家标准的图形符号和文字符号表示；

2. 主电路用粗实线绘制在图纸的左部或者上部，辅助电路用细实线绘制在图纸的右部或下部，电路或者元件主要按照其功能布置，尽可能按照动作顺序、因果次序排列，布局遵守从左到右、从上到下的顺序来排列；

3. 同一个元件的不同部分，可以绘制到不同位置，但必须使用同一文字符号表示，对于多个同类元件，可采用文字符号加数字序号来表示，如KM1、KM2；

4. 所有元件的可动部分均在没有外力或没有通电的情况下绘制；

5. 绘图时应尽量避免连接线交叉，元件的图形符号可按照旋转90°或180°绘制，多条导线相连接时，相交处用实心圆点表示；

6. 绘制时要层次分明，各元件及其触点的安排要合理，在完成预期功能的前提下，应尽量减少元件的使用，从而减少能耗。

4.4.3.3 绘制系统图和框图

系统图是用线框、连线和文字符号构成的一种简图，用来粗略表示系统或分系统的基本组成、功能及其主要特征，框图是对详细简图的概括，在技术交流以及产品的调试和使用维修时，可以作为提供的参考资料。

系统图与框图原则上没有区别，但在实际应用中，通常系统图用于系统或成套装置，框图用于分系统或设备。

绘制系统图、框图时应注意以下相关事项：

1. 在系统图、框图上，设备或系统的基本组成部分是用图形符号或带注释的线框组成的，常以方框为主，框内注释可以采用文字符号、文字、数字及其混合表达；

2. 系统图、框图的布局要求清晰、匀称、一目了然，制图时应根据所绘对象的各组成部分的作用及相互关系的先后顺序，自左向右排成一列或数列，也可以自上往下排成一行或数行，起主干作用的部分位于框图的中心位置，而起辅助作用的部分则位于主干两侧，框与框之间用实线连接，必要时在实线上用开口箭头表示过程或信息流向；

3. 系统图、框图上可根据需要加注各种形式的注释和说明，如标注信号名称、电平、频率、波形和去向等。

4.4.3.4 绘制安装接线图

电气安装接线图主要用于安装接线和线路维护，它通常与电气原理图、电气元件布置图一起使用，该图须标明各个项目的相应位置和代号、端子号、导线号、导线类型及其截面面积等内容，图中的各个项目包括元件、部件、组件以及配套设备等，均采用简化图表示，但在其旁边需标注代号。

绘制安装接线图时应注意以下相关事项：

1. 各元件的位置应与其实际位置相同，并按照规定比例绘制；

2. 同一元件的所有部件需绘制到一起，并且用点划线圈框在一起，当多个元件框画在一起时，表示这些元件在同一面板中；

3. 各元件代号及接线端子序号等，需要与原理图中的表达一致；

4. 安装板引出线使用接线端子板；

5. 走向相同的相邻导线可绘制成一股线。

4.4.4 电气工程制图规则

1. 电气工程图应采用统一文字符号的国家标准与规则来绘制，这些标准分别是《电气简图用图形符号》(GB/T 4728.1—2018)、《电气制图国家标准》(GB/T 6988.1—2016)、《工业机械电气图用图形符号》(JB/T 2739—2008)等；

2. 绘制电气工程图时应遵守国家标准《电气工程 CAD 制图规则》(GB/T 18135—2008)的规定，电气工程图所用线型主要有实线、虚线、点划线、双点划线等四种；

3. 图纸横边从左到右用阿拉伯数字分别编号，竖边从上到下用英文字母区分，而分区代号用该区域的字母(表达图纸纵向)和数字(表达图纸横向)的组合来表示；

4. 图形符号绘制应遵守《电气图用图形符号》(GB 4728—2000)的相关规定，在图形符号的上方或左方，应标出元件的文字符号或位号；

5. 同一电气元件的各个部件可以不绘制在一起，不同的导线必须给出导线的线号；

6. 电气元件的触点按照没有外力或没有通电情况下的原始形态绘制，并按动作顺序依次排列；

7. 元件布局应考虑维护和维修的方便性；考虑外形的美观性、安装的容易性和操作人员的方便性；元件布局应同时考虑布线的整齐性和元件之间的走线空间；

8. 质量大的元件和体积大的元件，应绘制在安装面板的下部，发热元件安装在上部，方便散热；

9. 电气工程图中信号流的主要流向应是从左到右或从上到下，当单一信号流方向不能表达明确时，应在连接线上绘制箭头符号进行指示；

10. 表示导线或连接线的图纸中线条都应是交叉与折弯最少的线，线条可水平布置，各个类似项目应纵向对齐，线条也可以垂直布置，此时各个类似项目应横向对齐；

11. 当几个元件接到一根公共零位线上时，各元件的中心应该平齐；

12. “强电”与“弱电”线路要分开布置，同时注意“弱电”的电磁屏蔽问题和“强电”的电磁干扰问题。

4.4.5 电气工程图纸的一般规定

4.4.5.1 图纸的设置

1. 图纸的格式

一张图纸的完整图面由边框线、图框线、标题栏、会签栏组成，其格式如图 4.2 所示。

2. 图纸的幅面

图纸的幅面，简称为图幅，是指图纸尺寸的大小。所有绘制的图形都必须在图纸幅面以内，《电气工程 CAD 制图规则》(GB/18135—2000)包含了电气工程制图的图纸幅面及格式的相关规定，制图时必须遵守此项国家标准。图纸的幅面尺寸共分五等，按由大到小的顺序，幅面代号分别是 A0、A1、A2、A3、A4，其具体尺寸数值如表 4.1 所示。

表 4.1 基本幅面尺寸及其数值 单位：mm

幅面代号	A0	A1	A2	A3	A4
宽×长	841×1189	594×841	420×594	297×420	210×297
边宽	10			5	
装订侧边宽	25				

3. 图纸标题栏

标题栏是用来确定图样的名称、图号、张次、有关人员署名等内容的栏目，一般位于图纸右下方。下面给出我校机电工程学院采用的一种标题栏格式，如图 4.3 所示，供读者借鉴。

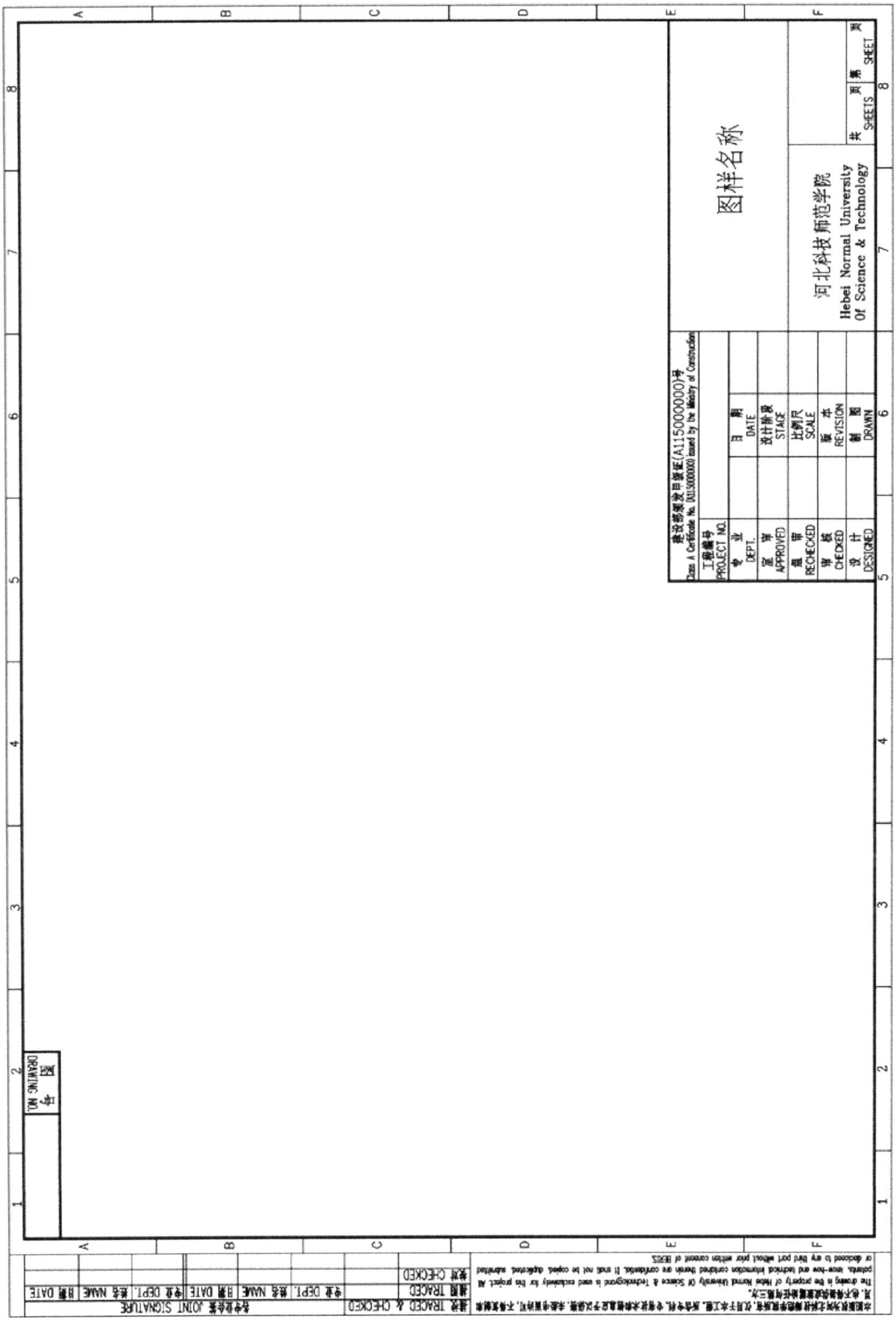

图 4.2　图纸的完整图面(以 A3 幅面为示例)

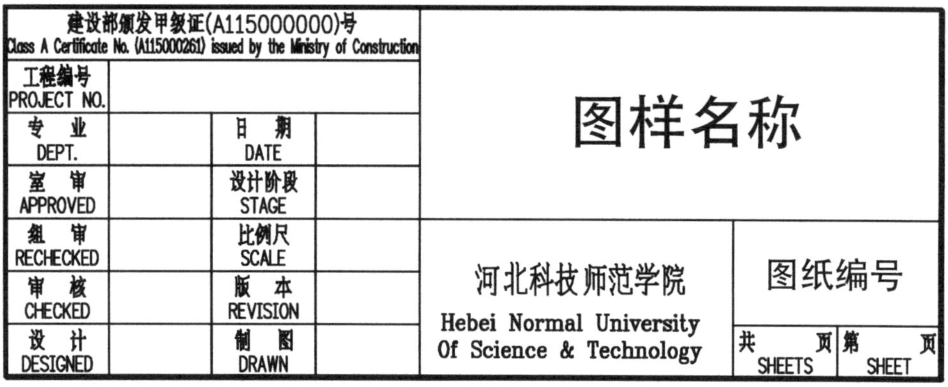

图 4.3 标题栏格式（参考）

4.4.5.2 图纸线型

图纸线型是绘制电气工程图所用的各种线条的统称，常用的图纸线型如表 4.2 所示。

表 4.2 常用的图纸线型

图纸线型名称	图纸线型应用	图纸线型名称	图纸线型应用
粗实线	电气线路图、一次线路	点画线	控制线、信号线、围框线
细实线	二次线路、一般线路	点画线、双点画线	辅助围框线
虚线	屏蔽线、机械连线	双点画线	辅助围框线、36V 以下带电路

4.4.5.3 图纸字体

电气工程图中的字体必须符合标准，汉字一般采用宋体、仿宋体，字母、数字采用新罗马字体、正体，字体的高度大小一般情况下为 2.5～4.0 mm，电气元件中触点的字号最小，线号次之，元件的字号最大。

4.4.5.4 图纸比例

电气工程图采用的比例一般为 1∶10、1∶20、1∶50、1∶100、1∶200、1∶500。例如，标注比例为 1∶100 的图纸，图样上某段线路为 15 cm，则实际长度为 15×100＝1500 cm。

4.4.5.5 图纸方位

一般来说，电气平面图按“上北下南、左西右东”的习惯或特殊标注出来的方法来表示建筑物和设备的位置或朝向。

4.4.5.6 安装标高

在电气平面图中，电气设备和线路的安装高度用标高来表示，这与建筑制图类似。

4.4.5.7 定位轴线

电力、照明和电信平面布置图通常是在各建筑物平面图上完成的，由于在建筑平面图中，建筑物都标有定位轴线，因此电气平面布置图也带有轴线。在图纸中定位轴线的编号原则为：在水平方向采用阿拉伯数字，由左向右注写；在垂直方向采用拉丁字母(其中字母I、O、Z不采用)，由下往上注写。通过定位轴线，可以帮助工作人员了解电气设备的具体安装位置。

4.4.5.8 详图

电气设备中某些零件做法、安装工艺要求是特殊的，有时需将这些部分单独放大，详细表明，这种图纸叫作详图。电气设备某些部分的详图可以画在一张图样上，也可以画在多张图样上，为了将它们联系起来，需要使用一个统一的标记。标注在总图某位置上的标记叫作详图索引标志，标注在详图位置上的标记叫作详图标记。

4.5 工程制图软件(AutoCAD)的入门与提高

4.5.1 工程制图软件(AutoCAD)工作环境的常用设置

通常情况下用户可以在AutoCAD默认的设置下进行电气工程图的绘制，但绝大多数情况下，为了高效绘图或特殊制图，则需要在制图前对AutoCAD的制图环境进行必要的设置，这些设置包括【选项】设置、【特性】设置、【图形单位】设置、【图层】设置等。

4.5.1.1 【选项】设置的开启

【选项】设置是用户自定义的制图环境设置，其常用的功能选项卡包括【文件】、【显示】、【打开和保存】、【打印和发布】、【绘图】等，选项设置可通过以下3种方式打开：

1. 在菜单栏中执行【工具】→【选项】命令；
2. 在制图区域单击右键，然后在弹出的快捷菜单中选择【选项】命令；
3. 在命令行输入【OPTIONS】，打开【选项】对话框。

4.5.1.2 选项卡【文件】

选项卡【文件】的功能选项，如图4.4所示。该功能选项包括【浏览(B)】、【添加(D)】、【删除(R)】、【上移(O)】、【下移(M)】、【置为当前(S)】选项组，其功能含义如下：

1. 选项组【浏览(B)】：控制对计算机中AutoCAD格式文件的浏览；
2. 选项组【添加(D)】：具有添加用户二次开发程序文件的功能；
3. 选项【删除(R)】：具有删除用户二次开发程序文件的功能；
4. 选项【上移(U)】：控制用户二次开发程序文件的上移操作；
5. 选项【下移(M)】：控制用户二次开发程序文件的下移操作；
6. 选项【置为当前(S)】：具有将选定的文件置为当前主要工作文件的功能。

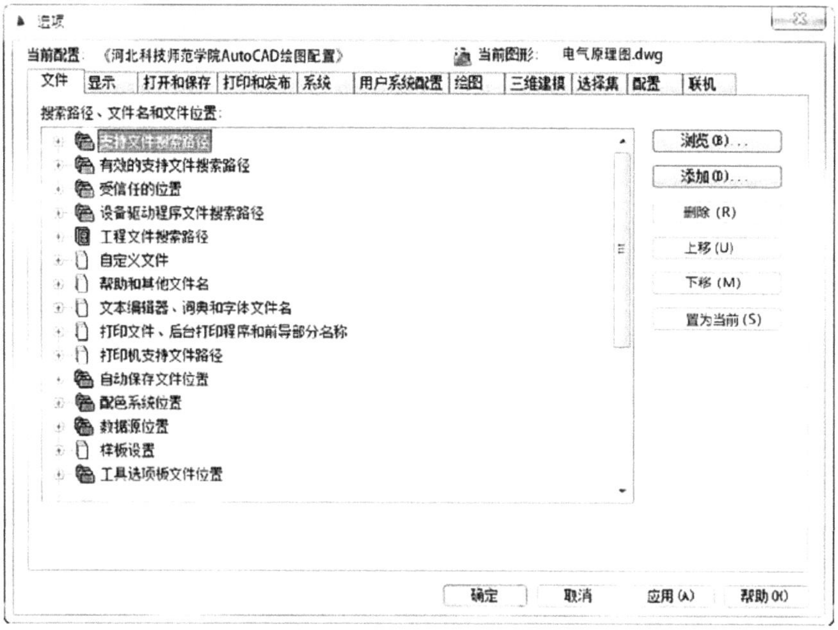

图 4.4 选项卡【文件】

4.5.1.3 选项卡【显示】

选项卡【显示】的功能选项，如图 4.5 所示。该功能选项包括【窗口元素】、【布局元素】、【显示精度】、【显示性能】、【十字光标大小(Z)】、【淡入度控制】等选项组，其功能含义如下：

1. 选项组【窗口元素】：控制制图环境特有的显示设置。该选项卡中还包括功能按钮【颜色(C)…】和【字体(F)…】。功能按钮【颜色(C)…】可以设置应用程序中每个上下文的界面元素颜色，单击功能按钮【颜色(C)…】，则弹出对话框【图形窗口颜色】，如图 4.6 所示。在命令行显示的字体需要修改时，可通过功能按钮【字体(F)…】来设置，单击功能按钮【字体(F)…】，则弹出对话框【命令行窗口字体】，如图 4.7 所示。

2. 选项组【布局元素】：控制现有布局和新布局的选项，布局是一个图纸空间环境，用户可在其中设置图形进行打印。

3. 选项组【显示精度】：控制对象的显示质量，如果设置较高的值提高显示质量，则显示性能将得到改善，但对显卡要求将显著提高。

4. 选项组【显示性能】：控制影响性能的显示设置。

5. 选项组【十字光标大小(Z)】：控制十字光标的尺寸大小，以便起到类似手工绘图中丁字尺工具的比正作用。

6. 选项组【淡入度控制】：控制影响性能的显示设置，指定在位编辑参照的过程中对象的褪色度数值。

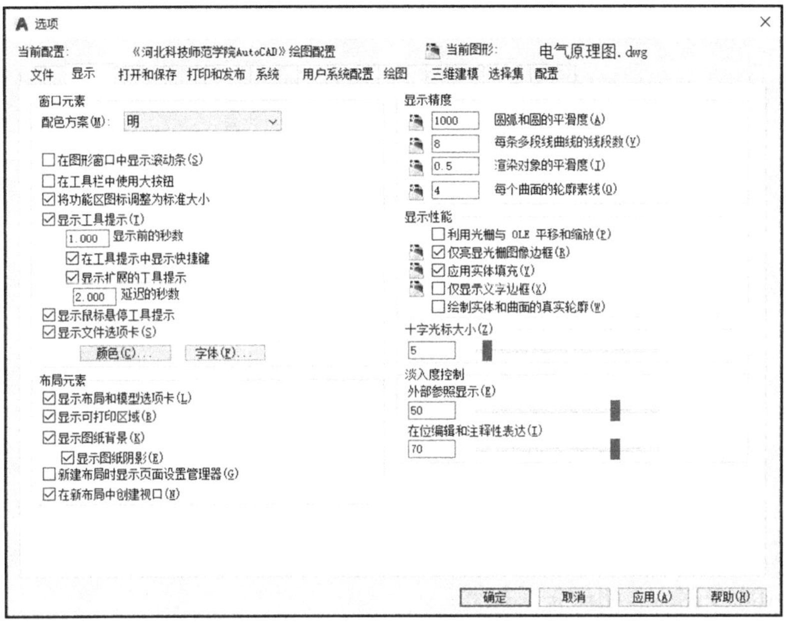

图 4.5　选项卡【显示】

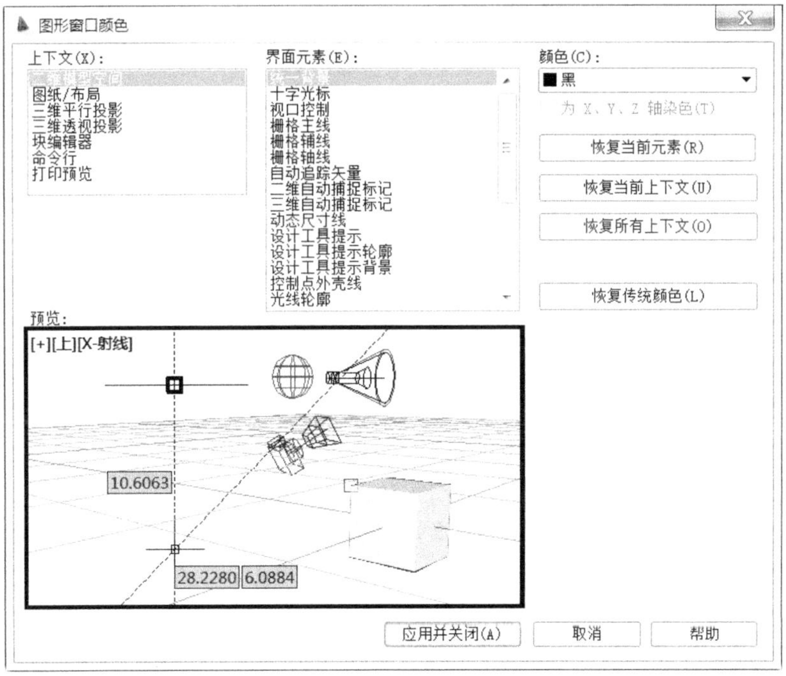

图 4.6　对话框【图形窗口颜色】

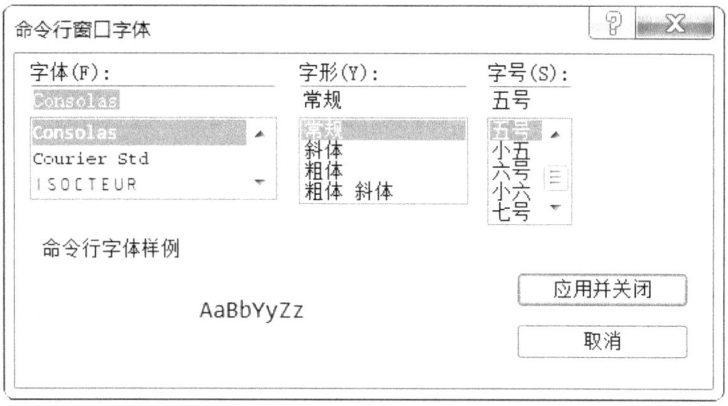

图 4.7　对话框【命令行窗口字体】

4.5.1.4　选项卡【打开和保存】

选项卡【打开和保存】的功能是用于控制文件的打开和保存，如图 4.8 所示。该选项卡包括选项组【文件保存】、【文件安全措施】、【文件打开】、【应用程序菜单】、【外部参照】、【ObjectARX 应用程序】等，其功能含义如下：

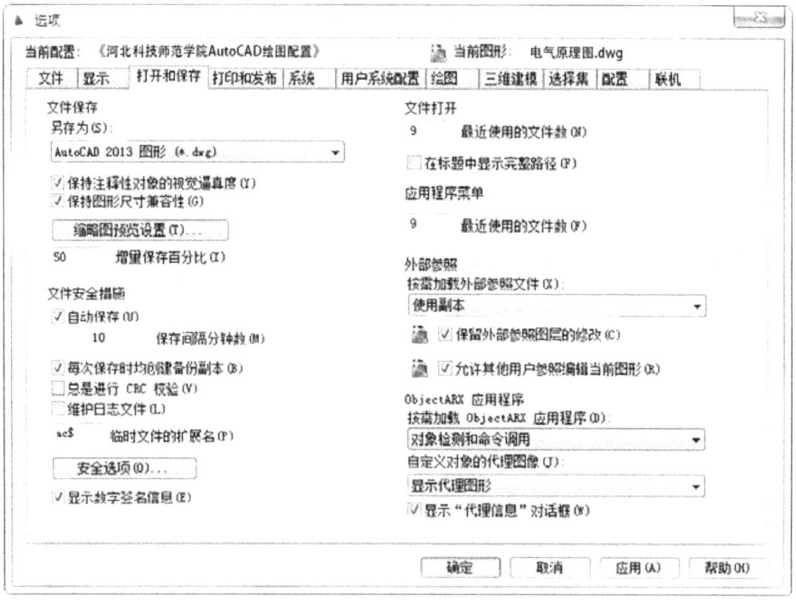

图 4.8　选项卡【打开和保存】

1. 选项组【文件保存】：控制图形文件保存的相关设置；

2. 选项组【文件安全措施】：帮助避免数据丢失以及检测错误；

3. 选项组【文件打开】：控制菜单栏中【最近使用的文档】快捷菜单中所列出的最近使用过的文件数；

4. 选项组【应用程序菜单】：控制菜单栏中【最近执行的动作】快捷菜单中所列出的最近使用过的动作数目；

5. 选项组【外部参数】：控制、编辑和所加载外部参照有关的设置；

6. 选项组【ObjectARX 应用程序】：控制【AutoCAD 实时扩展】应用程序及代理图形的有关设置。

该选项卡中，用户还可以控制保存图形是否更新缩略图预览，单击功能按钮【缩略图预览设置(T)…】，则弹出对话框【缩略图预览设置】，如图 4.9 所示。

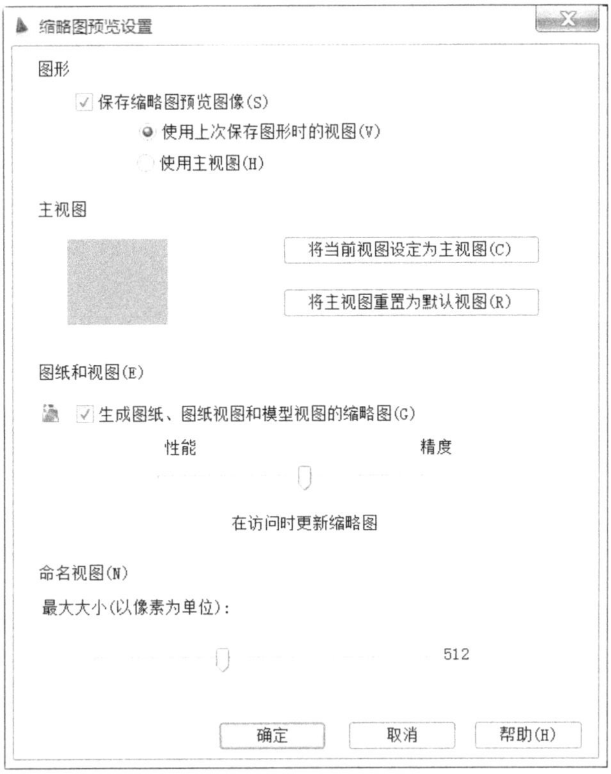

图 4.9　对话框【缩略图预览设置】

4.5.1.5　选项卡【打印和发布】

选项卡【打印和发布】中包括控制与“打印和发布”相关的选项，如图 4.10 所示。该选项卡中包括选项组【新图形的默认打印设置】、【打印到文件】、【后台处理选项】、【打印和发布日志文件】、【自动发布】、【常规打印选项】、【指定打印偏移时相对于】等，其功能含义如下：

1. 选项组【新图形的默认打印设置】：控制图形的默认打印设置；

2. 选项组【打印到文件】：为打印到文件操作指定默认位置；

3. 选项组【后台处理选项】：指定与后台打印和发布相关的选项，可以使用后台打印启动要打印或发布的作业，然后立即返回绘图工作，系统将在用户工作时间同时打印或发布作业；

4. 选项组【打印和发布日志文件】：控制用于打印和发布日志文件另存为逗号分隔值文件(CSV)的选项；

5. 选项组【自动发布】：指定图形是否自动发布为 DWF 或 DWFx 文件，还可以控制用于自动发布的选项；

6. 选项组【常规打印选项】：控制常规打印环境的相关选项；

7. 选项组【指定打印偏移时相对于】:指定打印区域的偏移是从可打印区域的左下角开始,还是从图纸的边缘开始。

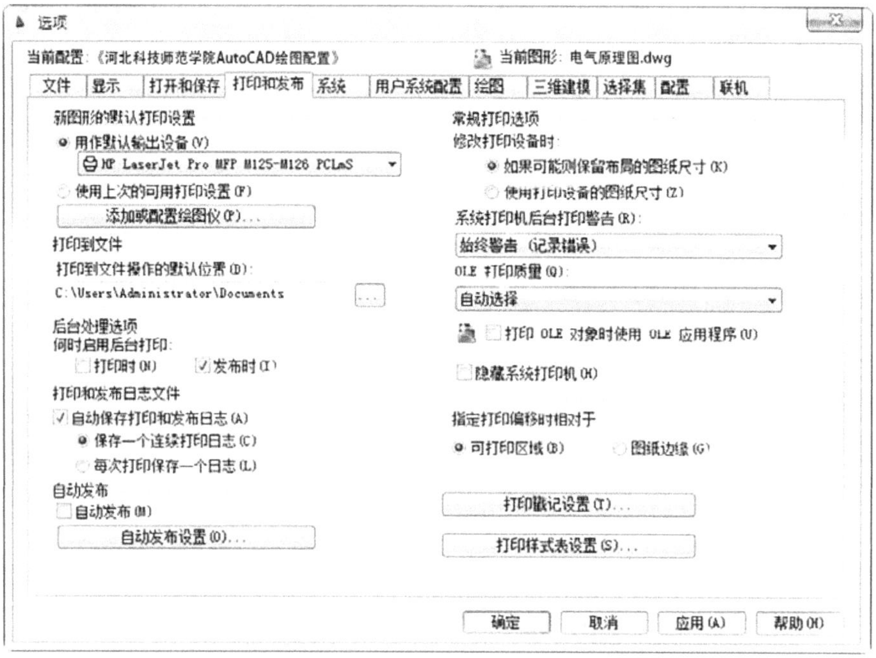

图 4.10　选项卡【打印和发布】

4.5.1.6　选项卡【绘图】

选项卡【绘图】用于设置多个编辑功能,如图 4.11 所示。该选项卡中包括选项组【自动捕捉设置】、【自动捕捉标记大小(S)】、【对象捕捉选项】、【AutoTrack 设置】、【对齐点获取】、【靶框大小(Z)】等,其功能含义如下:

1. 选项组【自动捕捉设置】:控制使用对象捕捉时显示的形象化辅助工具的相关设置;
2. 选项组【自动捕捉标记大小(S)】:设置自动捕捉标记的显示尺寸;
3. 选项组【对象捕捉选项】:指定对象捕捉的选项;
4. 选项组【AutoTrack 设置】:控制与 AutoTrack(自动追踪)方式相关的设置,此设置在极轴追踪或对象捕捉追踪打开时可使用;
5. 选项组【对齐点获取】:控制在图形中显示对齐矢量的方法;
6. 选项组【靶框大小(Z)】:设置自动捕捉靶框的显示尺寸。

在选项卡【绘图】中,用户还可以通过【设计工具提示设置(E)…】、【光线轮廓设置(L)…】、【相机轮廓设置(A)…】等功能来设置相关选项,【设计工具提示设置(E)…】主要控制工具提示的外观,【光线轮廓设置(L)…】用于指定光线轮廓外观,【相机轮廓设置(A)…】用于指定相机轮廓外观。

图 4.11　选项卡【绘图】

4.5.1.7　特性设置

特性设置是指要复制到目标对象的源对象的基本特性和特殊特性设置。这些设置可通过对话框【特性设置】来完成。用户可通过以下命令方式来打开对话框【特性设置】：

1. 在菜单栏执行【修改】→【特性匹配】命令，选择源对象后在命令行输入【S】；
2. 在命令行输入【MATCHPROP】或【PAINTER】，执行命令并选择源对象后，再输入【S】。

打开的对话框【特性设置】，如图 4.12 所示。在此对话框中，用户可通过对复选框的勾选或取消勾选，来设置要匹配的特性。

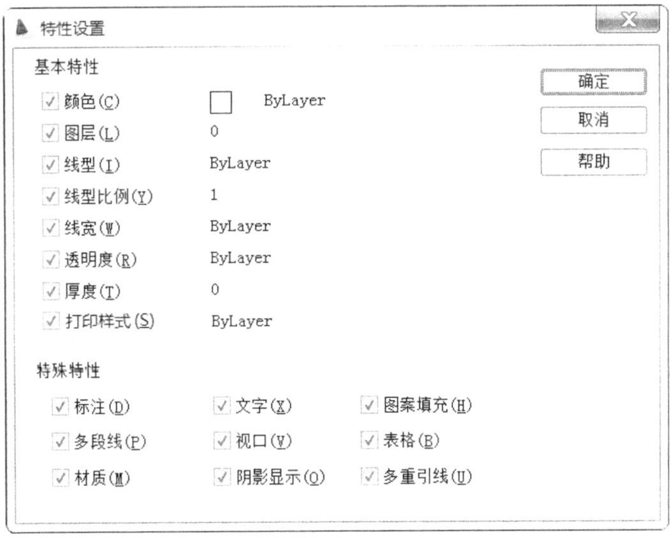

图 4.12　对话框【特性设置】

4.5.1.8 图形单位设置

制图时使用的长度单位、角度单位，以及单位的显示格式和精度等参数是通过对话框【图形单位】来设置的。用户可通过以下命令方式来打开对话框【图形单位】：

1. 在菜单栏执行【格式】→【单位】命令；
2. 在命令行输入【UNITS】。

打开的对话框【图形单位】，如图 4.13 所示。

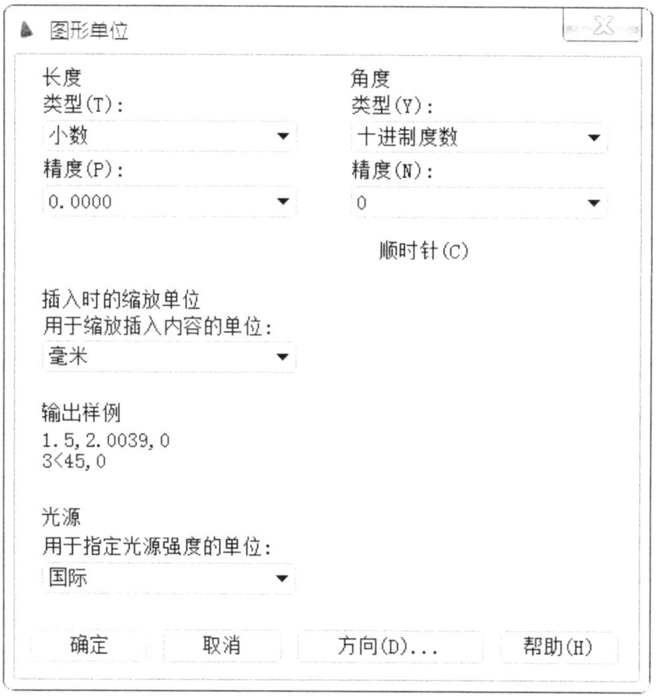

图 4.13　对话框【图形单位】

对话框中各选项的含义如下：

1. 选项组【长度】：指定测量的当前单位类型及当前单位的精度；其中，选项【类型(T)：】，可以设置测量单位的当前格式，包括【建筑】、【小数】、【工程】、【分数】和【科学】等类型。其中【工程】和【建筑】格式提供英尺和英寸显示，并假定每个图形单位表示一英寸。其他格式可表示任何世界单位；选项【精度(P)：】，可以设置线性测量值显示的小数位数或分数大小。

2. 选项组【角度】：指定当前角度格式的类型和当前角度显示的精度；其中，选项【顺时针(C)】以顺时针方向计算正的角度值，默认的正角度方向是逆时针方向。

3. 选项【插入时的缩放单位】：控制插入到当前图形中的块和图形的测量单位。如果块或图形创建时使用的单位与该选项指定单位不同，则在插入这些块或图形时，将其按比例缩放，插入比例是源块或图形使用的单位与目标图形使用的单位之比，如果插入块时不按指定单位缩放，需选择【无单位】选项。

4. 显示项【输出样例】：当前单位和角度设置所能显示数据的样例。

5. 选项组【光源】:控制当前图形中光源强度的测量单位。

4.5.1.9 图层设置

图层的概念类似投影片,将不同属性的对象分别放置在不同的投影片(图层)上,在使用图层功能绘制图形时,首先要对图层的各项特性进行设置,包括建立和命名图层、设置当前图层、设置图层的颜色、线宽和线型等。

图层的设置过程:

1. 在功能区的【默认】选项卡的【图层】面板中单击【图层特性】按钮,打开如图 4.14 所示的对话框【图层特性管理器】;

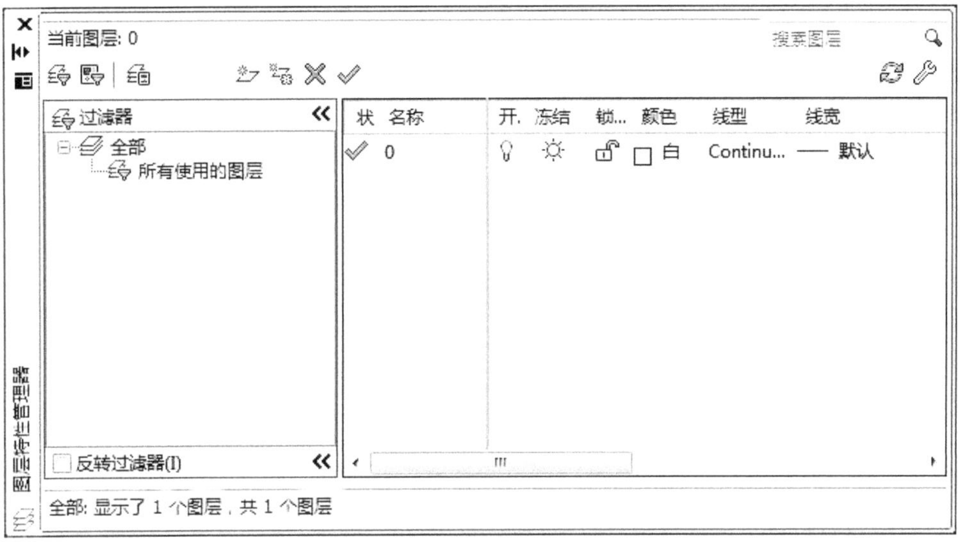

图 4.14 对话框【图层特性管理器】

2. 在对话框【图层特性管理器】中单击【新建图层】按钮以新建一个默认名为图层 1 的图层,接着将该图层的名称改为【粗实线层】;

3. 单击【粗实线层】特性中【线宽】下单元格,弹出对话框【线宽】,如图 4.15 所示,选择线宽为 0.5mm,然后单击对话框【线宽】中的【确定】按钮;

4. 在对话框【图层特性管理器】中单击【新建图层】按钮,接着将新建的该层命名为【细实线层】;

5. 单击【细实线层】特性中【线宽】下单元格,弹出对话框【线宽】,从中选择【默认】,单击【确定】按钮;

6. 在对话框【图层特性管理器】中单击【新建图层】按钮,接着将新建的该层命名为【中心线层】,【中心线层】的线宽,也设为【默认】;

7. 单击【中心线层】特性中【线型】下单元格,弹出对话框【选择线型】,如图 4.16 所示;

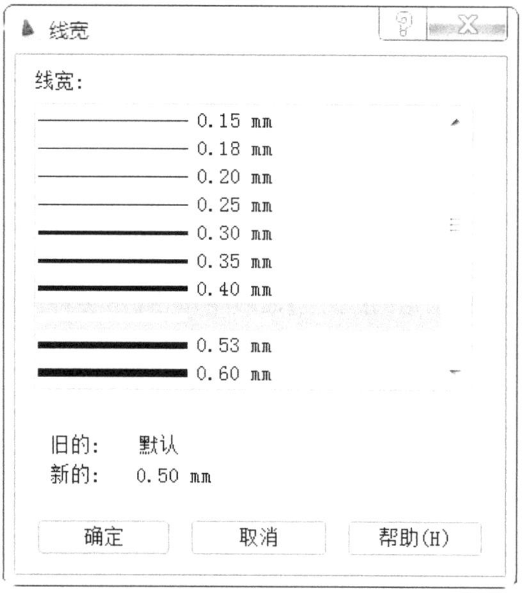

图 4.15　对话框【线宽】

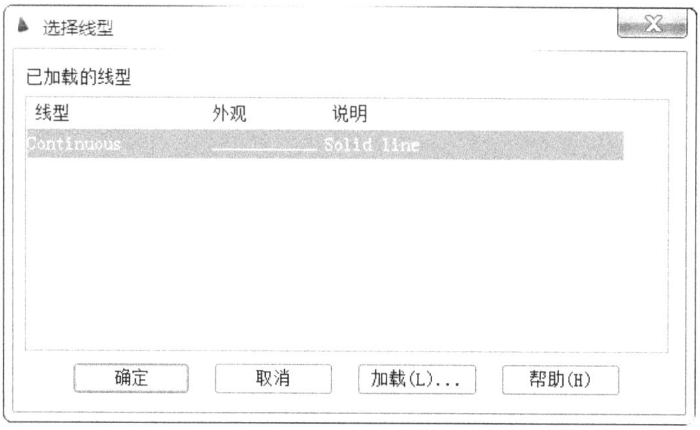

图 4.16　对话框【选择线型】

8. 在对话框【选择线型】中单击【加载(L)…】按钮，打开如图 4.17 所示的【加载或重载线型】对话框，在【可用线型】列表中选择 CENTER2 线型(中心线)，接着可以按住键盘上面的 Ctrl 键，同时用鼠标点击来增加选择其他需要的线型，再单击【确定】按钮；

9. 已加载的新线型将出现在对话框【选择线型】中，从其中为【中心线层】选择 CENTER2 线型，单击【确定】按钮；

10. 在对话框【图层特性管理器】中，单击【中心线层】特性中【颜色】下单元格，系统弹出如图 4.18 所示的【选择颜色】对话框从中选择【颜色(C):】为【红】色，按【确定】按钮；

11. 与上述方法类似，可以继续创建其余工作中需要的图层，并为每个图层设置其特性；

12. 可以在对话框【图层特性管理器】中设置当前图层，例如在对话框【图层特性管理器】中选择【粗实线层】，然后单击【置为当前】按钮，从而将【粗实线层】设置为当前工作图层；在【图层特性管理器】中，还可以设置图层的【开/关】、【冻结/解冻】、【锁定/解锁】、【打印开/打印关】和【打印样式】等特性；

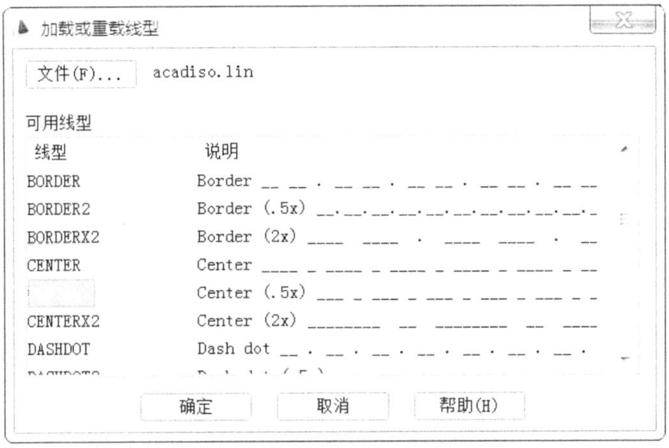

图 4.17 对话框【加载或重载线型】

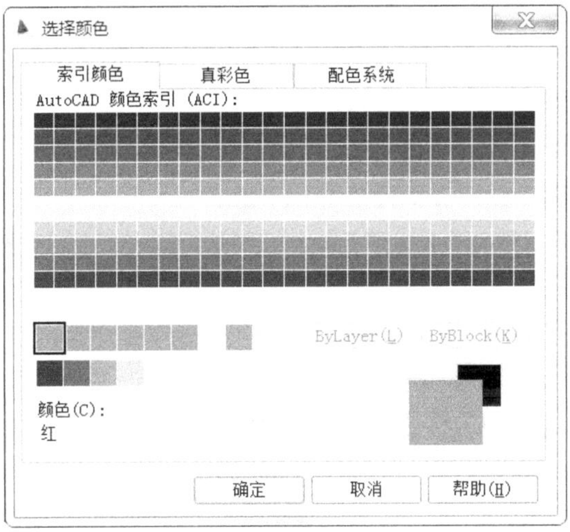

图 4.18 对话框【选择颜色】

13. 最后在对话框【图层特性管理器】中单击【应用】、【确定】按钮，完成相关图层的设置。

4.5.2 基本图形元素的绘制

4.5.2.1 直线、构造线的绘制

直线是各种制图中最常用的、最简单的一类图形对象，只要指定了起点和终点就可绘制出一条直线，执行【直线】命令主要有以下3种方式：

1. 执行菜单栏中【绘图】→【直线】命令；
2. 单击绘图工具栏中的【直线】按钮；
3. 在命令行输入【Line】按 Enter 键。

构造线为两端可以无限延伸的直线，没有起点和终点，可以放置在三维空间的任意地

方，主要用于绘制辅助线，执行【构造线】命令主要有以下 3 种方式：

1. 执行菜单栏中【绘图】→【构造线】命令；
2. 单击绘图工具栏中的【构造线】按钮；
3. 在命令行输入【XINE】按 Enter 键。

绘制直线与构造线，举例如图 4.19 所示。

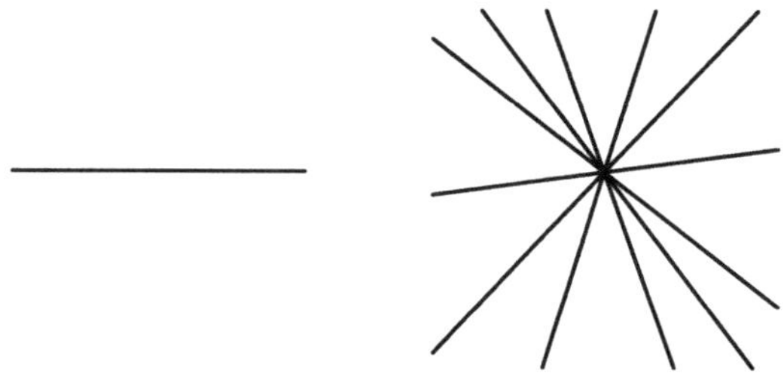

图 4.19 绘制直线与构造线举例

4.5.2.2 矩形、多边形的绘制

矩形是由四条直线元素组合而成的对象，AutoCAD 将其看作一条闭合的多段线，执行【矩形】命令主要有以下 3 种方式：

1. 执行菜单栏中的【绘图】→【矩形】命令；
2. 单击绘图工具栏中的【矩形】按钮；
3. 在命令行中输入【RECTANG】按 Enter 键。

在 AutoCAD 中，可以使用【多边形】命令绘制边数为 3～1024 的多边形，执行【多边形】命令主要有以下 3 种方式：

1. 执行菜单栏中【绘图】→【多边形】命令；
2. 单击绘图工具栏中的【多边形】按钮；
3. 在命令行中输入【POYGON】按 Enter 键。

绘制矩形与多边形，举例如图 4.20 所示。

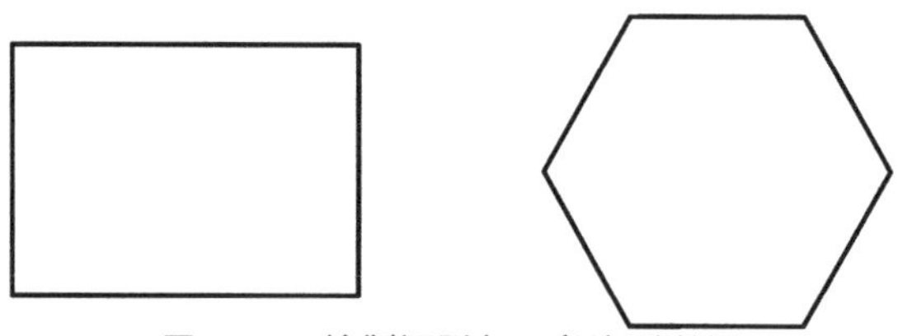

图 4.20 绘制矩形与正多边形举例

4.5.2.3 基本圆类曲线的绘制

整圆是一种闭合的基本图形元素。可以由指定圆心、半径、直径、圆周上点和其他对象上点的不同组合，来确定并绘制整圆。AutoCAD 为用户提供了 6 种画圆的方式，如图 4.21 左图所示。执行绘制【圆】命令，主要有以下 3 种方式：

1. 执行菜单栏中【绘图】→【圆】子菜单中各种命令；
2. 单击绘图工具栏中【圆】按钮；

3. 在命令行中输入【CIRCLE】按 Enter 键。

绘制圆,举例如图 4.21 右图所示。

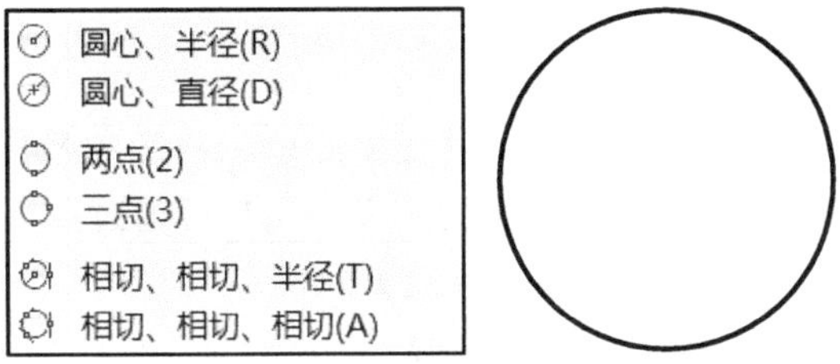

图 4.21 绘制整圆的方式与绘图举例

圆弧是整圆的一部分,为开放曲线。AutoCAD 给用户提供了 10 种绘制圆弧的方式,如图 4.22 左图所示,执行绘制【圆弧】命令主要有以下 3 种方式:

1. 执行菜单栏中【绘图】→【圆弧】子菜单中各种命令;
2. 单击绘图工具栏中【圆弧】按钮;
3. 在命令行中输入【ARC】按 Enter 键。

绘制圆弧,举例如图 4.22 右图所示。

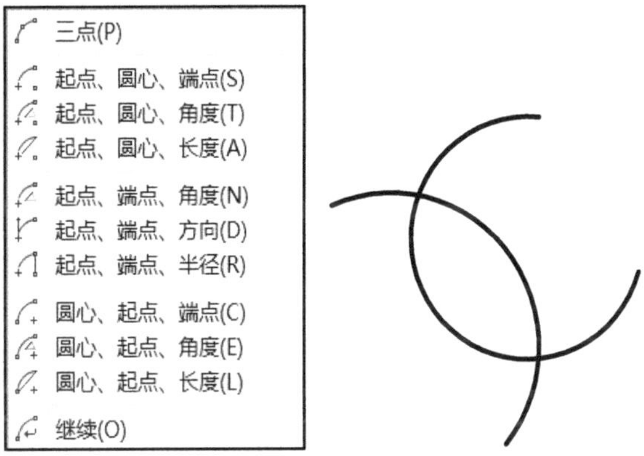

图 4.22 绘制圆弧的方式与绘图举例

椭圆由定义其长度和宽度的两条轴来决定,较长的轴叫长轴,较短的轴叫短轴,AutoCAD 给用户提供了 3 种绘制椭圆的方式,如图 4.23 左图所示,执行绘制【椭圆】命令主要有以下 3 种方式:

1. 执行菜单栏中【绘图】→【椭圆】子菜单中各种命令;
2. 单击绘图工具栏中【椭圆】按钮;
3. 在命令行中输入【ELLIPSE】按 Enter 键。

绘制椭圆,举例如图 4.23 右图所示。

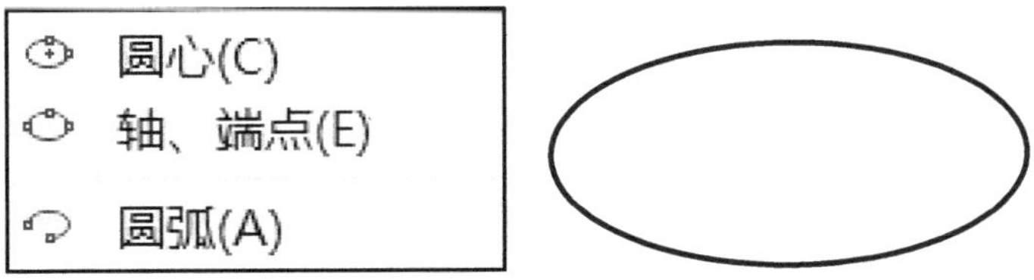

图 4.23 绘制椭圆的方式与绘图举例

4.5.3 图块的创建与应用

4.5.3.1 图块的创建

用户可以创建自己的块,也可以使用设计中心或工具选项板中提供的块,通过选择对象、指定插入点然后为其命名,可创建对块的定义。用户可通过以下 2 种方式创建块:

1. 执行菜单栏中【绘图】→【块】→【创建块】命令;
2. 在命令行中输入【BLOCK】按 Enter 键。

执行【BLOCK】命令后,将弹出【块定义】对话框,如图 4.24 所示。

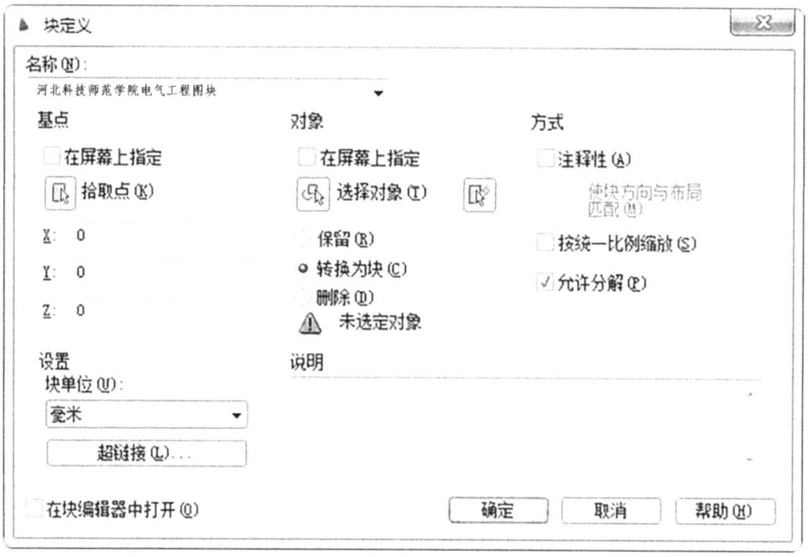

图 4.24 对话框【块定义】

对话框中各选项含义如下:

1. 下拉列表【名称(N):】:指定块名称,用户自行设定便于查找所需要的块时选用;
2. 选项【基点】:指定块的插入基点,默认值为坐标原点(0,0,0);
3. 选项【对象】:指定新块中要包含的对象,以及创建块之后如何处理这些对象,或者将它们转换成块的实例;
4. 选项组【方式】:指定块的生成方式;
5. 选项组【设置】:指定块的特性设置,包括【块单位(U):】和【超链接(L)…】两个选项。

4.5.3.2 图块的插入

插入块时,需要创建块参照并指定它的位置、缩放比例和旋转度,插入块操作将创建的一个称作块参照的对象,因为参照了储存在当前图形中的块定义,用户可通过以下命令方式来执行插入块的操作。

1. 执行菜单栏中的【插入】→【块】→【确定】命令;
2. 在命令行中输入命令【INSERT】。

执行【INSERT】命令,将弹出【插入】对话框,如图 4.25 所示。

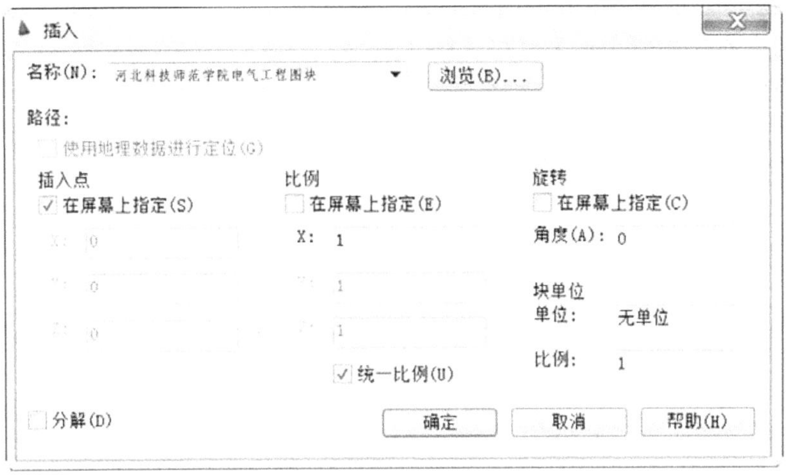

图 4.25 【插入】对话框

该对话框中各选项的含义如下：

1. 下拉列表【名称(N)：】:在该下拉列表中指定要插入块的名称，或指定要作为块插入的文件的名称；

2. 按钮【浏览(B)…】:单击此按钮，打开对话框【选择图形文件】，从中可选择要插入的块或图形文件；

3. 选项【路径：】:显示文件的浏览路径；

4. 选项组【插入点】:控制块的插入点(在屏幕上指定：一般用鼠标点击指定块的插入点)；

5. 选项组【比例】:指定插入块的缩放比例；

6. 选项组【旋转】:在当前 UCS 坐标系中指定插入块的旋转角度；

7. 选项【块单位】:显示有关块单位的信息；

8. 选项【分解(D)】:分解块并插入该块的各个部分，勾选复选框【分解(D)】时，只可以指定一个统一的比例因子。

4.5.4 图形的编辑

4.5.4.1 图形的删除

图形【删除】是常用的一个命令，用于删除制图过程中不需要的图样，执行【删除】命令，主要有以下 4 种方式：

1. 执行菜单栏中的【修改】→【删除】命令；

2. 在命令行中输入【ERASE】按 Enter 键；

3. 单击修改工具栏中的【删除】按钮；

4. 选择要删除的图样对象，直接按键盘上的 Delete 键。

4.5.4.2 图形的移动

图形对象的【移动】是指将图形重新定位，可以在指定方向上按指定距离移动对象，对象的位置发生了变化，但其大小和朝向不变。执行【移动】命令主要有以下 3 种方式：

1. 执行菜单栏中的【修改】→【移动】命令；
2. 单击修改工具栏中的【移动】按钮；
3. 在命令行用键盘输入【MOVE】按 Enter 键。

图形移动的效果，如图 4.26 所示。

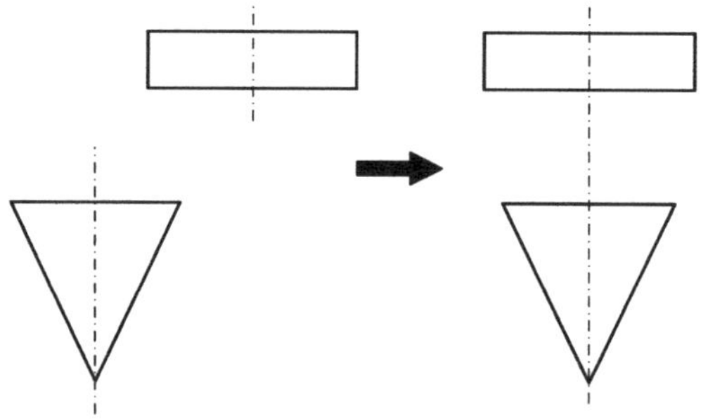

图 4.26 图形移动的效果

4.5.4.3 图形的旋转

图形对象的【旋转】命令用于将选择图形围绕指定的基点旋转到一定的角度，旋转对象时，输入角度为正值时，系统按逆时针旋转，输入的角度为负值时，系统按顺时针旋转，执行【旋转】命令主要有以下 3 种方式：

1. 执行菜单栏中【修改】→【旋转】命令；
2. 单击修改工具栏中【旋转】按钮；
3. 在命令行中用键盘输入【ROTATE】按 Enter 键。

图形旋转的效果，如图 4.27 所示。

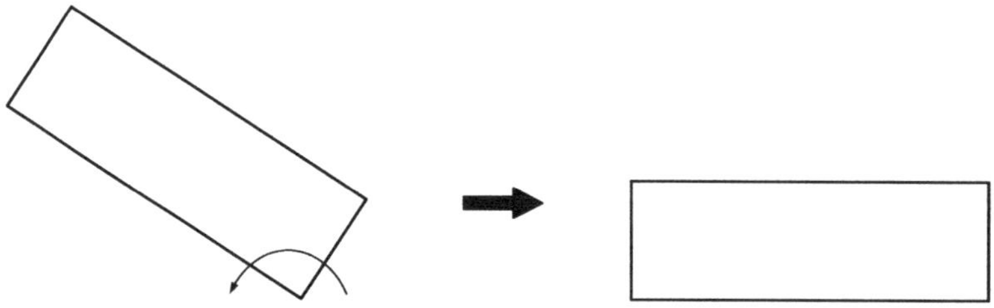

图 4.27 图形旋转的效果

4.5.4.4 图形的复制

图形对象的【复制】命令用于对已有的图样复制出副本，并放置到指定的位置，复制出来的副本大小、朝向不变，变化的只有副本图形的位置，执行【复制】命令主要有以下 3 种方式：

1. 执行菜单栏中【修改】→【复制】命令；
2. 单击修改工具栏中的【复制】按钮；
3. 在命令行中用键盘输入【COPY】按 Enter 键。

图形复制的效果，如图 4.28 所示。

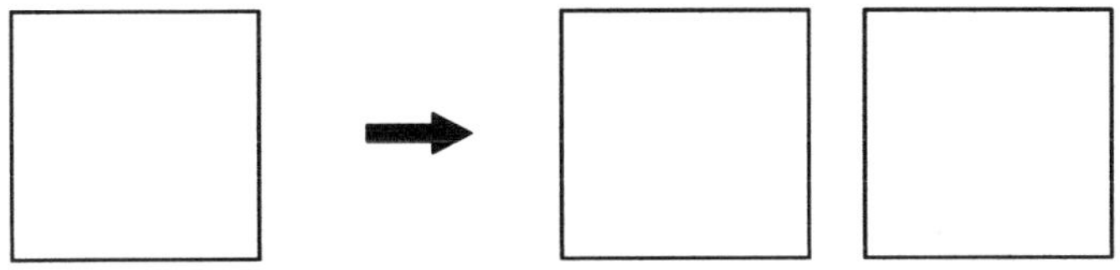

图 4.28 图形复制的效果

4.5.4.5 图形的镜像

图形对象的【镜像】命令用于将选择图形以镜像的方式对称复制，在镜像过程中，源对象可以被保留，也可以被删除，执行【镜像】命令主要有以下 3 种方式：

1. 执行菜单栏中的【修改】→【镜像】命令；
2. 单击修改工具栏中的【镜像】按钮；
3. 在命令行中用键盘输入【MIRROR】按 Enter 键。

图形镜像的效果，如图 4.29 所示。

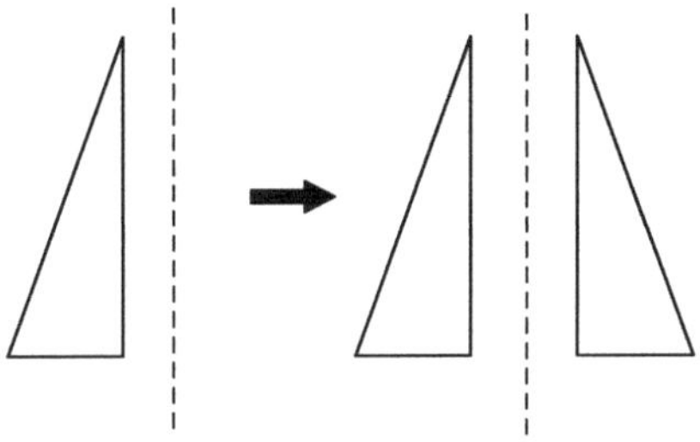

图 4.29 图形镜像的效果

4.5.4.6 图形的缩放

图形对象的【缩放】命令用于将图形进行等比例放大或缩小，使用此命令可以创建形状相同、大小不同的图形结构，执行【缩放】命令主要有以下 3 种方式：

1. 执行菜单栏中的【修改】→【缩放】命令；
2. 单击修改工具栏中的【缩放】按钮；
3. 在命令行中用键盘输入【SCALE】按 Enter 键。

图形缩放的效果，如图 4.30 所示。

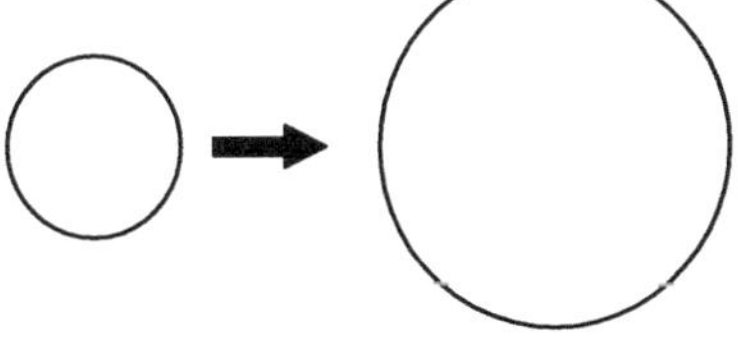

图 4.30 图形缩放的效果

4.5.4.7 图形的拉伸

图形对象的【拉伸】命令用于将图形进行不等比例缩放，进而改变图形尺寸大小，执行

【拉伸】命令主要有以下 3 种方式：

1. 执行菜单栏中的【修改】→【拉伸】命令；
2. 单击修改工具栏中的【拉伸】按钮；
3. 在命令行中用键盘输入【STRETCH】按 Enter 键。

图形拉伸的效果，如图 4.31 所示。

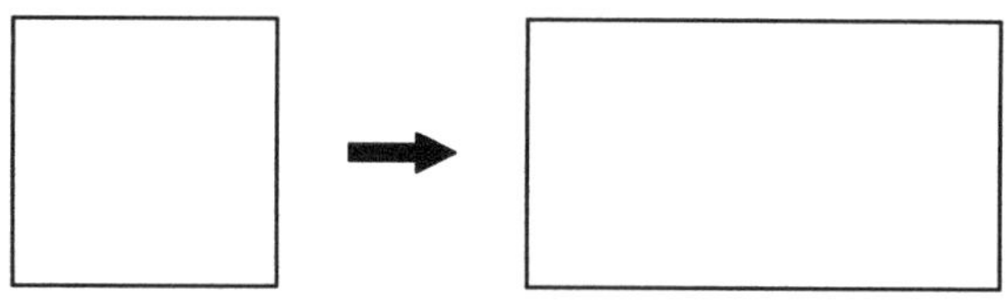

图 4.31　图形拉伸的效果

4.5.4.8　图形的修剪

图形对象的【修剪】命令用于修剪图形上指定的部分，不过在修剪时，需要事先指定一个边界，执行【修剪】命令主要有以下 3 种方式：

1. 执行菜单栏中的【修改】→【修剪】命令；
2. 单击修改工具栏中的【修剪】按钮；
3. 在命令行中用键盘输入【TRIM】按 Enter 键。

图形修剪的效果，如图 4.32 所示。

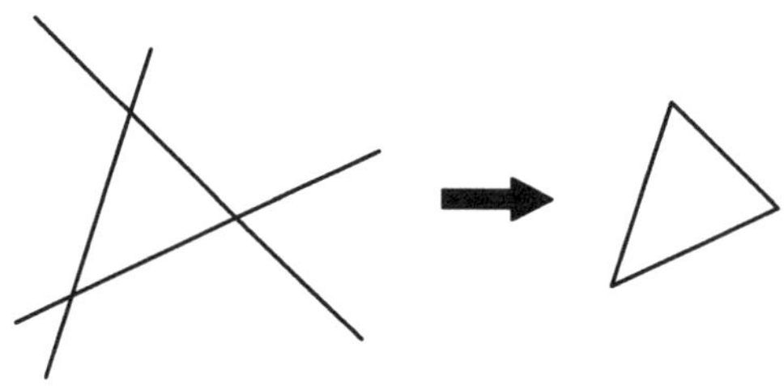

图 4.32　图形修剪的效果

4.5.5　图形的尺寸标注

4.5.5.1　线性尺寸标注

线性尺寸标注工具包含了水平和垂直标注，线性标注可以水平或垂直放置，用户可以通过以下 2 种方式来执行此操作：

1. 执行菜单栏中的【标注】→【线性】命令；
2. 在命令行中用键盘输入【DIMLINEAR】按 Enter 键。

尺寸线与标注文字始终保持水平放置的尺寸标注就是水平标注；尺寸线与标注文字始终保持竖直方向放置的尺寸标注就是垂直标注，水平标注与垂直标注的效果，如图 4.33 所示。

图 4.33 水平与垂直尺寸标注举例

4.5.5.2 角度尺寸标注

角度尺寸标注用于测量选定的对象或 3 个点之间的角度，标注的效果如图 4.34 所示，用户可通过以下 2 种方式来执行此操作：

1. 执行菜单栏中【标注】→【角度】命令；
2. 在命令行中用键盘输入【DIMANGULAR】按 Enter 键。

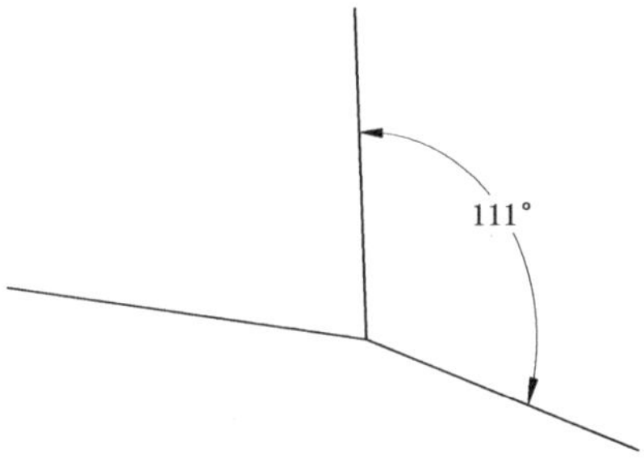

图 4.34 角度尺寸标注举例

4.5.5.3 半径或直径标注

当标注对象是圆弧或圆时，需创建半径或直径标注。

半径标注工具用来为选定的圆或圆弧标注半径值，并在半径数值前面显示带有字母"R"的标注文字，用户可通过以下 2 种方式来执行此操作：

1. 执行菜单栏中的【标注】→【半径】命令；
2. 在命令行中用键盘输入【DIMRADIUS】按 Enter 键。

直径标注工具用来为选定的圆或圆弧标注直径值，并在直径数值前面显示带有直径符号"ϕ"的标注文字，用户可通过以下 2 种方式来执行此操作：

1. 执行菜单栏中【标注】→【直径】命令；
2. 在命令行中用键盘输入【DIMDIAMETER】按 Enter 键。

圆的半径与直径标注的效果，如图 4.35 所示。

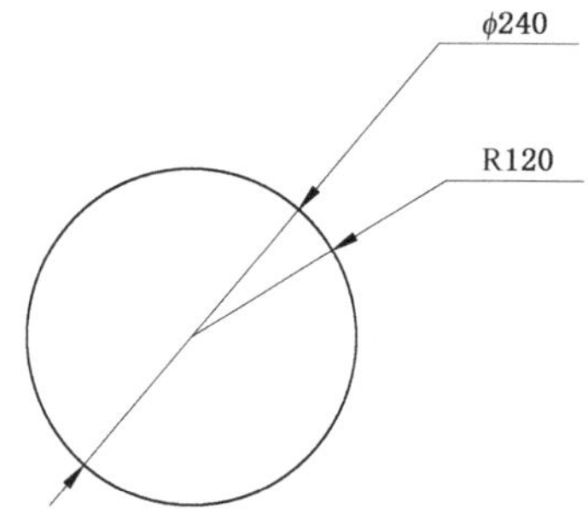

图 4.35 圆的半径与直径标注举例

4.5.5.4 弧长标注

弧长标注用于标注圆弧或多段弧线段的长度，默认情况下，弧长标注在标注数值文字的上方或前面将显示圆弧符号，标注效果如图 4.36 所示，用户可通过以下 2 种方式来执行此操作：

1. 执行菜单栏中的【标注】→【弧长】命令；
2. 在命令行中用键盘输入【DIMARC】按 Enter 键。

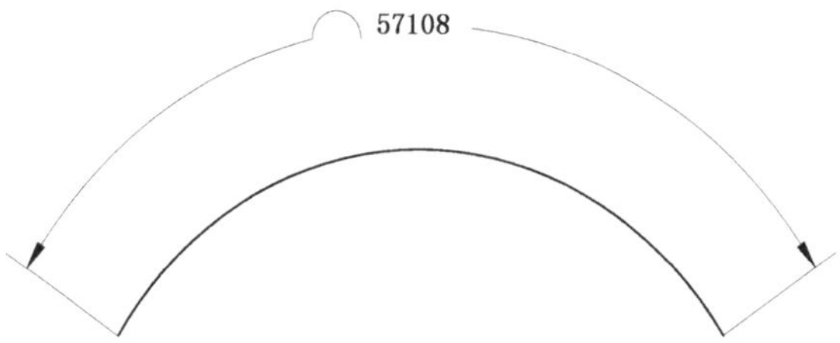

图 4.36 弧长标注举例

4.5.6 文字注释与表格注释

4.5.6.1 创建文字样式

在创建文字注释和尺寸标注时，AutoCAD 通常使用当前的文字样式，用户也可以根据具体要求重新设置文字样式或创建新的文字样式，文字样式的新建、修改是通过对话框【文字样式】来设置的，如图 4.37 所示，用户可通过以下 3 种方式来执行此操作：

1. 执行菜单栏中【格式】→【文字样式】命令；
2. 在选项卡【常用】面板中单击【注释】→【文字样式】按钮；
3. 在命令行中用键盘输入【STYLE】按 Enter 键。

【文字样式】对话框中各选项的含义如下：

1. 选项组【字体】：该选项组用于设置字体名、字体样式、字体大小、字体高度、字体效果、字体宽度因子、字体倾斜角度等属性；

2. 选项【字体名(F)：】：该选项组下拉列表中列出了 AutoCAD 软件安装路径下 FONTS 文件夹中所有注册的 TrueType 字体和所有编译的形字体(. SHX 文件)的字体族名；

3. 选项【字体样式(Y):】:该选项组可以指定字体格式,如粗体、斜体等;

4. 复选框【使用大字体(U)】:用于指定亚洲语言的大字体文件,只有在【字体名】下拉列表中选择带有".SHX"后缀的字体文件,该复选框才能被激活,例如选择字体文件"iso.shx"。

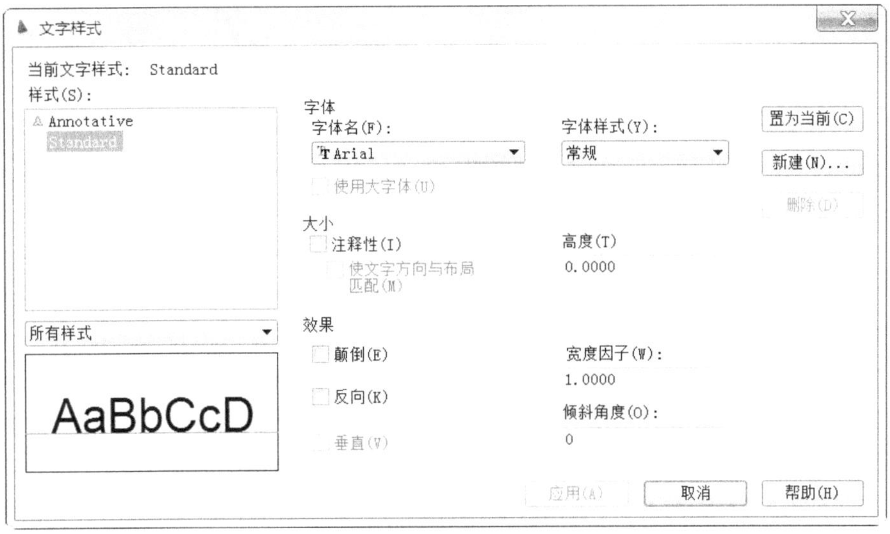

图4.37　对话框【文字样式】

4.5.6.2　修改文字样式

通过修改文字样式的设置,可以在【文字样式】对话框中修改现有的样式,也可以更新使用该文字样式的现有文字来反映修改的效果。

修改文字对象的文字样式时,已更新的设置将应用到整个制图文件的文字对象中,单个字符的某些格式可能不会被保留,或者会保留。例如颜色、堆叠和下划线等格式将继续使用原格式,而字体、高度、粗体及斜体等格式,将随着所修改的文字样式而发生改变。

4.5.6.3　创建单行文字

图纸中的"单行文字"可用输入单行文本命令,也可用输入多行文本命令来进行创建。在文字创建过程中,在图形窗口中选择一点作为文字的起点,并从该点开始输入文本文字,通过按 Enter 键来结束每一行,若要停止输入命令则按 ESC 键,单行文字中的每行文字都是独立的对象,可以重新定义、调整格式或进行其他修改,用户可通过以下 3 种方式来执行该操作:

1. 执行菜单栏中的【绘图】→【文字】→【单行文字】命令;
2. 在选项卡【注释】面板中单击【文字】→【单行文字】按钮;
3. 在命令行中用键盘输入【TEXT】按 Enter 键。

4.5.6.4　编辑单行文字

编辑"单行文字"包括编辑文字的内容、对正方式及缩放比例,用户可通过在菜单栏中执行【修改】→【对象】→【文字】命令，在弹出的下拉子菜单中选择相应命令来编辑“单行文字”；用户也可以在图形区中双击要编辑的“单行文字”，弹出【文字格式】对话框，然后在光标位置重新输入新的文字内容，或用【文字格式】对话框中的选项，进行文字特性的编辑与修改。在此举一个编辑“单行文字”的实例，如图 4.38 所示。

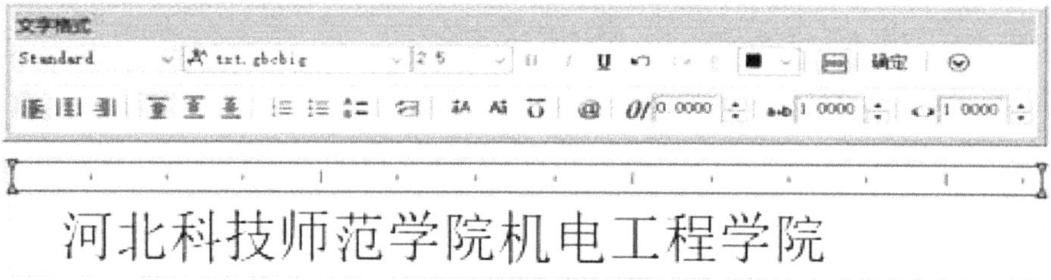

图 4.38　对话框【文字格式】

弹出的对话框【文字格式】中各命令的含义：

1.【文字显示】文本框：用于显示所输入的文字在图纸中的内容与格式；在此文本框中选择要编辑的单行文字；在本例中，选中“河北科技师范学院机电工程学院”，即可在此激活的文本框中重新输入所需要的文字；

2.【文字样式】下拉列表：用于编辑文字的样式；本例中为“txt，gbcbig”，点击下拉列表即可重新选择文字样式；

3.【文字高度】下拉列表：用于编辑文字高度；在本例中为“2.5”，单击下拉列表，或者在输入框中键入数值，就可以编辑文字高度；

另外，【文字格式】对话框中还可以对文字的颜色、倾斜度、对齐方式、宽度比等文字格式进行设置。

4.5.6.5　创建表格

表格在其行和列中包含工程数据对象。创建表格对象，首先要创建一个空表格，然后在其中点击并添加要说明的内容，用户可通过以下 3 种方式来执行此操作：

1. 执行菜单栏中【绘图】→【表格】命令；
2. 在选项卡【注释】中单击【表格】按钮；
3. 在命令行中输入【TABLE】按 Enter 键。

执行【TABLE】命令，弹出对话框【插入表格】，如图 4.39 所示，该对话框中包括选项【表格样式】、【插入选项】、【预览(P)】、【插入方式】、【列和行设置】和【设置单元样式】，它们的含义如下：

1. 选项【表格样式】：在当前图形中选择表格样式，通过单击下拉列表旁边的按钮，用户也可以创建新的表格样式；

2. 选项【插入选项】：指定插入选项的方式，包括【从空表格开始(S)】、【自数据连接(L)】和【自图形中的对象数据(数据提取)(X)】；

3. 选项【预览(P)】：显示当前表格样式的样例；

4. 选项【插入方式】：指定表格位置，包括【指定插入点(I)】和【指定窗口(W)】；

5. 选项【列和行设置】:设置表中行和列的数目和尺寸大小;

6. 选项【设置单元格式】:对于那些不包含起始表格的表格样式,需要指定新表格中行的单元样式。

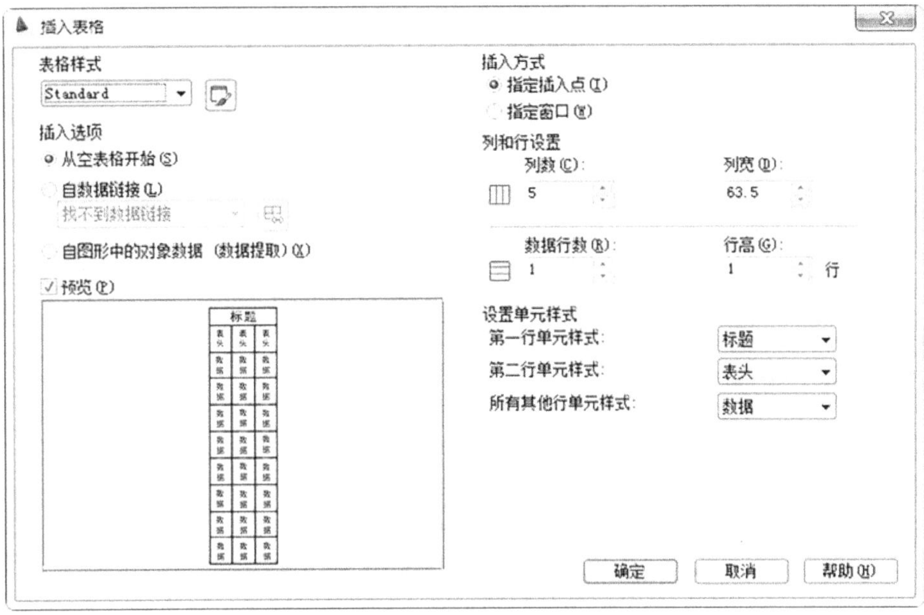

图 4.39　对话框【插入表格】

4.5.6.6　修改表格

表格创建完成后,可以单击或双击该表格上的任意网格线以选中该表格,然后通过选项卡【特性】或表格中夹点来修改该表格。双击表中网格线显示的选项卡【特性】,如图 4.40 所示。

1. 修改表格行与列:用户在更改表格的高度或宽度时,只有与所选【夹点】相邻的行或列才会更改,表格其他行与列的高度或宽度均保持不变。

使用【夹点】修改表格的行高与列宽时,按住键盘上 Ctrl 键可根据行或列的大小按比例来编辑表格的尺寸大小。

2. 修改表中单元格:用户要修改表中单元格尺寸大小,可在单元格内单击以选中该单元格;此时单元格边框线的中央将显示【夹点】,拖动单元格上的【夹点】可以使得单元格长度(单元格的列)变宽或变窄;或使得单元格高度(单元格的行)变高或变矮。

图 4.40　选项卡【特性】

若要选择多个单元格,单击第一个单元格,然后在相邻多个单元上拖动鼠标,或者按住键盘上 Shift 键并在另一个单元格上单击,就可以同时选中这两个单元格以及它们之间的所有单元格。

3. 打断表格：当表格行太多时，用户可以将包含大量数据的表格打断成主要和次要的表格片段。可以使用表格底部的表格【打断夹点】来进行操作。

4.6 电气工程制图的项目实践

4.6.1 电动机配电系统图的绘制

为了表示电动机的配电关系，绘制如图 4.41 所示的电动机配电系统图块，该图块表示了电能由 380V 三相交流电源，经接触器 KM 的主触点、热继电器 FR 的热元件，输入到三相交流电动机 M 的接线端。

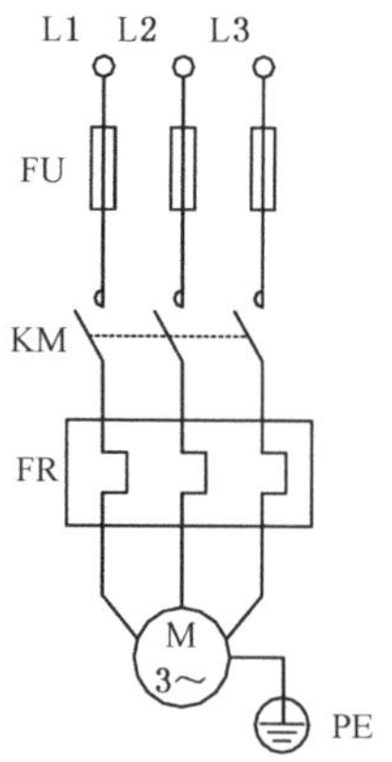

图 4.41 电动机配电系统图

AutoCAD 的制图环境设置，前面已经详细介绍过，在此从略。电动机配电系统图详细绘制流程如下：

1. 建立新文件：单击标题栏【新建】按钮，弹出对话框【选择样板】，选择 AutoCAD 软件自带的制图样板【acadiso. dwt】(有一定制图经验后，读者应自制符合自己习惯和要求的制图样板，以便于高效率高质量地绘图)，然后单击【打开】按钮，则返回图形区域，设置保存路径，将新文件命名为【电动机配电系统图. dwg】并保存。

2. 插入图块：单击【插入】菜单中的【块】按钮，在当前制图区域依次插入已经绘制完成的【热继电器】、【电动机】、【接触器】和【熔断器】图块，绘制效果如图 4.42 所示。

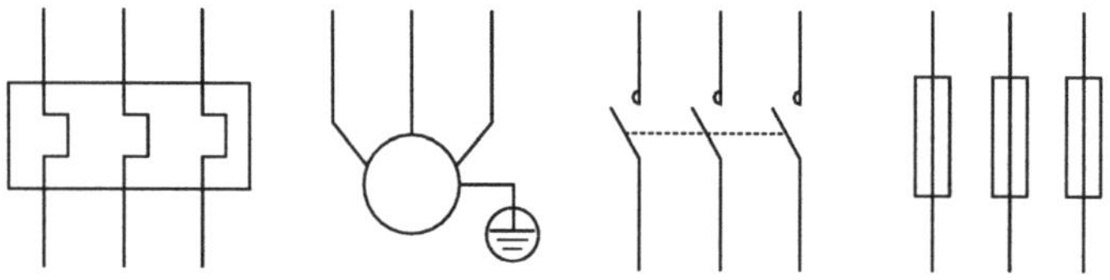

图 4.42 插入图块

3. 调整图块位置：调整图块目标位置，对应元件的接线端，并用引线相连接。具体操作为，单击【修改】工具栏中的【移动】按钮将【热继电器】图块移动到【电动机】图块的正上方，使二者对齐，然后用引线将二者对应接线端相连接；再将【接触器主触点】图块移动到【热继电器】图块的正上方，使二者对齐，然后用引线将二者对应接线端相连接；最后，再将【熔断器】图块移动到【接触器主触点】图块的正上方，使二者对齐，然后用引线将二者对应接线端相连接，绘制效果如图 4.43(a)、(b)所示。

4. 绘制接线端子：单击【绘图】工具栏中的【直线】按钮，以【熔断器】图块上端的三条引线的上部端点为起点，绘制三条等长的直线，使熔断器上端原有的三条引线加长，然后单击【绘图】工具栏中的【圆】按钮，以【熔断器】图块上端新绘制的三条引线上部的端点为圆心，分别绘制出 3 个表示接线端子的小圆，绘制效果如图 4.43(b)所示。

5. 修剪图形：单击【修改】工具栏中的【修剪】按钮，以上一步完成的接线端子小圆的圆周为修剪边界，修剪掉它们里面多余的直线段，绘制效果如图 4.43(c)所示。

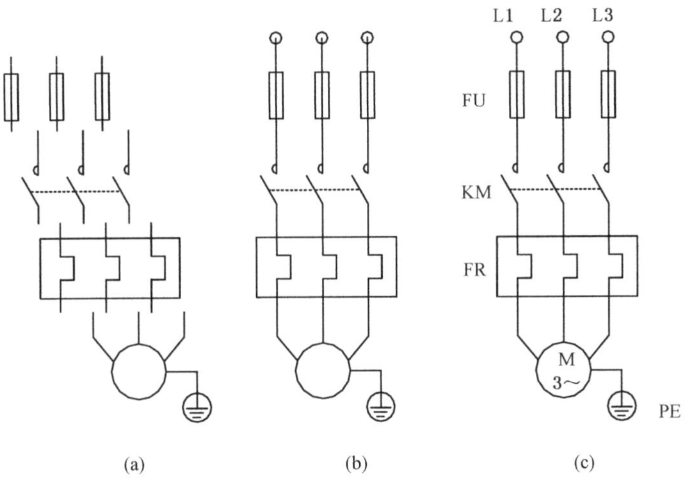

图 4.43 调整图块位置及绘制接线端子

6. 添加和移动注释：单击【文字】工具栏中的【单行文字】按钮，输入各个元件的文字注释，然后使用【修改】工具栏中的【移动】工具，调整各个注释的位置，使注释整体更加美观，这样就完成了"电动机配电系统图"的绘制，绘制效果如图 4.43(c)所示。

4.6.2 单轴坐标镗床电气工程图的绘制

首先我们来绘制一个电动机点动控制电路的图形，最终效果如图 4.44(b)所示。该电路能够实现用手动按下或松开按钮开关 SB 来控制电动机 M 的起动与停止等控制功能。

制图环境设置从略，电动机点动控制电路图形详细绘制流程如下：

1. 打开上一节绘制的"电动机配电系统图.dwg"图形文件，然后把该文件另存为文件名"电动机点动控制电路图形.dwg"；

2. 插入图块：单击【插入】工具栏中的【块】按钮，在图形绘制区域依次插入已经创建好的【按钮开关】图块和【接触器线圈】图块，绘制效果如图 4.44(a)所示；

3. 调整图块：单击【修改】工具栏中的【移动】按钮将【按钮开关】图块移动到【接触器线圈】图块的正上方，使二者对齐，然后用引线将二者对应接线端相连接；

4. 绘制其余引线：打开制图【正交】模式，然后单击【绘图】工具栏中的【直线】按钮，将【按钮开关】图块的上部端点与 L1 引线用水平引线相连，以【接触器线圈】的下部端点为起点，向左绘制一条长度适当的水平引线；

5. 绘制导线交联标记：单击【绘图】工具栏中的【圆】按钮，在【按钮开关】图块上部水平引线与 L1 引线的交点处，绘制一个大小适当的小圆，然后单击【绘图】工具栏中的【图案填充】按钮，在弹出的【图案填充与渐变色】对话框中，选择【图案(P)】下拉列表中的【SOLID】(纯黑色)为填充样例，将导线交联标记的小圆内部填充为黑色；

6. 绘制输出端子：单击【绘图】工具栏中的【圆】按钮，以【接触器线圈】图块下部水平引线左端点为圆心绘制一个大小适当的小圆；

7. 修剪图形：单击【修改】工具栏中的【修剪】按钮，以上一步完成的小圆圆周为修剪边界，修剪掉它里面多余的引线线段；

8. 添加和移动注释：单击【文字】工具栏中的【单行文字】按钮，输入各个元件的注释，然后使用【修改】工具栏中的【移动】按钮，调整各个注释的位置，使注释的整体更加美观，绘制效果如图 4.44(b)所示。

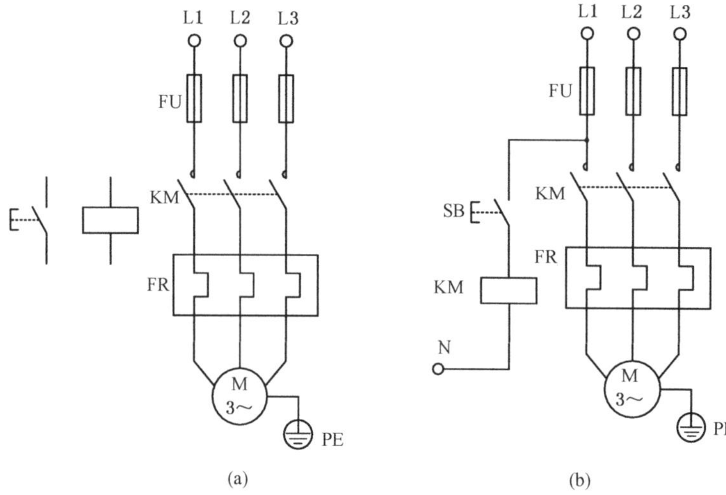

图 4.44　电动机点动控制电路图形

按照上述步骤进行绘图操作，可以完成“电动机点动控制电路图形. dwg”的绘制。在本图样绘制的基础上，重复上述步骤，依次绘制出其他的电气控制回路，这样就可以一步一步顺利绘制完成一张完整的电气控制原理图。在此，举例单轴坐标镗床电气控制原理图，如图 4.45 所示。

4.7　案例式教学习题

1. 请同学们分组讨论：通过本章的学习，你们了解哪些常用的计算机辅助设计电气工程制图软件，它们各有什么特点，如何获取、安装与使用。

2. 请同学们从专业网站上获取并安装 AutoCAD(2014 版本)的计算机辅助设计电气工程制图专业软件，然后按照本章所介绍的软件操作知识，依据相关的电气制图国家标准，为我校机电工程学院重新设计一套标准图框，并将同学们的学习过程与设计过程用录屏软件摄录下来，加入同学们自己专业讲解的配音，然后分享给其他同学。

3. 请同学们查找专业资料，选取优秀的《电气工程制图案例图集》用 AutoCAD 进行制图，并以竞赛的形式比拼一下，看谁电气工程图纸绘制的速度又快、质量又好。

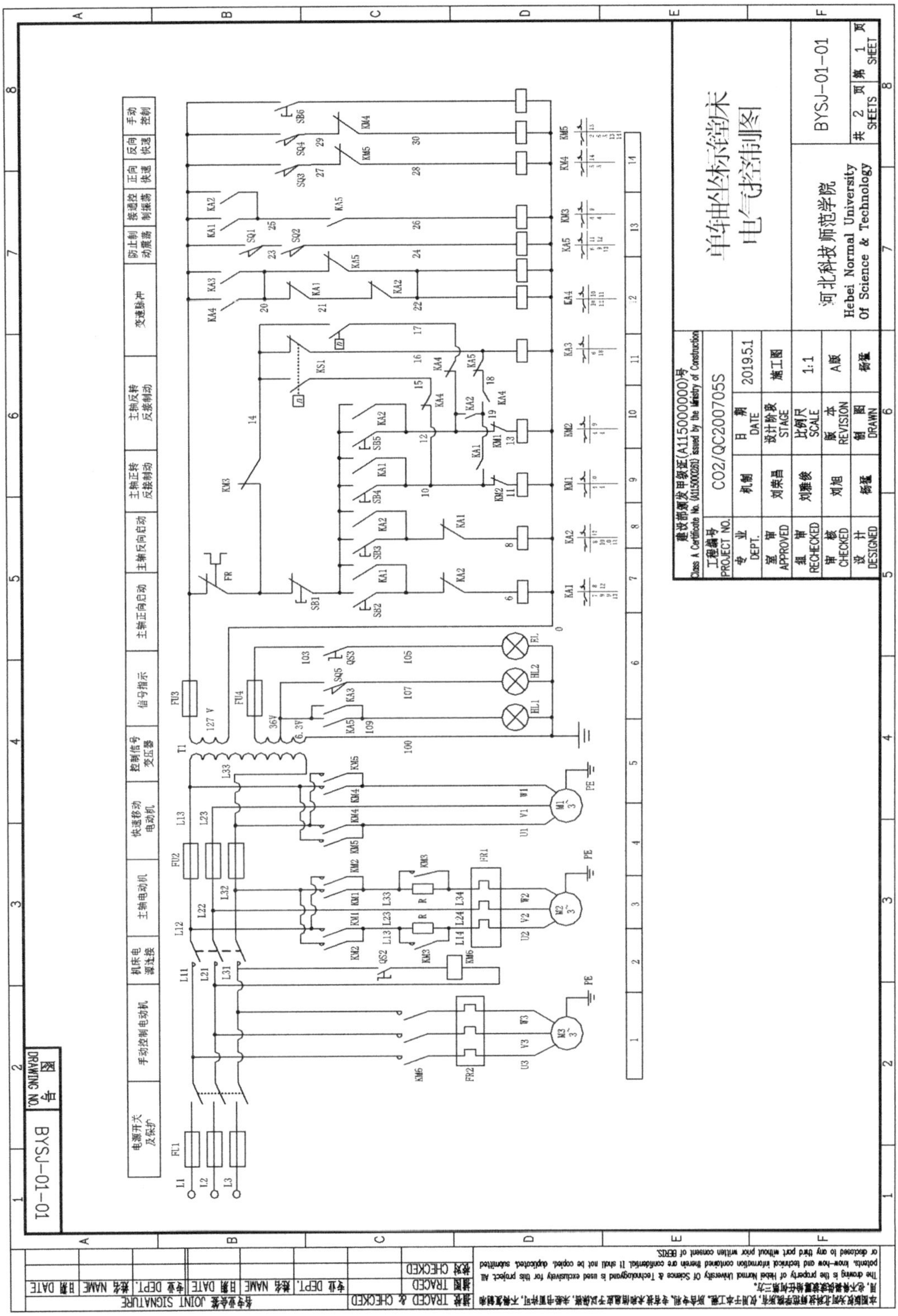

图 4.45　单轴坐标镗床电气控制原理图

4.8 阅读文献列表

[1] CAXA 技术联盟，王辉，李诗洋. AutoCAD 2014 电气设计从入门到精通[M]. 北京：电子工业出版社，2013.

[2] 钟日铭. AutoCAD 2014 电气设计从入门到精通[M]. 北京：机械工业出版社，2014.

[3] 张建军，林勇，王祎才. 中文版 AutoCAD 2014 电气设计从入门到精通(实战案例版)[M]. 北京：机械工业出版社，2014.

[4] CAD/CAM/CAE 技术联盟. AutoCAD 2014 中文版电气设计从入门到精通[M]. 北京：清华大学出版社，2014.

[5] 张友龙. AutoCAD 2014 中文版大全[M]. 北京：中国铁道出版社，2014.

[6] 史丰荣. AutoCAD 2018 中文版电气设计完全自学一本通[M]. 北京：电子工业出版社，2018.

[7] 何利民. 电气工程制图与读图[M]. 3 版. 北京：机械工业出版社，2011.

[8] 李军. 电气工程制图与 CAD [M]. 北京：高等教育出版社，2017.

[9] 艾克木・尼牙孜，徐春霞. 电气工程制图与 3D 箱柜布线设计实践(21 世纪高等学校规划教材)[M]. 北京：中国电力出版社，2015.

[10] 机械工业出版社. 建筑电气工程制图标准 GB/T 50786—2012[M]. 北京：机械工业出版社，2012.

[11] 钟睦. 轻松学电气工程制图[M]. 北京：中国电力出版社，2017.

[12] 艾克木・尼牙孜. 电气工程制图技能训练[M]. 北京：电子工业出版社，2010.

4.9 技术关键词表

序号	中文书写	英文书写	页码
1	计算机辅助设计	Computer aided design	87
2	电气工程制图	Electrotechnical drawing	87
3	软件安装	Software installation	88
4	图形符号	Graphic symbol	91
5	制图规则	Drawing rules	93
6	图纸格式	Format of drawings	94
7	图纸幅面	Drawing format	94
8	图纸标题栏	Title bar of drawings	94
9	图纸线型	Linetype	96
10	图纸字体	Drawing font	96
11	图纸比例	Scale	96
12	图纸方位	Direction of drawings	96

续表

序号	中文书写	英文书写	页码
13	安装标高	Installation elevation	96
14	定位轴线	Location axis	97
15	设置	Settings	97
16	保存	Save	100
17	打印	Print	101
18	发布	Release	101
19	图层	Layer	105
20	线型加载	Loading of linetype	105
21	构造线	Tectonic line	107
22	图块	Block diagram	110
23	编辑	Edit	111
24	图形删除	Graphic deletion	111
25	图形移动	Graphic mobility	111
26	图形旋转	Graphic rotation	112
27	图形复制	Graphic copy	112
28	图形镜像	Graphic mirror	113
29	图形缩放	Graphic scaling	113
30	图形拉伸	Graphic stretching	113
31	图形修剪	Graphic pruning	114
32	尺寸标注	Dimension marking	114
33	文字注释	Textual notes	116

4.10 本章小结

本章介绍了常用的计算机辅助设计电气工程制图软件，着重讲解了 AutoCAD(以 2014 版本为实例)的安装、使用以及在电气工程制图中的应用，通过本章的学习以及对本章案例式教学习题的实践，让同学们基本掌握 AutoCAD 电气工程制图的技能，为今后进行毕业设计和参加工作奠定坚实的基础。

第 5 章　三相异步交流电动机基本知识及其项目实践

5.1　学习目标

1. 了解电动机的工作原理；
2. 了解三相异步交流电动机的典型结构和基本参数；
3. 掌握三相异步交流电动机的拆装步骤与注意事项；
4. 完成小型实验用三相异步交流电动机和直流电动机的拆装项目实践。

5.2　电动机基本知识

我院电气控制技术实验室，现有一批实验用小型三相异步交流电动机、串励直流电动机和并励直流电动机，可以为同学们提供电动机拆装实践，以便于直观地掌握电动机工作原理和电动机结构组成等知识。本章主要以应用最广泛的三相异步交流电动机为实例，来进行说明。

5.2.1　电动机的工作原理

1824 年，法国人阿雷葛(Dominique Francois Jean Arago，1786—1853)，做了一个利用电磁感应作用的阿雷葛实验，后来被人们称为阿雷葛圆盘实验，如图 5.1 所示。在这个实验中，磁铁沿着金属圆盘的外圈转动，由电磁感应定律可知，在磁铁移动方向上圆盘中将产生感应涡电流。根据弗莱明左手定则可知，感应涡电流在磁场中引起圆盘受力，该力的作用方向，让圆盘也向着磁铁移动的方向转动。阿雷葛实验中所使用的金属圆盘是铜材或者铝材等没有铁磁性的导体。

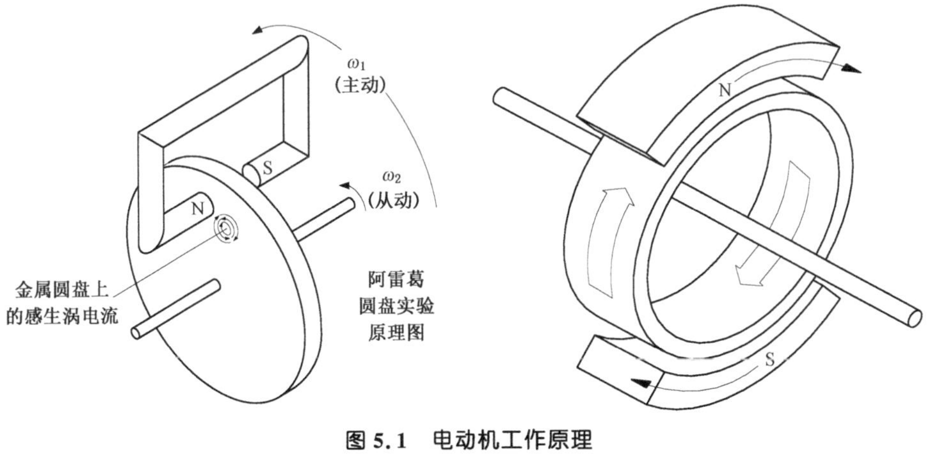

图 5.1　电动机工作原理

如果把圆盘做成圆桶形或者笼形，如图 5.1 右图所示，转动磁铁也可以得到同样的结果，这就是电动机能转动的基本工作原理，也就是说必须要有能转动的磁铁，更确切地说是要形成旋转的磁场。在实际的交流电动机中，这一旋转磁场是通过三相交流电对电动机的定子励磁而产生的。

5.2.2　电动机的基本结构

在各种各样的电动机当中，三相异步交流电动机的笼形结构具有典型性。下面将电动机拆开来分析，其结构如图 5.2 所示。图片中展示了全封闭外扇式三相异步交流电动机(在本书中不引起歧义时，也简称为电动机)的结构，它是由定子、转子、转子支撑部件、散热风扇、端盖、接线盒、吊环螺钉和电动机铭牌等零部件组成的。

图 5.2　三相异步交流电动机的结构

5.2.3　电动机的基本参数

电动机的基本参数都标定在电动机的铭牌之上。在此做一个形象的比喻：电动机的铭牌，就如同这台电动机的身份证一样，记载了这台电动机的基本参数。瑞士 ABB 公司的电动机与铭牌实例，如图 5.3 所示。

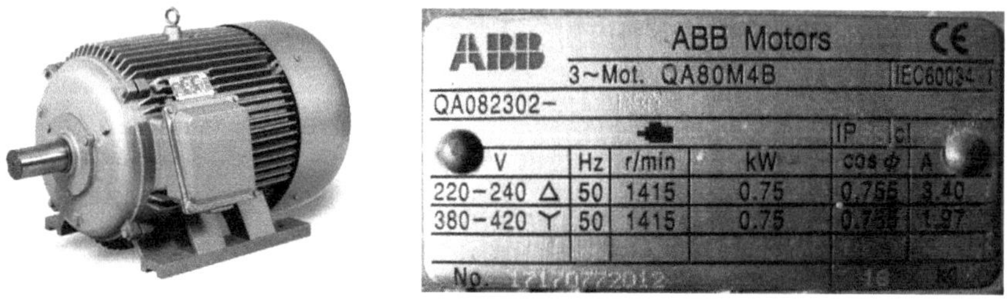

图 5.3　瑞士 ABB 公司电动机与铭牌实例

为便于理解，下面以一台国产电动机的铭牌参数为实例，简要论述一下电动机的各项铭牌参数，如图 5.4 所示。

1. 参数(型号：Y122M-4)：这个参数是电动机的型号，在此 Y 表示为国产 Y 系列鼠笼式三相异步交流电动机，如果型号是 YR，则表示为绕线式异步电动机；“112”表示电动机的中心高为 112 mm，它是指从电动机旋转轴线到底座支撑平面之间的距离；“M”是机座长度代号，它表示的是支撑电动机的底座长度，本例中表示“中等机座长度”，如果代号为“L”或者为“S”则分别表示“长机座”和“短机座；“4”表示本示例中电动机的定子励磁绕组有 4 个磁极。

2. 参数(4.0 kW)：这个参数是电动机的功率，铭牌中的功率是指电动机的额定输出机械功率。功率参数对电动机所驱动的机械负载来说特别重要，在设计机器时对这一参数要进行详细的计算和分析,其中包括机械转动部件的速比、转速、转动惯量、受力和工况,然后才可以确定电动机的功率。

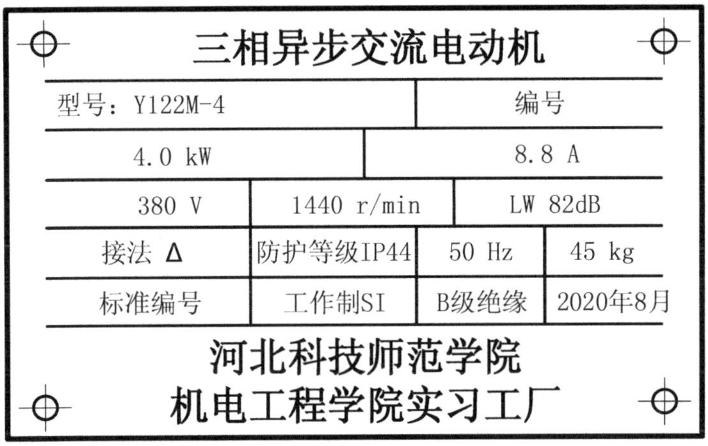

图 5.4 电动机的铭牌(参考)

3. 参数(8.8 A):这个参数是电动机定子绕组中的额定电流。一般情况下每个电动机都会配备有一套电气控制系统。该电气控制系统通常设计为电气控制箱或电气控制柜,其中绝大多数保护类电气控制元件的选型,都需要按照电动机的额定电流来选择,并具有严格的选型依据和计算过程。也就是说电气控制元件的额定电流必须与电动机的额定电流相互匹配,过大、过小都不行。

4. 参数(380 V):这个参数是电动机的额定电压,发电厂将电能发出来之后,为了降低电能损耗,利用变压器将电压升为高压,通过三根火线一根零线来进行传输,称之为传输电网的三相四线制。而到了用电侧,需要用降压变压器将电压变为电动机所需要的额定电压。在低压用电侧,火线与火线之间的电压被称为线电压,一般是 380 V,而火线和零线之间的电压被称为相电压,一般是 220 V。

5. 参数(1440 r/min):这个参数表示电动机的额定转速,由于 4 级电动机的旋转磁场同步转速是 1500 r/min,电动机的实际转速必须略低于它才能形成感应电流,产生旋转作用。例如,本台电动机额定实际转速就是 1440 r/min。

6. 参数(LW82dB):这个参数是电动机的总噪声等级,用分贝来作为单位;对于电动机来说,正常运行时的噪声越低,性能越优良;很多时候电动机噪声的变化情况,也可以作为电动机故障的有效判断依据。

7. 参数(接法 Δ):这个参数表示电动机定子三相绕组与供电网之间,是采用三角形接线法(此时标注:Δ),还是星形接线法(此时标注:Y)。当我们将电动机三相绕组的尾端(U2、V2、W2)相互短接,然后再与供电网的零线(N)相接,将三相绕组的首端(U1、V1、W1)与供电网的三根火线(L1、L2、L3)分别对接,这就是星形接线方式,电动机每相绕组都将承受 220 V 电压。当我们将电动机三相绕组的首端和尾端,依次连接组成一个三角形,然后再将三角形的三个顶点引出线(W1U2、U1V2、W2V1)与供电网的三根火线(L1、L2、L3)分别对接,这就是三角形接线方式,电动机每相绕组都将承受 380 V 电压。电动机接线盒中具体接线方式,如图 5.5 所示。

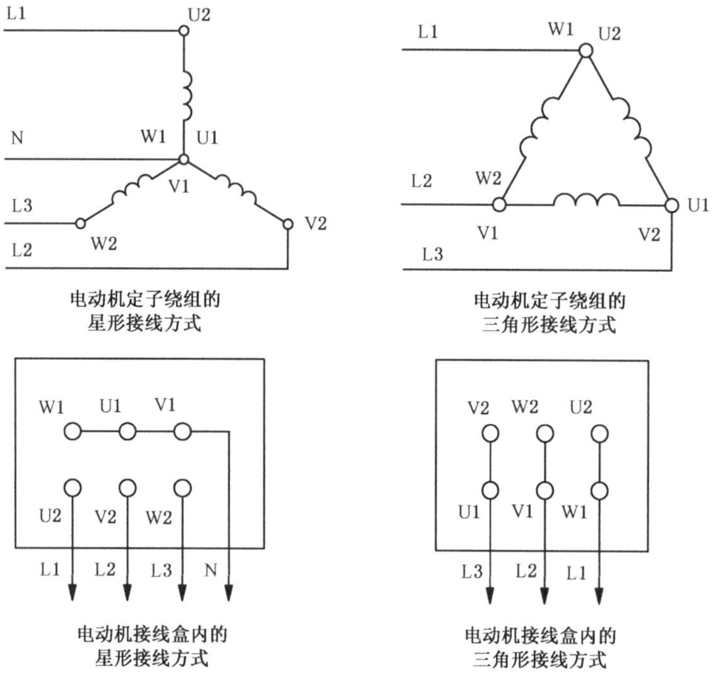

图 5.5　电动机定子绕组的接线方式

8. 参数(防护等级 IP44):这个参数是电动机的防护等级代号;其中 IP 是“国际防护”的英文缩写(英文全称为:International Protection),后面第 1 位数字是防尘等级;第 2 位数字是防水等级。

在此先列出防尘等级表,如表 5.1 所示。从表中可以看出,数字越大防护性能越好;举例来说,井下煤矿中应用的电动机,就应该选择最高的防尘等级(IP 防尘代号为 6)。

表 5.1　电动机的国际防护代号(防尘等级表)

数字	防护范围	说明
0	无防护	对外界的人或物无特殊的防护
1	防止直径大于 50 mm 的固体外物侵入	防止人体(如手掌)因意外而接触到电器内部的零件,防止较大尺寸(直径大于 50 mm)的外物侵入
2	防止直径大于 12.5 mm 的固体外物侵入	防止人的手指接触到电器内部的零件,防止中等尺寸(直径大于 12.5 mm)的外物侵入
3	防止直径大于 2.5 mm 的固体外物侵入	防止直径或厚度大于 2.5 mm 的工具、电线及类似的小型外物侵入而接触到电器内部的零件
4	防止直径大于 1 mm 的微型外物入侵	完全防止外物侵入,虽不能完全防止灰尘侵入,但灰尘的侵入量不会影响电器的正常运作
5	防止灰尘侵入	完全防止外物及灰尘侵入

在此进一步列出防水等级表,如表 5.2 所示。从表中可以看到,数字越大防护性能越好;举例来说,长期工作在水下的排水潜污泵驱动电动机,就应该选择最高的防水等级(IP 防水代号为 8)。

表 5.2　电动机的国际防护代号(防水等级表)

数字	防护范围	说明
0	无防护	对水或湿气无特殊的防护
1	防止水滴侵入	垂直落下的水滴(如凝结水)不会对电器造成损坏
2	倾斜 15 度时,仍可防止水滴侵入	当电动机轴线与水滴运动方向由垂直转至倾斜至 15 度时,水滴也不会对电动机造成损坏
3	防止喷洒的水侵入	防雨或防止与电动机轴线方向的夹角小于 60 度的方向所喷洒的水侵入电动机而造成损坏
4	防止飞溅的水侵入	防止各个方向飞溅而来的水侵入电器而造成损坏
5	防止喷射的水侵入	防止来自各个方向由喷嘴射出的水侵入电器而造成损坏
6	防止大浪侵入	装设于船舶甲板上的电动机,可以防止因大浪涌上甲板侵袭而造成的损坏
7	防止浸水时水的侵入	电动机浸在水中一定时间或水压在一定的标准以下,可确保不因浸水而造成损坏
8	防止沉没时水的侵入	电动机无限期沉没在指定的水压下,可确保不因浸水而造成损坏

9. 参数(50 Hz):这个参数是电动机正常运转所需交流电源的频率,也就是电动机的工作频率,简称工频。需要注意:我们国家交流电的工频是 50 Hz,而美国交流电的工频是 60 Hz,日本交流电既有 50 Hz 又有 60 Hz,再加上不同国家之间电压等级不同,一般情况下这些工频与电压不同的电动机是不可以直接互换使用的。

10. 参数(4.5 kg):这个参数是电动机的出厂重量。一般来说电动机功率越大,重量也就越大。大型特种电动机,有时还需要将其拆卸,经过船舶和铁路运输,然后在使用现场组装。

11. 参数(工作制 S1):这个参数是指电动机的运行方式。有的电动机是每天 24 小时,且长期连续工作的,代号为 S1;还有一类电动机,每天仅工作很短的一段时间,代号为 S2;另有一类电动机是工作时间和停机时间交替的,代号为 S3。这三类电动机的结构也设计得不同,打个比喻,就好像有的运动员身体素质适合于进行长跑项目,而有的运动员则更加适合短跑项目。

12. 参数(参数 2020 年 8 月):这个参数是电动机的出厂日期。该参数关系到电动机的质保期等重要服务事项,是采购电动机时要重点关注的。

13. 参数(河北科技师范学院机电工程学院实习工厂):最后这个参数是电动机制造商。同学们需要格外注意电动机的制造厂家,除了一定要选择国内外优质厂家的产品之外,还要考虑制造厂家距离使用方的地理位置远近,以便节省运费和得到更加及时的维修等服务。

5.3　电动机的拆装

5.3.1　电动机的拆装步骤

电动机拆卸时,应按照如下步骤进行:

(1) 切断电动机的电源,卸下传动皮带;

(2) 拆去电动机接线盒内的电源接线和接地线;

(3) 卸下电动机底脚连接螺栓、弹簧垫圈和平垫片;

(4) 卸下电动机皮带轮或联轴器;

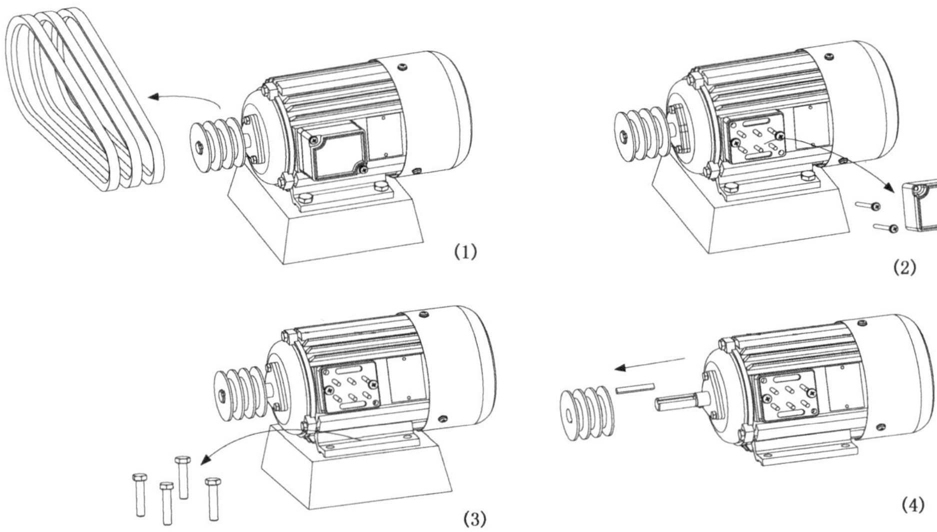

图 5.6　电动机的拆卸步骤(1)～(4)

(5) 卸下电动机的前轴承外盖;

(6) 卸下电动机前端盖;当前端盖与定子机座配合较紧时,可用大小适宜的扁凿,插在端盖突出的耳朵处,按端盖对角线依次向外撬,直至卸下前端盖。

(7) 卸下电动机的风扇罩;

(8) 卸下电动机的风扇叶;

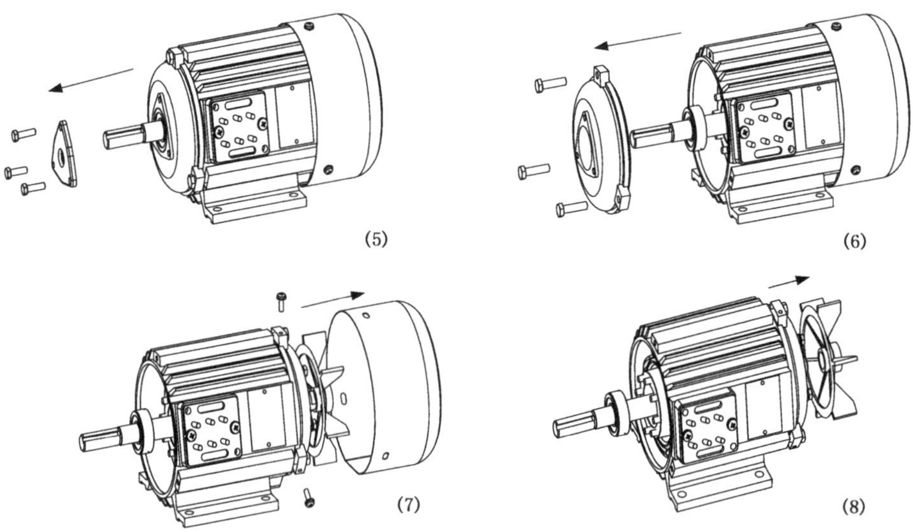

图 5.7　电动机的拆卸步骤(5)～(8)

(9) 卸下电动机的后轴承外盖；

(10) 卸下电动机的后端盖；

(11) 卸下电动机转子；在抽出转子之前，应在转子下面和定子绕组端部之间垫上厚纸板，以免抽出转子时碰伤铁心和绕组；

(12) 最后用拉马拆卸电动机的转子与前后轴承。

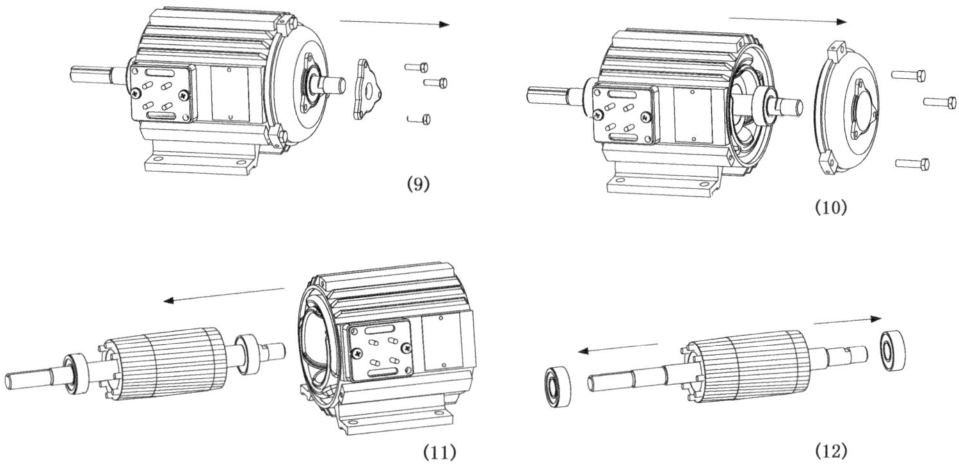

图 5.8 电动机的拆卸步骤(9)～(12)

电动机安装步骤，与拆卸步骤相反，为节省篇幅在此不再详细论述。

5.3.2 电动机拆装的注意事项

拆卸轴承外盖的方法比较简单，只要旋下固定轴承盖的螺丝，就可把外盖取下，如图 5.7 中(5)、图 5.8 中(9)所示。但要注意，前后两个外盖拆下后要标上记号，以免将来安装时前后装错。

拆卸端盖前，应在机壳与端盖接缝处做好标记。然后旋下固定端盖的螺丝。通常端盖上都有两个拆卸螺孔，用从端盖上拆下的螺丝旋进拆卸螺孔，就能将端盖逐步顶出来。

若没有拆卸螺孔，可用大小适宜的扁凿，插在端盖突出的耳朵处，按端盖对角线依次向外撬，直至卸下端盖。需要注意，前后两个端盖拆下后要标上记号，以免将来安装时前后调换装错。

电动机的风扇罩和风扇叶拆卸时，应选择适当的螺钉旋具，旋出风扇罩与机壳的固定螺丝，即可取下风扇罩。

将转轴尾部风扇叶上的定位螺丝或销子拧下，用小锤在风扇叶四周轻轻地均匀敲打，风扇叶就可取下，如图 5.7 中(8)所示。若是小型电动机，则风扇叶通常不必拆下，可随转子一起抽出。

拆卸中型电动机的转子时，要一人抬住转轴的一端，另一人抬住转轴的另一端，渐渐地把转子往外移，如图 5.9 所示。

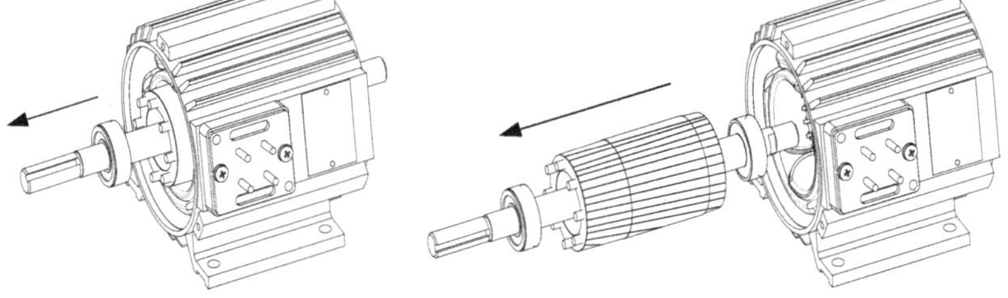

图 5.9 电动机转子的拆卸

拆卸大型电动机的转子时，要用起重设备分段吊出转子，如图 5.10 所示。具体方法如下：

(1) 用钢丝绳吊装转子时，在钢丝绳与转子轴颈之间需要衬一层纸板、塞入棉纱，或其他能够隔离摩擦损害的物品，防止钢丝绳擦伤转子轴；

(2) 用起重设备起吊转子时，钢丝绳套住转子两端的轴颈，当转子的重心移出定子时，在定子与转子的间隙中及时塞入纸板垫衬，并在转子移出的轴端垫支架或木块支撑住转子，这样才可以安全顺利地把转子全部吊出。

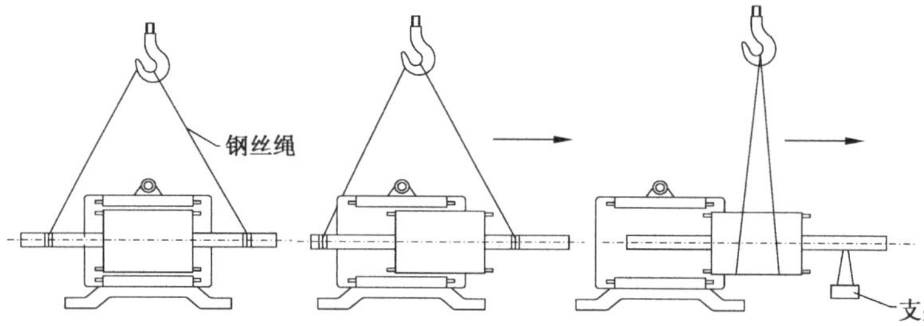

图 5.10 用钢丝绳对转子进行吊装

5.3.3 电动机的重要部件拆装说明

5.3.3.1 电动机的端盖安装说明

(1) 铲去机壳止口上的脏物，铲去端盖止口上的脏物，然后再将端盖对准机壳上的螺丝孔把端盖套上；

(2) 插上一对端盖螺丝，按对角线的方向与顺序交替把螺丝旋紧；

(3) 插上另一对端盖螺丝，用同样方法一定要把螺丝旋紧，切不可有松有紧，以免损伤端盖。

端盖安装注意事项：在固定端盖螺丝时，不可一次性将一边端盖螺丝直接拧紧，应将另一边端盖螺丝装上后，两边交替紧固，等全部螺丝都带上之后，按顺序逐一拧紧。在拧紧螺丝的过程中，要随时转动转子轴，看其是否能灵活转动，以免因安装时产生变形，造成装配后电动机旋转困难。电动机前端盖的安装如图 5.11 所示。

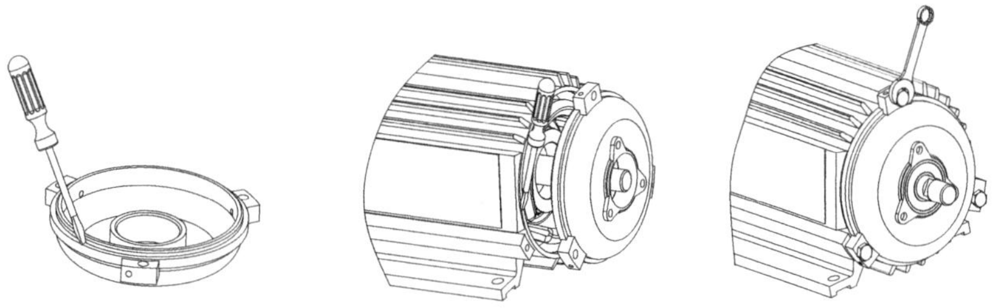

(1)　　(2)　　(3)

图 5.11　电动机前端盖的安装步骤(1)～(3)

(4) 电动机轴承外盖安装时,先将轴承外盖套装在转子轴上;

(5) 插上一颗轴承外盖螺丝,一只手顶住螺丝,另一只手转动转轴,使轴承外盖也跟着转动,当旋转到轴承外盖的螺丝孔与电动机端盖的螺丝孔对正时,再把螺丝旋入轴承外盖和电动机端盖的螺丝孔里,并用扳手旋紧;

(6) 把其余外盖螺丝也装上,并按对角线方位交替紧固,直到旋紧。

电动机前轴承外盖的安装,如图 5.12 所示。

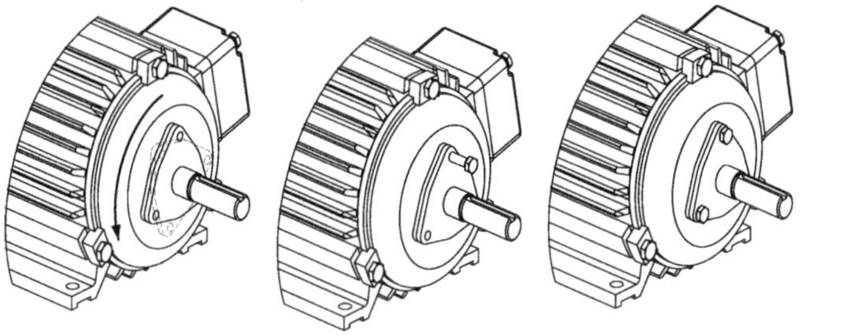

(4)　　(5)　　(6)

图 5.12　电动机前轴承外盖的安装步骤(4)～(6)

5.3.3.2　电动机的转子安装说明

转子的安装是转子拆卸的逆过程。安装时注意,要对准定子中心把转子小心地往里送,不能碰伤定子绕组。电动机转子的安装,如图 5.13 所示。

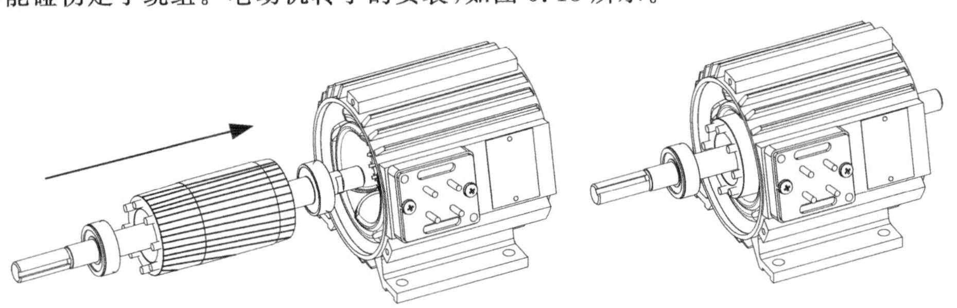

图 5.13　电动机转子的安装

5.3.3.3　电动机轴承拆装说明

1. 拆卸轴承的几种方法说明

(1) 用拉马手动拆卸:应根据轴承的大小,选择适宜的拉马。拉马的扣爪应紧扣在轴承的内圈上,夹住轴承。拉马的丝杆顶点要对准转子轴的中心,手动扳转该丝杆,用力要慢要均，如图 5.14 所示。

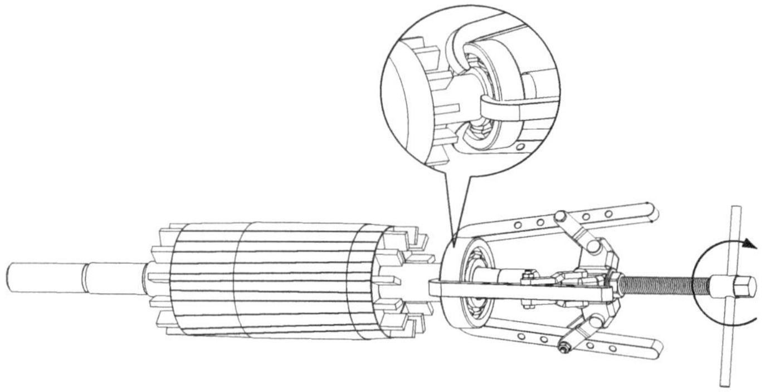

图 5.14　用拉马手动拆卸的轴承

（2）用铜棒手动拆卸：轴承的内圈垫上铜棒，用手锤敲打铜棒，把轴承敲出。敲打时，要在轴承内圈四周的相对两侧轮流均匀敲打，不可偏敲一边，更不要用力过猛，如图 5.15 所示。

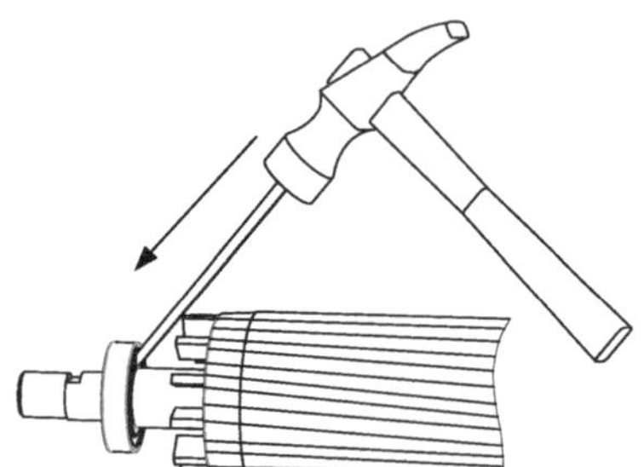

图 5.15　铜棒拆卸轴承

（3）搁在架体上拆卸：在轴承的内圈下面用两片架体钢垫板夹住转子轴，在架体下可以放上圆桶，桶内放入一些棉纱或垫木，以防止轴承脱下时摔坏电动机转子。在电动机转子轴的上端面放上垫铁块，用手锤敲打垫铁块，着力点对准转子轴的中心。当敲击到轴承逐渐松动时，用力要减弱，防止轴承突然松动引起转子坠落，如图 5.16 左图所示。

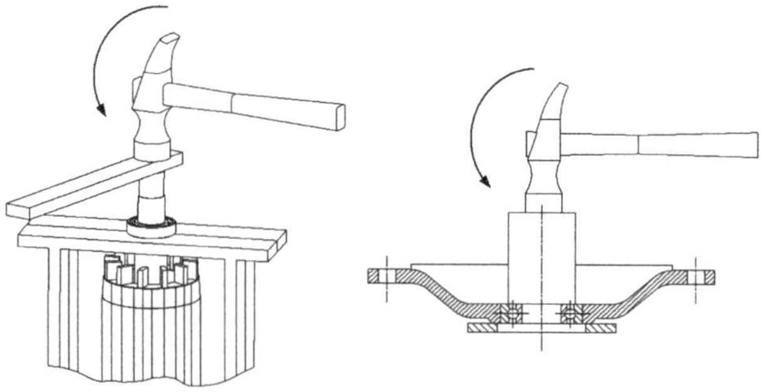

图 5.16　用垫铁拆卸轴承

（4）轴承在端盖内的拆卸：在拆卸电动机时，若遇到轴承滞留在端盖的轴承孔内时，如图 5.16 右图所示，把端盖止口安装面朝上，平稳地搁在垫铁块上，并在轴承上方垫上一段直径略小于轴承外径的金属棒，用手锤沿轴承外圈敲打金属棒，就可以将轴承从端盖内敲出。

（5）加热拆卸：因轴承装配过紧或轴承氧化不易拆卸时，可用 100 ℃左右的机油淋浇在轴承内圈上，趁轴承内圈热胀时用上述（1）～（4）中的方法来进行拆卸。

2. 轴承安装前的准备工作

(1) 将轴承和轴承盖用煤油清洗干净后，检查轴承内外圈有无裂纹，钢珠滚道内有无锈迹等。

(2) 用手旋转轴承内外圈，观察其转动是否灵活、均匀。仔细检查轴承使用情况，并决定轴承是否需要更换。

(3) 如不需要更换，应再将轴承用汽油清洗干净，并用清洁的布擦干待装。更换新轴承时，应先将其放在 70～80 ℃的变压器油中，加热 5 分钟左右，待其全部的防锈油溶去后，再用汽油清洗干净，最后用洁净的抹布擦干，等待安装。

3. 安装轴承的几种方法说明

(1) 敲打法：把轴承套到电动机转子轴上，对准轴颈，用一段内径略大于转子轴颈，并且外径略大于轴承内圈的外径的钢管来辅助安装。钢管的一端顶在轴承的内圈上，用手锤敲打钢管的另一端，把轴承沿着电动机转子的轴向敲进去，安装时为了均衡敲击力，也可以加入垫块，如图 5.17 左图所示。如果没有尺寸合适的钢管，也可用铁条顶住轴承的内圈，沿着电动机转子轴线对称地、轻轻地敲击，轴承也能顺利地套入转子轴，如图 5.17 右图所示。

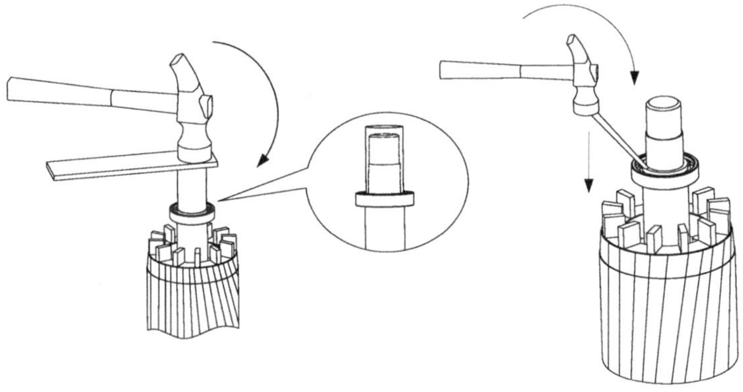

图 5.17　敲打法安装轴承

(2) 热装法：如轴承与转子轴的配合度较紧，为了避免把轴承内环胀裂或损伤转子轴上的配合面，可采用热装法。首先将轴承放在油锅(或油槽)里加热，油的温度保持在 100 ℃左右，轴承必须浸没在油中，但不能和锅底接触，可用铁丝将轴承吊起架空，如图 5.18 所示。加热要均匀，连续加热 30～40 分钟后，把轴承取出，趁热迅速地将轴承在转子轴上一直推到轴颈安装位置。

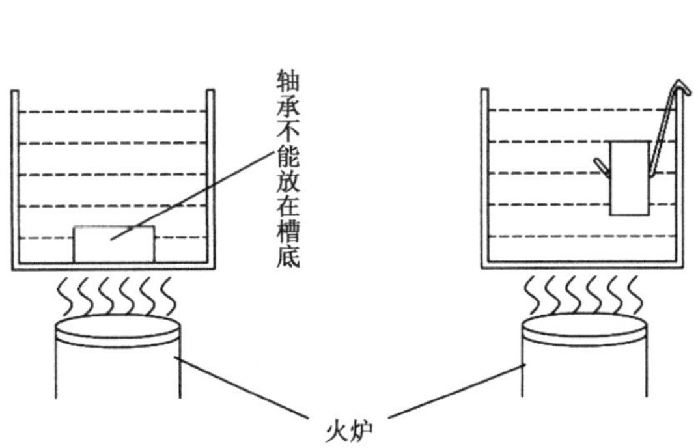

图 5.18　轴承的热装法(油浴)

小轴承在条件所限情况下安装，也可将轴承放在通电的100 W白炽灯泡上，连续烤热1小时后即可套在转子轴上，如图5.19所示。

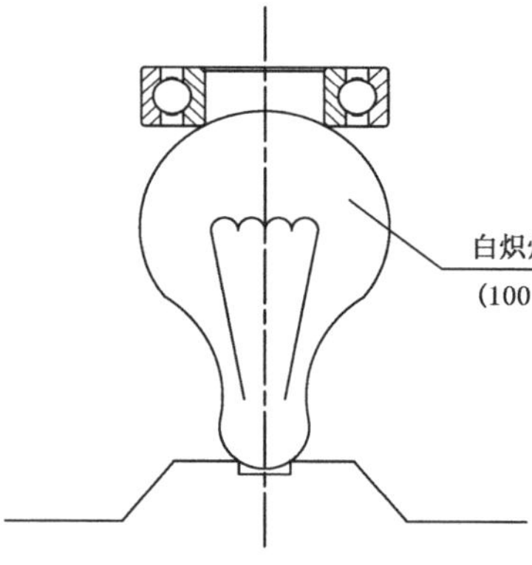

图5.19 轴承的热装法(用白炽灯烤热)

5.3.3.4 电动机外部皮带轮(或联轴器)的拆装说明

1. 皮带轮(或联轴器)的拆卸步骤

(1) 用记号笔标示皮带轮(或联轴器)的正反面，以免安装时装反；

(2) 用尺子量一下皮带轮(或联轴器)在转子轴上的安装位置，记录皮带轮(或联轴器)与前端盖之间的距离；

(3) 旋下皮带轮(或联轴器)端面上的压紧定位螺丝，取下定位销子；

(4) 在压紧定位螺丝孔内注入煤油进行润滑；

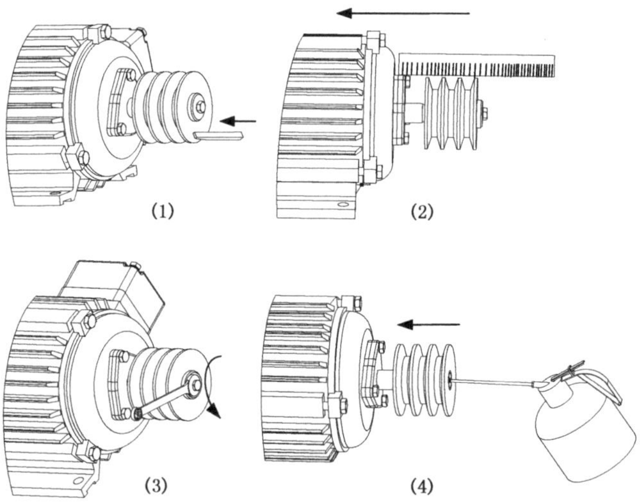

图5.20 皮带轮(或联轴器)拆卸步骤(1)～(4)

(5) 装上拉马，拉马扣手要安装到位，并扣紧皮带轮(或联轴器)；拉马有两扣手和三扣手等结构形式，使用时各扣手之间的距离要调整好；

(6) 拉马的丝杆顶端要对准电动机轴的中心，用手转动丝杆，使皮带轮(或联轴器)慢慢地脱离转轴。

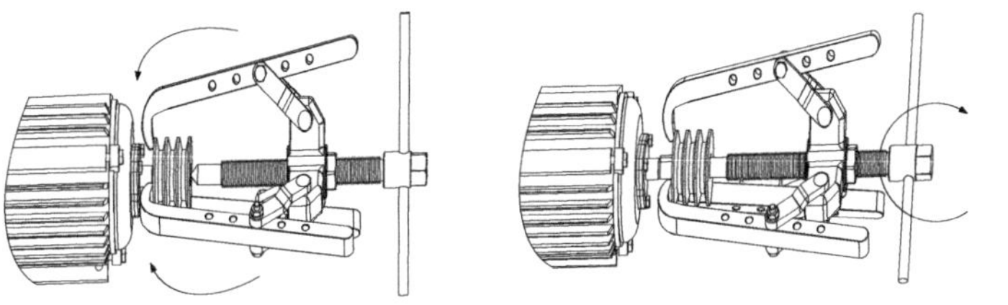

(5) (6)

图 5.21　皮带轮(或联轴器)拆卸步骤(5)～(6)

2. 皮带轮(或联轴器)拆卸应注意的事项

(1) 如果皮带轮(或联轴器)一时拉不下来,切忌硬卸,可先在压紧定位螺丝孔内和轴轮配合表面上注入煤油或松动剂,静置几小时以后再来拆卸。若还是拉不下来,可用喷灯将皮带轮(或联轴器)四周加热,加热的温度不宜太高,要防止其产生变形。

(2) 拆卸过程中,不能用手锤直接敲出皮带轮(或联轴器),以免皮带轮(或联轴器)碎裂、转子轴变形、电机端盖等零部件受损。

3. 皮带轮(或联轴器)的安装步骤

(1) 取一块细砂纸,卷绕在圆锉或圆木棍上,插入皮带轮(或联轴器)的内孔之中,将该轴孔进行擦拭、打磨光滑;

(2) 再取一块细砂纸,把电动机转子轴的表面也打磨光滑;

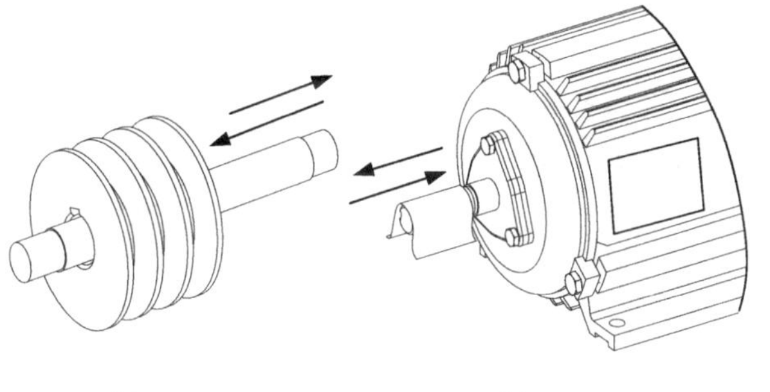

(1) (2)

图 5.22　皮带轮(或联轴器)安装步骤(1)～(2)

(3) 把皮带轮(或联轴器)的轴孔对准转子轴上的键槽,套在转子轴上,然后将其轻轻推入;

(4) 调整皮带轮(或联轴器)与转子轴之间的轴向位置;

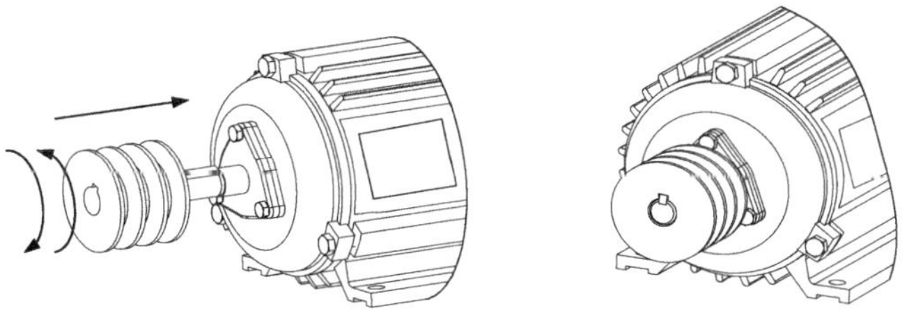

(3) (4)

图 5.23　皮带轮(或联轴器)安装步骤(3)～(4)

(5) 用垫铁块靠在平键的一端，用手锤轻轻敲打垫铁块，使平键慢慢进入转子轴与皮带轮(或联轴器)形成的键槽内，平键在键槽里要松紧适宜，太紧会损伤平键和键槽，太松会使电动机运转时与皮带轮(或联轴器)产生相对晃动，也会损伤平键和键槽；

(6) 最后旋紧皮带轮(或联轴器)的压紧定位螺丝。

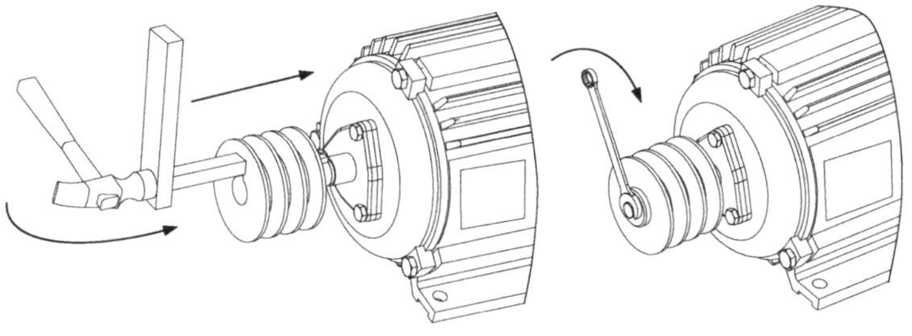
(5)　　(6)

图 5.24　皮带轮 (或联轴器)的安装步骤(5)～(6)

5.4　实验用小型电动机拆装实践

下面，用一组图片(见图 5.25)演示我院电气控制技术实验室内，实验用小型三相异步交流电动机的拆装过程。电动机拆装实践的基本要求：拆卸前电动机可以正常通电运转，经过拆卸与安装后，电动机结构与功能完好。电动机拆装后，需要验证其是否依然可以正常通电，并连续运转。

图 5.25　实验用小型电动机拆装过程

5.5　案例式教学习题

1. 请同学们用我院电气控制技术实验室中的电动机简述一下三相异步交流电动机各项铭牌参数的具体含义。

2. 请同学们利用我院电气控制技术实验室中的实验用小型三相异步交流电动机和电工工具，完成电动机拆卸与安装项目实践。注意拆装前后都要保证电动机结构完好无损，拆装前电动机可以完成正常的通电运行，拆装后依然可以正常运行。

3. 请同学们利用我院电气控制技术实验室中的实验用小型直流电动机和电工工具，完成电动机拆卸与安装项目实践。注意拆装前后都要保证电动机结构完好无损，拆装前电动可以完成正常的通电运行，拆装后依然可以正常运行。请同学们着重比较直流电动机和交流电动机结构的不同之处，并分析这两种电动机维护与维修的难易程度。

5.6 阅读文献列表

[1] 张伯龙. 电动机维修从入门到精通[M]. 北京：化学工业出版社，2018.

[2] 潘品英. 电动机绕组彩图与接线详解 [M]. 北京：化学工业出版社，2018.

[3] 乔长君. 图解电动机修理[M]. 北京：化学工业出版社，2018.

[4] 孙克军. 看图学电动机维修[M]. 北京：化学工业出版社，2012.

[5] 韩雪涛. 图解电动机维修快速入门[M]. 北京：化学工业出版社，2012.

[6] 杜德昌. 电动机的结构与维修[M]. 3 版. 北京：电子工业出版社，2011.

[7] 王京阳. 交流电动机检修工艺及应用实例 [M]. 北京：中国电力出版社，2012.

[8] 赵家礼. 三相交流电动机原理[M]. 北京：机械工业出版社，2008.

[9] 赵家礼. 三相高压交流电动机修理[M]. 北京：机械工业出版社，2010.

[10] 谷腰欣司. 直流电动机实际应用技巧[M]. 王益全，译. 北京：科学出版社，2018.

[11] 赵家礼. 直流电动机修理[M]. 北京：机械工业出版社，2008.

5.7 技术关键词表

序号	中文书写	英文书写	页码
1	电动机工作原理	Working principle of motor	127
2	阿雷葛圆盘实验	Arego disk experiment	127
3	电动机参数	Motor parameters	128
4	电动机型号	Type of motor	128
5	额定功率	Rated power	128
6	额定电流	Rated current	129
7	额定电压	Rated voltage	129
8	额定转速	Rated speed	129
9	噪声等级	Noise level	129
10	接线方式	Connection mode	129
11	防护等级	Protection level	130
12	工作频率	Working frequency	131
13	出厂重量	Exit weight	131
14	电动机工作制	Motor working condition	131
15	出厂日期	Date of manufacture	131

续表

序号	中文书写	英文书写	页码
16	制造商	Manufacturer	131
17	拆卸步骤	Disassembly steps	131
18	安装说明	Installation instructions	134
19	敲打法	Knocking method	137
20	热装法	Hot charging	137

5.8 本章小结

通过本章的学习，让同学们了解电动机的工作原理、结构组成，掌握电动机的铭牌参数、拆装工具与拆装步骤，为日后实际工作中选用、维护电动机奠定基础。

第6章　三相异步交流电动机控制电路及其项目实践

6.1　学习目标

1. 掌握三相异步交流电动机最常见的起动、制动、正反转等控制电路的电气原理；

2. 掌握正确选择和运用电工工具、电气控制元件、电动机、导线与电缆的工作能力，能按照电气原理图，正确、规范地连接控制电路；

3. 掌握电气调试与维修实验台（THWC-3H）的使用方法，掌握三相异步交流电动机控制电路故障的分析方法和排除方法，学会电气控制电路调试相关的测量、调整和安全相关知识。

6.2　电动机基础控制电路及其实现

就像文章中的段落是由句子组成的一样，实际的电动机控制线路也是由很多常用的最基本的电动机基础控制电路组成的，它们能够实现电动机单一而简单的控制功能。在这一节中，通过三个项目实践，来分别理解和熟练掌握三相异步交流电动机的直接起动控制、点动控制和自锁控制，以及它们的实现。这些都是构成实际使用中较为复杂的电动机控制电路的基础。

需要注意：本章中电气原理图，一般分为主电路与控制电路两部分来绘制，主电路绘制在左边（或上边），控制电路绘制在右边（或下边）。在控制电路中，为了便于读图与描述电路工作原理，图中用阿拉伯数字标注了导线编号（简称为“线号”），而在实际的电气工程制图中，一般是不必加入这样表达的导线编号的。

本章中电动机控制电路的元件选择、安装、接线、调试与故障排查等项目，都是在我院的电气控制技术实验室中，用浙江天煌科技实业有限公司生产的电气调试与维修实验台（THWC-3H）完成的，实验台具体的外观与元件配置情况可以参见本书附录部分。

6.2.1　电动机的直接起动控制项目

6.2.1.1　电路原理与应用

如图6.1所示，在三相异步交流电动机的直接起动控制电路中，只有一个控制元件，即空气断路器（通常称为空气开关）QS，熔断器FU为短路保护元件。

其电路工作原理：

手动合闸空气开关QS，将电动机M与三相交流电源（L1、L2、L3）接通，电动机M即开始旋转；手动分断空气开关QS，将电动机M与三相交流电源断开，电动机M即停止旋转。

实际工程项目中，如果仅应用这一电路，则它仅适用于不频繁起动（因为只能手动合闸）的小容量电动机，例如小区域农田灌溉水泵驱动用电动机的控制电路，不能实现远距离控制和自动控制，只能实现通过手动合闸（或分闸）使电动机直接起动（或制动）。

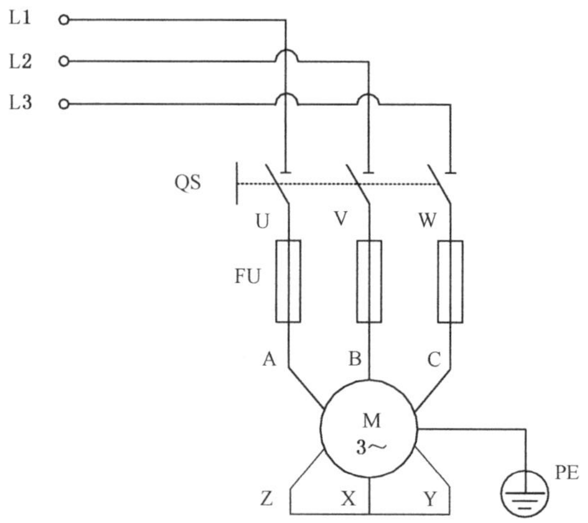

图 6.1 电气原理图

在大多数实际工程项目的电动机控制线路中，这一电路一般都作为控制电路的第一级，与其他基本控制电路联合使用。

6.2.1.2 电路的安装与接线

选择工具、连接导线和模块化的电气控制元件，在电气调试与维修实验台(THWC-3H)上，按照图 6.1 所示电气原理图进行接线，所需电气元件，如表 6.1 所示。

表 6.1 电路实现所需电气元件明细表

代号	名称	(参考)型号	数量	备注
QS	空气开关	DZ47-63LEP-4P-6A	1(个)	—
FU	熔断器	RT18-32-3P	1(只)	装熔芯 5A
M	三相异步交流电动机	—	1(台)	Y/△(220V/380V)

注意电气元件模块在实验台上安装要牢靠，布置合理、布线美观。接线时注意区分电动机主电路(动力电路)、控制电路、接地保护导线(PE)，选用不同规格、颜色的导线来完成电路的接线，要求走线横平、竖直、整齐、合理、接点不得松动。

6.2.1.3 电路的检测与调试

检查并确认电气元件在电气调试与维修实验台(THWC-3H)上安装牢固、接线正确无误；将实验台上【急停】按钮旋开，并弹起；按下实验台控制面板上的【起动】按钮，接通三相交流总电源。

然后手动“合”上空气开关 QS，电动机 M 应当正常起动和平稳运转；若熔断器 FU 中有熔丝熔断或电动机 M 不能正常运转，则应“分”断电源，分析、检查并排除故障后才可重新接通电源。

6.2.1.4 项目小结

本项目中，同学们应学会三相异步交流电动机的直接起动控制电路原理、接线与调试方法，以及在电气调试与维修实验台(THWC-3H)上对应的操作。

6.2.2　电动机的点动控制项目

6.2.2.1　电路原理与应用

在实际的电动机控制线路中，三相异步交流电动机的点动控制电路，有很大的作用。例如，电动机如果驱动泵一类的负载(或者其他要求按照一定的方向运行的机械)，那么电动机是不允许反转的，电动机只能按照负载指定的方向运转。由此，需要设置点动控制回路，如图6.2所示，手动按下【点动起动】按钮SB(线号1-2)，电动机M开始运转；松开【点动起动】按钮SB(线号1-2)，电动机M就断开电源，但转轴还会依靠惯性转动一会，最后停止运行；通过电动机M惯性运转并停止的这段时间，再结合机械设备的控制要求，就可以很容易地判断出电动机M的旋转方向是否正确。

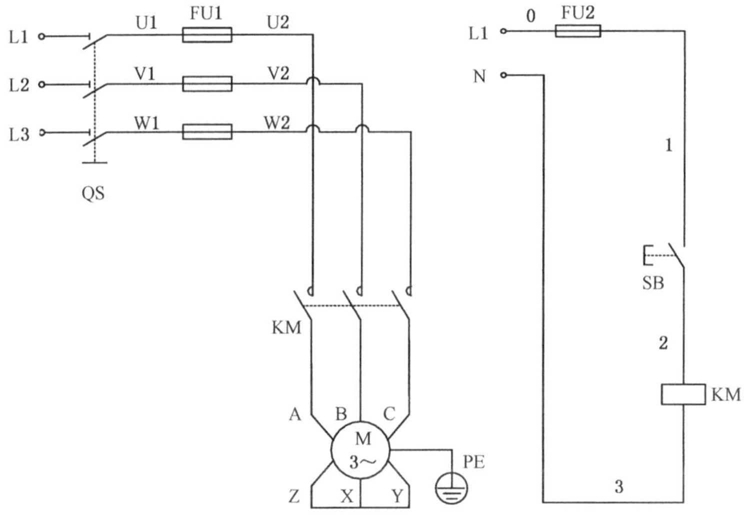

图6.2　电气原理图

其电路工作原理：

在主电路中合上电源开关QS，在控制电路中只要用手按下【点动起动】按钮SB(线号1-2)，使接触器KM的线圈KM(线号2-3)得电吸合，使得主电路中接触器KM的主触点KM闭合，电动机M即可起动；当手松开【点动起动】按钮SB(线号1-2)时，接触器KM的线圈KM(线号2-3)失电，进而使得主电路中接触器KM的主触点KM分开，切断电动机M的电源，电动机M即依靠惯性运转一小段时间并最终停止运转。

点动控制电路中，电动机的起动、停止，都是通过手动按下或松开控制按钮来实现的，一般情况下该状态电动机运行时间都较短，所以在本项目中没有专门为电动机设置热保护装置，而是在主电路与控制电路中，分别设置了短路保护的熔断器(FU1与FU2)。

6.2.2.2　电路的安装与接线

选择工具、连接导线和模块化的电气控制元件，在电气调试与维修实验台(THWC-3H)

上，按照图 6.2 所示电气原理图进行接线，所需电气元件，如表 6.2 所示。

表 6.2　电路实现所需电气元件明细表

代号	名称	(参考)型号	数量	备注
QS	空气开关	DZ47-63LEP-4P-6A	1(个)	—
FU1～2	熔断器	RT18-32-3P	2(只)	装熔芯 5A
KM	交流接触器	LC1-E0610M5N 220V	1(台)	线圈 AC220V
SB	按钮开关	LAY16	1(个)	颜色 1 绿
M	三相异步交流电动机	—	1(台)	Y/△(220V/380V)

接线时注意选择电缆接通主电路（动力电路）和控制电路，注意区分不同线路的颜色，接地保护导线 PE 用黄绿双色线，接线应符合要求。

在通电前，应仔细检查电气元件模块安装是否牢固，各接线端连接是否正确、可靠。用万用表检查控制回路和主回路是否存在“短路”或者“开路”的故障。

6.2.2.3　电路的检测与调试

确认电气元件在电气调试与维修实验台（THWC-3H）上安装牢固、接线正确无误；将实验台控制面板上【急停】按钮旋开，并弹起；按下电气维修实验台控制面板上边的【起动】按钮，接通三相交流总电源。手动“合”上空气开关 QS，电动机应当正常起动和平稳运转；若熔断器 FU1、FU2 中有熔丝熔断则应“分”断电源，分析、检查并排除故障后才可重新接通电源。

6.2.2.4　项目小结

本项目中，同学们应学会三相异步交流电动机的点动控制电路原理、接线与调试方法，及其在电气调试与维修实验台（THWC-3H）上对应的操作。

6.2.3　电动机的自锁控制项目

6.2.3.1　电路原理与应用

通过前面的实践项目，同学们完成了电动机的点动控制电路。在点动控制电路中，要使电动机转动，就必须用手按住按钮不能放松，而在实际生产中，电动机一般都是需要长时间连续运行的，仅使用点动控制就不能满足要求了。这就需要采用具有自锁功能（或者称为自保功能，为了简化本书统一称之为自锁功能）的控制电路来实现。

控制电路的自锁功能具体如何来实现呢？如图 6.3 所示，在控制电路中将接触器 KM 的那一组常开辅助触点 KM（线号 3-4，也称为自锁触点，或自保触点）与【起动】控制按钮 SB01（线号 3-4）并联就可以了。另外，因为在此电路中电动机 M 是连续工作的，所以必须加装热继电器 FR（线号 1-2）以实现过载保护。而为了让电动机 M 能够停止下来，在控制电路中增加了一个常闭的【停止】按钮 SB02（线号 2-3）。

其电路工作原理：

1. 起动控制：按下【起动】控制按钮 SB01（线号 3-4），此时交流接触器 KM 的线圈 KM（线号 4-5）通电，将主电路中接触器 KM 的主触点 KM 闭合，电动机 M 接通交流电源，起动运转；这时再松开【起动】控制按钮 SB01(线号 3-4)，电动机 M 也不会停转，这是因为接触器 KM 的线圈 KM(线号 4-5)将与【起动】按钮 SB01(线号 3-4)并联的常开辅助触点 KM(线号 3-4)也吸合了，这时即使松开了【起动】按钮 SB01(线号 3-4)，接触器 KM 的线圈 KM(线号 4-5)，还是可以通过接触器 KM 自身控制的常开辅助触点 KM(线号 3-4)继续获得电能，并保持接触器 KM 的线圈 KM(线号 4-5)的吸合力，因此主电路中接触器 KM 的主触点 KM 也不会断开，电动机 M 不会停转。

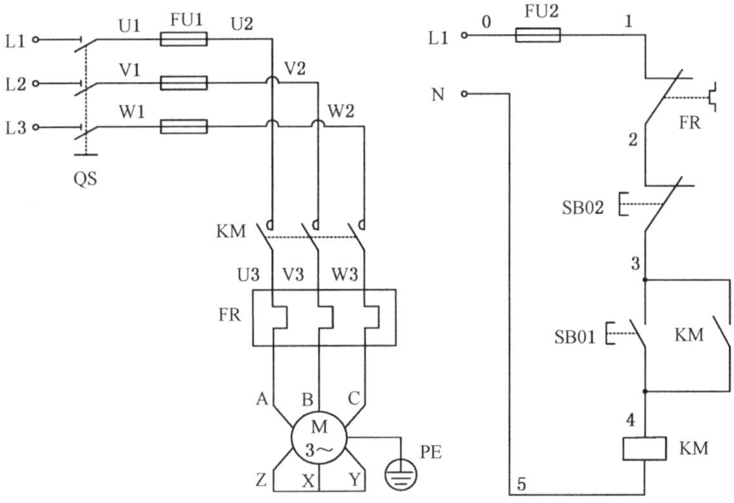

图 6.3　电气原理图

我们把这种松开【起动】按钮 SB01(线号 3-4)后，通过接触器 KM 自身的常开辅助触点 KM(线号 3-4)，仍然自行保持接触器 KM 的线圈 KM(线号 4-5)通电状态的控制电路，称为接触器的自锁控制电路(或自保控制电路)。在不会引起歧义的情况下，也可以简称为自锁电路。与【起动】按钮 SB01(线号 3-4)并联的接触器 KM 的常开辅助触点 KM(线号 3-4)称为自锁触点(自保触点)。

2. 停止控制：为了使得电动机 M 停止运转，需要手动按下【停止】按钮 SB02(线号 2-3)，这时接触器 KM 的线圈 KM(线号 4-5)失电，接触器 KM 在主电路中的主触点 KM 断开，电动机 M 停转，同时接触器 KM 的常开辅助触点 KM(线号 3-4)复位(本书中的复位，指的是触点回到控制开关、控制按钮、接触器、继电器未通电前的正常位置，复位动作一般会引起常开触点断开，常闭触点闭合)，接触器 KM 失去自锁作用。

6.2.3.2　电路的安装与接线

选择电工工具、连接导线和模块化的电气控制元件，在电气调试与维修实验台(THWC-3H)上，按照图 6.3 所示电气原理图进行接线，所需电气元件，如表 6.3 所示。

表 6.3　电路实现所需电气元件明细表

代号	名称	(参考)型号	数量	备注
QS	空气开关	DZ47-63LEP-4P-6A	1(个)	—
FU1～2	熔断器	RT18-32-3P	2(只)	装熔芯 5A

续表

代号	名称	(参考)型号	数量	备注
KM	交流接触器	LC1-E0610M5N 220V	1(台)	线圈 AC220V
SB01～02	按钮开关	LAY16	2(个)	颜色1红、1绿
FR	热继电器	JRS1D-25/Z(0.63-1A)	1(个)	—
	热继电器座	JRS1D-25/Z型	1(个)	—
M	三相异步电动机	—	1(台)	Y/△(220V/380V)

接线时注意选择导线接通主电路(动力电路)和控制电路,注意区分不同线路的颜色,接地保护导线PE用黄绿双色线,接线应符合要求。

6.2.3.3 电路的检测与调试

检查并确认电气元件在电气调试与维修实验台(THWC-3H)上安装牢固、接线正确无误;将实验台控制面板上【急停】按钮旋开,并弹起;按下实验台控制面板上的【起动】按钮,接通三相交流总电源;然后手动“合”上空气开关QS。

手动按下控制电路中的【起动】按钮SB01(线号3-4),电动机M应起动并连续运转;松开【起动】按钮SB01(线号3-4),看一看电动机M是否继续旋转,检验电路的自锁功能,如果不能自锁,则应按下实验台控制面板上的【停止】按钮,断开总电源,按下【急停】按钮,然后检查并排除故障;如果电路自锁功能正常,这时应按下控制电路中的【停止】按钮SB02(线号2-3),让电动机M停转。

6.2.3.4 项目小结

本项目中,同学们应学会三相异步交流电动机的自锁控制电路原理、接线与调试方法,及其在电气调试与维修实验台(THWC-3H)上对应的操作。

6.3 电动机基本功能电路及其实现

6.3.1 电动机的正反转控制项目(一)

6.3.1.1 电路原理与应用

有大量的机械设备,需要电动机驱动能够向正转和反转两个方向运动。例如机床工作台需要往返运动,电梯和天车吊钩需要上下运动。因此,在这些应用实例中,电动机必须实现正转、停止、反转之间的切换与控制,一般称为电动机的正反转控制。

三相异步交流电动机的正反转控制电路主要可分为三类:(1)用接触器联锁(互锁)控制的正反转电路;(2)用按钮联锁(互锁)控制的正反转电路;(3)用按钮和接触器双重联锁(互锁)控制的正反转电路。

先介绍第一种——用接触器及其辅助触点联锁控制的电动机正反转电路,其电气原理,如图6.4所示。

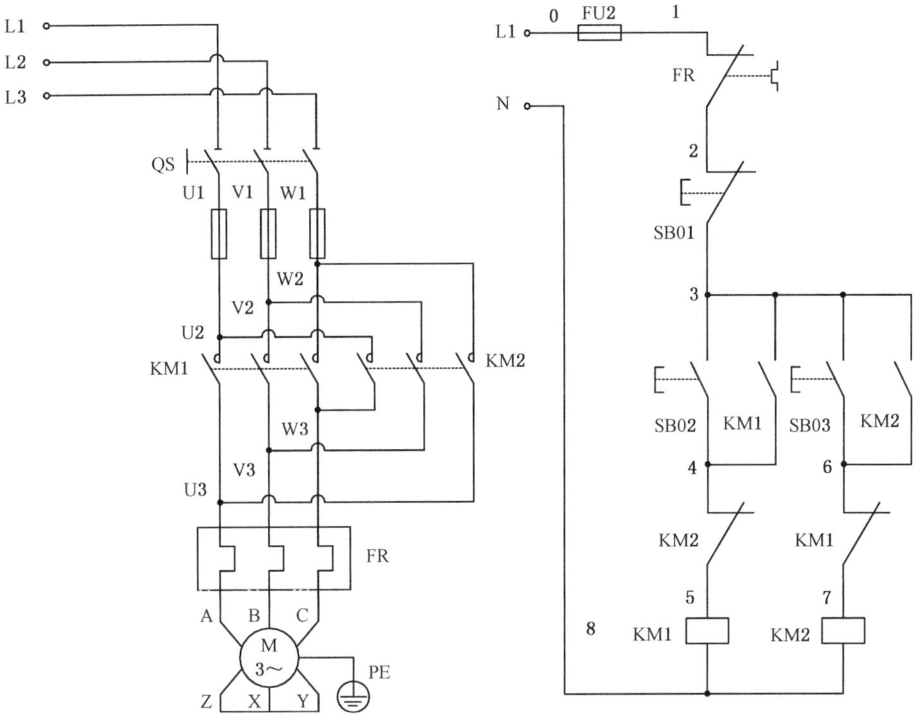

图 6.4　电气原理图

其电路工作原理：

1. 正转控制："合"上空气开关 QS，手动按一下【正转起动】按钮 SB02（线号 3-4），电动机 M 的正转控制回路接通，交流接触器 KM1 的线圈 KM1（线号 5-8）通电动作，吸合了接触器 KM1 的常开辅助触点 KM1（线号 3-4，也称为自锁触点），同时也断开了接触器 KM1 的常闭辅助触点 KM1（线号 6-7，也称为互锁触点），这样当接触器 KM1 的线圈 KM1（线号 5-8）接通电源的同时将导致接触器 KM2 线圈 KM2（线号 7-8）断开电源（反过来也成立，即接触器 KM2 线圈 KM2（线号 7-8）接通电源，同时将导致接触器 KM1 的线圈 KM1（线号 5-8）断开电源，我们称之为这两个接触器 KM1、KM2 实现了互锁控制）；接触器 KM1 的线圈 KM1（线号 5-8）通电，也就导致主电路中接触器 KM1 的主触点 KM1 闭合，主电路按 U、V、W 的相序让电动机 M 与交流电源接通，电动机 M 实现正转。

2. 反转控制：要使得正转的电动机改变旋转方向（即由正转变为反转），应先手动按一下控制电路中的【停止】按钮 SB01（线号 2-3），使得正转控制电路断开，电动机 M 停转；然后再按一下【反转起动】按钮 SB03（线号 3-6），电动机 M 才能反向运转；

为什么一定要这样做呢？因为反转控制回路中串联了正转控制接触器 KM1 的常闭辅助触点 KM1（线号 6-7）。在电动机 M 正转，也就是接触器 KM1 的线圈 KM1（线号 5-8）通电的时候，接触器 KM1 的这个常闭辅助触点 KM1（线号 6-7）是处于断开状态的，若这时直接按【反转起动】按钮 SB03（线号 3-6），反转接触器 KM2 的线圈 KM2（线号 7-8）也是始终无法通电的，电动机 M 也就不会接通反转电源，因此电动机 M 仍然维持正转状态，并不会发生反转。只有当按下【停止】按钮 SB01（线号 2-3），使得控制电路中的所有触点都复位，电动机 M 停转以后，再按下【反转起动】按钮 SB03（线号 3-6），反转接触器 KM2 的线圈 KM2（线号 7-8)通电动作，主电路中接触器 KM2 的主触点 KM2 闭合，主电路按 W、V、U 相序接通电源，电动机 M 才能反转。同理，当电动机 M 反转的时候，直接按下【正转起动】按钮 SB02(线号 3-4)，对电动机 M 也是没有控制作用的，因为本电路中电动机 M 的正反转是由交流接触器 KM1 和 KM2 进行互锁控制的。也就是说电动机 M 由“正转”状态切换到“反转”状态，中间要经历“停止”状态，同样电动机 M 由“反转”状态切换到“正转”状态，中间也要经历“停止”状态。

3. 停止控制：按下【停止】按钮 SB01(线号 2-3)，整个控制电路断电，交流接触器 KM1、KM2 复位，不管电动机 M 处于正转还是处于反转状态，都会立刻转入停止。

在此提出一些问题，请同学们思考：

1. 如果不在控制电路中串接互锁的交流接触器 KM1、KM2 的常闭辅助触点 KM1(线号 6-7)和 KM2(线号 4-5)好不好呢？

2. 如果没有串接互锁的接触器 KM1、KM2 的常闭辅助触点 KM1(线号 6-7)和 KM2(线号 4-5)，当电动机 M 在正转的时候，就直接按下【反转起动】按钮 SB03(线号 3-6)，结果会如何？

3. 本项目是用不同的交流接触器在切换工作的过程中，交换了三相交流电源中 U 相与 W 相的相序，从而达到让电动机正反转交替的。通常在实际的工程项目现场，如果发现电动机的旋转方向与机械系统要求的旋转方向不一致，可在电动机的接线盒中任意对调三相交流电中两相的接线，就可以改变电动机的旋转方向。请问这样做的原理是什么？

6.3.1.2 电路的安装与接线

选择工具、连接导线和模块化的电气控制元件，在电气调试与维修实验台(THWC-3H)上，按照图 6.4 所示电气原理图进行接线，所需电气元件，如表 6.4 所示。

表 6.4 电路实现所需电气元件明细表

代号	名称	(参考)型号	数量	备注
QS	空气开关	DZ47-63LEP-4P-6A	1(个)	—
FU1～2	熔断器	RT18-32-3P	2(只)	装熔芯 5A
KM1～2	交流接触器	LC1-E0610M5N 220V	2(台)	线圈 AC220V
SB01～03	按钮开关	LAY16	3(个)	颜色 1 红、2 绿
FR	热继电器	JRS1D-25/Z(0.63-1A)	1(个)	—
	热继电器座	JRS1D-25/Z 型	1(个)	—
M	三相异步电动机	—	1(台)	Y/△(220V/380V)

安装时注意电气元件模块在实验台上安装要牢靠，布置合理，布线美观。接线时注意区分电动机主电路(动力电路)、控制电路、接地保护导线(PE)，选用不同规格、颜色的导线来完成电路的接线，要求走线横平、竖直、整齐、合理，接点不得松动。

6.3.1.3 电路的检测与调试

检查并确认电气元件在电气调试与维修实验台(THWC-3H)上安装牢固、接线正确无误;将实验台控制面板上【急停】按钮旋开,并弹起;按下电气维修实验台控制面板上的【起动】按钮,接通三相交流总电源。

然后手动“合”上空气开关 QS;手动按下【正转起动】按钮 SB02(线号 3-4),电动机 M 应该正转,按下【停止】按钮 SB01(线号 2-3)使电动机 M 停转,然后再按下【反转起动】按钮 SB03(线号 3-6),电动机 M 应该反转,若不能正常工作,应冷静分析并耐心排除故障,使电路可以正常工作。

6.3.1.4 项目小结

本项目中,同学们应学会三相异步交流电动机的正反转控制电路原理(用接触器的辅助触点实现自锁与互锁的联动)、接线与调试方法,以及在电气调试与维修实验台(THWC-3H)上对应的操作。

6.3.2 电动机的正反转控制项目(二)

6.3.2.1 电路原理与应用

现在介绍第二种电动机正反转控制电路——三相异步交流电动机用按钮联锁控制的正反转电路,如图 6.5 所示。

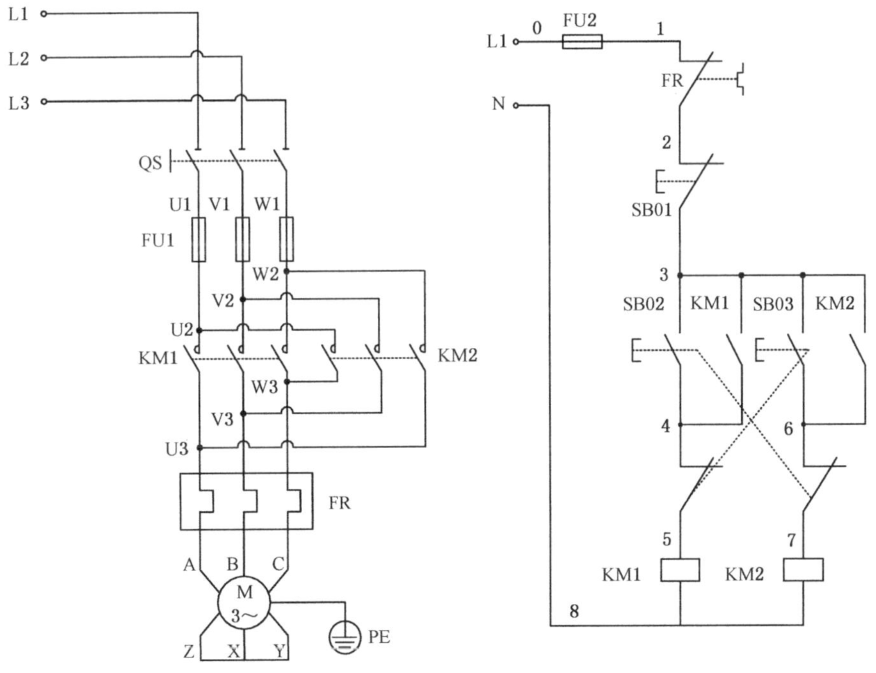

图 6.5 电气原理图

电动机用按钮联锁的正反转控制电路,其实是将电动机接触器联锁的正反转控制电路中的两个接触器互锁改为两个按钮互锁,该电路具有换向迅速、操作简便的优点。当需要改变电动机 M 的旋转方向时,只要直接按【正转起动】按钮 SB02(线号 3-4)或者【反转起动】按钮 SB03(线号 3-6)就可以实现转换方向。该电路是利用按钮动作时,它的常闭触点先断开、常开触点后闭合的特点，来保证接触器 KM1 的线圈 KM1(线号 5-8)和接触器 KM2 的线圈 KM2(线号 7-8)不会同时通电，而按钮 SB02、SB03 的常闭触点 SB02(线号 6-7)、SB03(线号 4-5)在此电路中又称为互锁触点。

其电路工作原理：

1. 正转控制：当按下【正转起动】按钮 SB02(线号 3-4、6-7)时，先断开【正转起动】按钮 SB02 串联在接触器 KM2 控制回路中的那个常闭触点 SB02(线号 6-7)；后接通接触器 KM1 线圈 KM1(5-8)的电源，使其得电吸合；从而使接触器 KM1 并联在 SB02 右边的那个常开辅助触点 KM1(线号 3-4)闭合，接触器 KM1 的控制回路实现自锁；与此同时，接触器 KM1 在主电路中的主触点 KM1 闭合，电动机 M 接通电源开始进行正转。

2. 反转控制：当按下【反转起动】按钮 SB03(线号 3-6、4-5)时，先断开【反转起动】按钮 SB03 串联在接触器 KM1 控制回路中的那个常闭触点 SB03(线号 4-5)；后接通接触器 KM2 的线圈 KM2(线号 7-8)的电源，使其得电吸合；从而使接触器 KM2 并联在按钮 SB03 右边的那个常开辅助触点 KM2(线号 3-6)闭合，接触器 KM2 的控制回路实现自锁；与此同时，在主电路中接触器 KM1 的主触点 KM1 先断开，接触器 KM2 的主触点 KM2 后闭合，电动机 M 在经过非常短暂的停电之后，立即接通反向电源并进入反转运行。

3. 停止控制：当按下【停止】按钮 SB01(线号 2-3)时，整个控制电路断电，接触器 KM1、KM2 的触点复位，不管电动机 M 当前时刻是处于正转还是处于反转，都会立刻转入停止。

6.3.2.2 电路的安装与接线

选择工具、连接导线和模块化的电气控制元件，在电气调试与维修实验台(THWC-3H)上，按照图 6.5 所示电气原理图进行接线，所需电气元件，如表 6.4 所示。

安装时注意电气元件模块在实验台上安装要牢靠，布置合理、布线美观。接线时注意区分电动机主电路(动力电路)、控制电路、接地保护导线(PE)，选用不同规格、颜色的导线来完成电路的接线，要求走线横平、竖直、整齐、合理、接点不得松动。

6.3.2.3 电路的检测与调试

检查并确认电气元件在电气调试与维修实验台(THWC-3H)上安装牢固、接线正确无误；将实验台控制面板上【急停】按钮旋开，并弹起；按下电气维修实验台控制面板上的【起动】按钮，接通三相交流总电源。

然后手动“合”上空气开关 QS；按下【正转起动】按钮 SB02(线号 3-4、6-7)，电动机 M 应该正转；然后直接按下【反转起动】按钮 SB03(线号 3-6、4-5)，电动机 M 应该反转；如果电动机 M 的正转、反转功能都正常，可按下【停止】按钮 SB01(线号 2-3)，让电动机 M 停止转动；若不能正常工作，应冷静分析并耐心排除故障，使电路能正常工作。

6.3.2.4 项目小结

本项目中，同学们应学会用按钮联锁控制三相异步交流电动机的正反转电路工作原理、接线与调试方法，以及在电气调试与维修实验台(THWC-3H)上的对应的操作。

6.3.3 电动机的正反转控制项目(三)

6.3.3.1 电路原理与应用

前面已经详细介绍了两种正反转控制电路,接下来要介绍第三种,即三相异步交流电动机用按钮和接触器双重联锁控制的正反转电路,如图 6.6 所示。

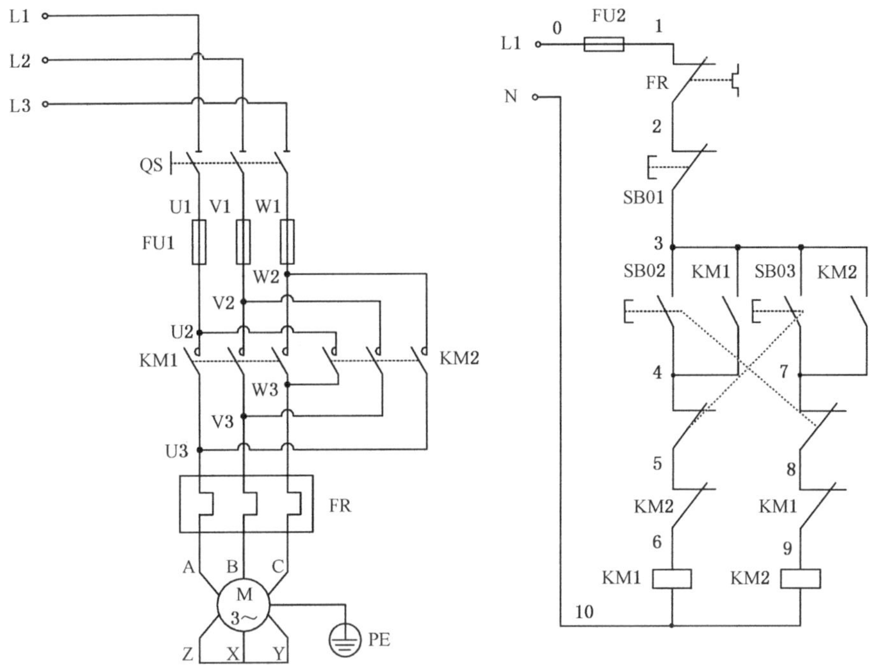

图 6.6 电气原理图

三相异步交流电动机的双重联锁正反转控制电路,实际上是将按钮互锁、接触器互锁巧妙地结合在了一起,该电路具有操作方便和安全可靠等优点。当按下【正转起动】按钮 SB02(线号 3-4、7-8)时,电动机 M 正转;按下【反转起动】按钮 SB03(线号 3-7、4-5)时,电动机 M 反转;按下【停止】按钮 SB01(线号 2-3)时,电动机 M 停转。

其电路工作原理:

1. 正转控制:按下【正转起动】按钮 SB02(线号 3-4、7-8),此时【正转起动】按钮 SB02 串联在接触器 KM2 控制回路中的常闭触点 SB02(线号 7-8)先断开,按钮 SB02 的常开触点 SB02(线号 3-4)后闭合;与此同时,接触器 KM1 的线圈 KM1(线号 6-10)得电吸合,接触器 KM1 并联在【正转起动】按钮 SB02 右边的常开辅助触点 KM1(线号 3-4)闭合,实现对接触器 KM1 的得电自锁;接触器 KM1 串联在接触器 KM2 控制回路中的常闭辅助触点 KM1(线号 8-9)断开,实现对接触器 KM2 失电状态的锁定(互锁);在主电路中接触器 KM1 的主触点 KM1 闭合,电动机 M 接通电源并开始正转运行。

2. 反转控制:按下【反转起动】按钮 SB03(线号 3-7、4-5),首先是【反转起动】按钮 SB03 串联在接触器 KM1 控制回路中的常闭触点 SB03(线号 4-5)断开,此时接触器 KM1 控制回路断电,接触器 KM1 的所有触点复位;然后是【反转起动】按钮 SB03 的常开触点 SB03(线号 3-7)闭合,此时接触器 KM2 的线圈 KM2(线号 9-10)得电吸合;接触器 KM2 并联在【反转起动】按钮 SB03(线号 3-7)右边的常开辅助触点 KM2(线号 3-7)闭合,实现对接触器 KM2 的得电自锁;接触器 KM2 串联在接触器 KM1 控制回路中的常闭辅助触点 KM2(线号 5-6)断开,实现对接触器 KM1 失电状态的锁定(互锁);在主电路中接触器 KM1 的主触点 KM1 先断开,接触器 KM2 的主触点 KM2 后闭合,电动机 M 接通反向电源并开始反转运行。

3. 停止控制:按下【停止】按钮 SB01(线号 2-3),整个控制电路断电,接触器 KM1、KM2 的所有触点都复位,不管电动机 M 当前时刻处于正转还是处于反转,都会立即转入停止。

补充说明:本电路由于既有按钮互锁,又有接触器互锁,增强了控制电路的安全性。

6.3.3.2 电路的安装与接线

选择工具、连接导线和模块化的电气控制元件,在电气调试与维修实验台(THWC-3H)上,按照图 6.6 所示电气原理图进行接线,所需电气元件,如表 6.4 所示。

安装时注意电气元件模块在实验台上安装要牢靠,布置合理,布线美观。接线时注意区分电动机主电路(动力电路)、控制电路、接地保护导线(PE),选用不同规格、颜色的导线来完成电路的接线,要求走线横平、竖直、整齐、合理,接点不得松动。

6.3.3.3 电路的检测与调试

检查并确认电气元件在电气调试与维修实验台(THWC-3H)上安装牢固、接线正确无误;将实验台控制面板上【急停】按钮旋开,并弹起;按下电气维修实验台控制面板上的【起动】按钮,接通三相交流总电源。

然后手动“合”上空气开关 QS;当按下【正转起动】按钮 SB02(线号 3-4、6-7)时,电动机 M 应正转;当按下【反转起动】按钮 SB03(线号 3-7、4-5)时,电动机 M 应反转;当按下【停止】按钮 SB01(线号 2-3)时,电动机 M 应停转;若不能正常工作,应冷静分析并排除故障,使电路能正常工作。

6.3.3.4 项目小结

本项目中,同学们应学会用按钮和接触器辅助触点来实现双重联锁控制的三相异步交流电动机正反转控制的电路工作原理、接线与调试方法,及其在电气调试与维修实验台(THWC-3H)上的对应的操作。

6.3.4 电动机的两地起停控制

6.3.4.1 电路原理与应用

三相异步交流电动机的两地起停控制电路,顾名思义就是在异地可以通过操纵按钮 SB,来控制接触器 KM 的接通和断开,从而达到异地控制同一台电动机 M 的目的。该电路在实际工程项目中,主要应用在总控室和设备现场都需要控制相同电动机的起动和停止的场合。

如图 6.7 所示，三相异步交流电动机的两地起停控制电路的工作流程是：

在甲地安装有【甲地起动】按钮 SB12(线号 4-5)、【甲地停止】按钮 SB11(线号 3-4)；当按下【甲地起动】按钮 SB12(线号 4-5)时，电动机 M 开始运行；当按下【甲地停止】按钮 SB11(线号 3-4)时，电动机 M 停止运行。

在乙地也安装有【乙地起动】按钮 SB22(线号 4-5)、【乙地停止】按钮 SB21(线号 2-3)；当按下【乙地起动】按钮 SB22(线号 4-5)时，电动机 M 开始运行，当按下【乙地停止】按钮 SB21(线号 2-3)时，电动机 M 停止运行。

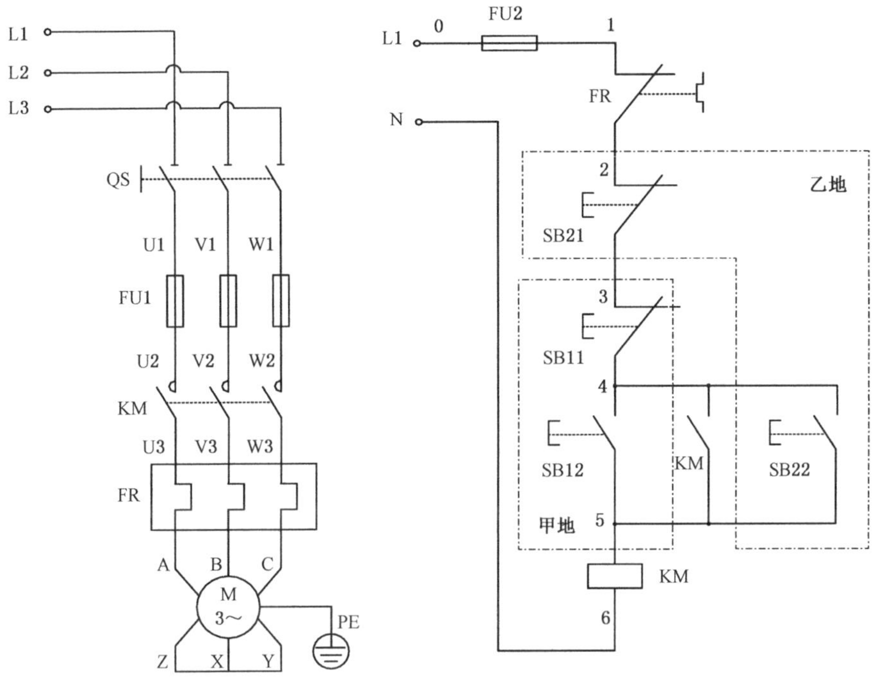

图 6.7 电气原理图

其电路工作原理：

1. 甲地控制：当按下【甲地起动】按钮 SB12(线号 4-5)时，接触器 KM 的线圈 KM(线号 5-6)得电吸合；接触器 KM 并联在【甲地起动】按钮 SB12(线号 4-5)右边的常开辅助触点 KM(线号 4-5)闭合，并实现对接触器 KM 的得电自锁；与此同时，在主电路中接触器 KM 的主触点 KM 闭合，电动机 M 起动运行；当按下【甲地停止】按钮 SB11(线号 3-4)时，接触器 KM 的线圈 KM(线号 5-6)失电断开；与此同时，在主电路中接触器 KM 的主触点 KM 也断开，电动机 M 停止运行。

2. 乙地控制：当按下【乙地起动】按钮 SB22(线号 4-5)时，接触器 KM 的线圈 KM(线号 5-6)得电吸合；接触器 KM 并联在【乙地起动】按钮 SB22(线号 4-5)左面的常开辅助触点 KM(线号 4-5)闭合，并实现对接触器 KM 的得电自锁；与此同时，在主电路中接触器 KM 的主触点 KM 闭合，电动机 M 起动运行；当按下【乙地停止】按钮 SB21(线号 2-3)时，接触器 KM 的线圈 KM(线号 5-6)失电断开；与此同时，在主电路中接触器 KM 的主触点 KM 断开，电动机 M 停止运行。

6.3.4.2 电路的安装与接线

选择工具、连接导线和模块化的电气控制元件，在电气调试与维修实验台（THWC-3H）上，按照图 6.7 所示电气原理图进行接线，所需电气元件，如表 6.5 所示。

表 6.5 电路实现所需电气元件明细表

代号	名称	（参考）型号	数量	备注
QS	空气开关	DZ47-63LEP-4P-6A	1（个）	—
FU1～2	熔断器	RT18-32-3P	2（只）	装熔芯 5A
KM	交流接触器	LC1-E0610M5N 220V	1（个）	线圈 AC220V
SB11～22	按钮开关	LAY16	4（个）	颜色 2 红、2 绿
FR	热继电器	JRS1D-25/Z(0.63-1A)	1（个）	—
	热继电器座	JRS1D-25/Z 型	1（个）	—
M	三相异步电动机	—	1（台）	Y/△(220V/380V)

安装时注意电气元件模块在实验台上安装要牢靠，布置合理，布线美观。接线时注意区分电动机主电路（动力电路）、控制电路、接地保护导线（PE），选用不同规格、颜色的导线来完成电路的接线，要求走线横平、竖直、整齐、合理，接点不得松动。

6.3.4.3 电路的检测与调试

检查并确认电气元件在电气调试与维修实验台（THWC-3H）上安装牢固、接线正确无误；将实验台控制面板上【急停】按钮旋开，并弹起；按下实验台控制面板上的【起动】按钮，接通三相交流总电源；然后手动“合”上空气开关 QS。

当在甲地按下【甲地起动】按钮 SB12（线号 4-5）时，电动机 M 应该开始运行；当在甲地按下【甲地停止】按钮 SB11（线号 3-4）时，电动机 M 应该停止运行；当在乙地按下【乙地起动】按钮 SB22（线号 4-5）时，电动机 M 应开始运行；当在乙地按下【乙地停止】按钮 SB21（线号 2-3）时，电动机 M 应停止运行；若电路不能正常工作，应冷静分析并排除故障使电路能正常工作。

6.3.4.4 项目小结

本项目中，同学们应学会在甲乙两地可以分别起停控制三相异步交流电动机的电路工作原理、接线与调试方法，以及在电气调试与维修实验台（THWC-3H）上对应的操作。

6.3.5 电动机的星形/三角形减压起动控制项目

6.3.5.1 电路原理与应用

三相异步交流电动机的星形/三角形减压起动控制电路，是用电动机绕组星形连接的方法在低电压时起动电动机，待电动机起动平稳运行以后，再换成三角形连接，让电动机全压运行。这样做可以防止因电动机的起动电流过大，而冲击甚至破坏电网，或者损坏电动机，而且这样的起动方式，也不会影响电动机的正常起动工作。因此在实际工程项目中，大功率的三相异步交流电动机，几乎都应用到了电动机的星形/三角形减压起动控制电路。

如图 6.8 所示，三相异步交流电动机的星形/三角形减压起动控制电路的工作流程：

当按下【起动】按钮 SB01(线号 3-4)时，接触器 KM1 的线圈 KM1(线号 4-9)与接触器 KM3 的线圈 KM3(线号 6-9)同时得电；时间继电器 KT 的线圈 KT(线号 5-9)也通电，并开始计时；与此同时，在主电路中接触器 KM1、KM3 的主触点 KM1、KM3 闭合，电动机定子绕组完成与交流电源的星形连接，电动机 M 以相电压降压起动；经过一段设定好的延时时间之后，时间继电器 KT 动作(具体来说为：延时断开的常闭触点 KT(线号 5-6)断开，延时闭合的常开触点 KT(线号 7-8)闭合)，令接触器 KM3 的线圈 KM3(线号 6-9)失电、接触器 KM2 的线圈 KM2(线号 8-9)得电；在主电路中接触器 KM3 的主触点 KM3 断开、接触器 KM2 的主触点 KM2 闭合，这时电动机定子绕组完成与交流电源的三角形连接，电动机 M 全压运行。

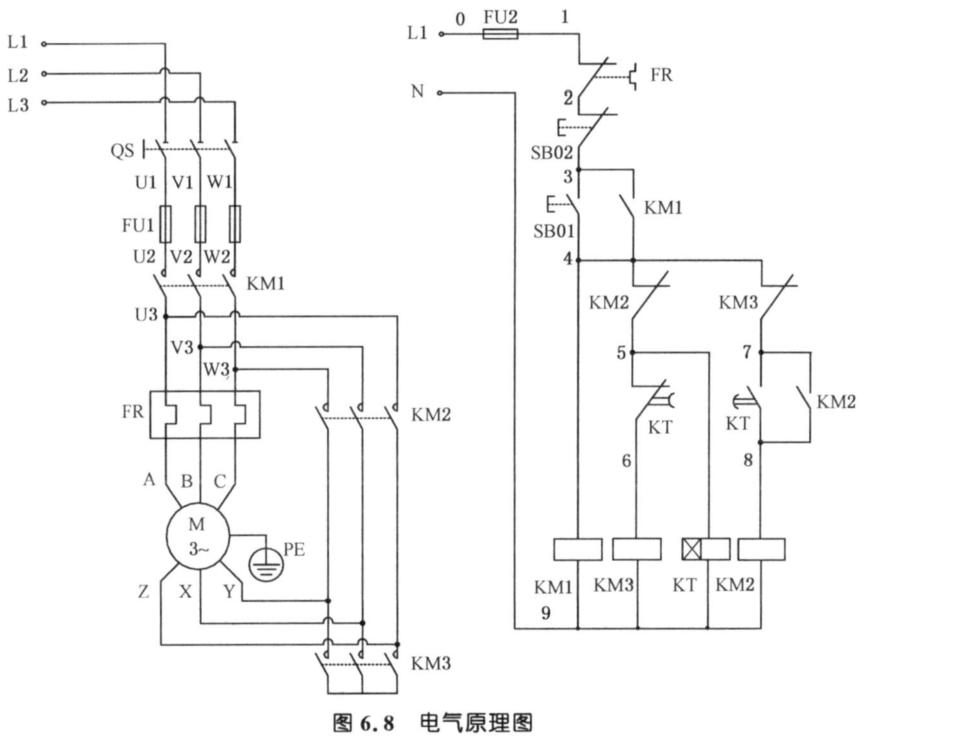

图 6.8　电气原理图

其电路工作原理：

在三相异步交流电动机星形/三角形起动控制电路中，当按下【起动】按钮 SB01(线号 3-4)时，接触器 KM1 的线圈 KM1(线号 4-9)、接触器 KM3 的线圈 KM3(线号 6-9)同时得电吸合；接触器 KM1 并联在【起动】按钮 SB01(线号 3-4)右边的常开辅助触点 KM1(线号 3-4)闭合，将实现对接触器 KM1、KM3 的线圈 KM1(线号 4-9)、KM3(线号 6-9)的得电自锁；与此同时，时间继电器 KT 的线圈 KT(5-9)通电，并按其已经调定的延时时间开始计时；接触器 KM1、KM3 的线圈 KM1(线号 4-9)、KM3(线号 6-9)得电，使得在主电路中接触器 KM1、KM3 的主触点 KM1、KM3 闭合，电动机 M 的定子绕组与交流电源形成星形连接，电动机

M以相电压(220 V)减压起动;接触器KM3串联在接触器KM2的控制回路中的常闭辅助触点KM3(线号4-7)断开,实现接触器互锁,即对接触器KM2失电状态的锁定。

当达到时间继电器KT调定的延时时间之后,时间继电器KT串联在接触器KM3的控制回路中的延时断开常闭触点KT(线号5-6)断开;此时,接触器KM3的线圈KM3(线号6-9)失电断开,接触器KM3的触点复位(这其中主要包括:接触器KM3串联在接触器KM2控制回路中的常闭辅助触点KM3(线号4-7)闭合,为接触器KM2通电做好准备;与此同时,在主电路中接触器KM3的主触点断开,为电动机定子绕组与电源之间转换为三角形接线做好准备);与此同时,时间继电器KT串联在接触器KM2控制回路中的延时闭合常开触点KT(线号7-8)闭合;接触器KM2的线圈KM2(线号8-9)得电吸合;接触器KM2并联在时间继电器KT的延时闭合常开触点KT(线号7-8)右边的常开辅助触点KM2(线号7-8)闭合,实现对接触器KM2的线圈KM2(线号8-9)的得电自锁;接触器KM2得电,让串联在交流接触器KM3与时间继电器KT控制回路中的常闭辅助触点KM2(线号4-5)断开,实现对接触器KM3的失电状态的锁定(互锁),并让时间继电器KT的触点得以复位;与此同时,在主电路中接触器KM2的主触点KM2闭合,电动机M定子绕组与电源的连接就切换成了三角形连接,电动机M以线电压(380 V)运行。需要特别注意的是,此时接触器KM1、KM2是同时工作的。

当按下【停止】按钮SB02(线号2-3)时,整个控制电路断电,所有接触器和时间继电器都复位,电动机M停止运转。

6.3.5.2 电路的安装与接线

选择工具、连接导线和模块化的电气控制元件,在电气调试与维修实验台(THWC-3H)上,按照图6.8所示电气原理图进行接线,所需电气元件,如表6.6所示。

表6.6 电路实现所需电气元件明细表

代号	名称	(参考)型号	数量	备注
QS	空气开关	DZ47-63LEP-4P-6A	1(个)	—
FU1~2	熔断器	RT18-32-3P	2(只)	装熔芯:5A
KM1~3	交流接触器	LC1-E0610M5N 220V	3(台)	线圈AC220V
SB11~22	按钮开关	LAY16	2(个)	颜色为:1红、1绿
FR	热继电器	JRS1D-25/Z(0.63-1A)	1(个)	—
	热继电器座	JRS1D-25/Z型	1(个)	—
KT	时间继电器	JSS48A-S	1(个)	—
M	三相异步电动机	—	1(台)	Y/△(220V/380V)

安装时注意电气元件模块在实验台上安装要牢靠,布置合理,布线美观。接线时注意区分电动机主电路(动力电路)、控制电路、接地保护导线(PE),选用不同规格、颜色的导线来完成电路的接线,要求走线横平、竖直、整齐、合理,接点不得松动。

6.3.5.3 电路的检测与调试

检查并确认电气元件在电气调试与维修实验台(THWC-3H)上安装牢固、接线正确无误;将实验台控制面板上【急停】按钮旋开,并弹起;按下电气维修实验台控制面板上的【起动】按钮,接通三相交流总电源。

然后手动"合"上空气开关 QS;当按下【起动】按钮 SB01(线号 3-4)时,电动机 M 的定子绕组与电源应进行星形连接,电动机 M 降压起动;经过一小段时间继电器 KT 调定的延时时间之后,电动机 M 的定子绕组与电源又切换成三角形连接,电动机 M 全压运行;当按下【停止】按钮 SB02(线号 2-3)时,电动机 M 停止转动;若电路不能正常工作,应冷静分析并排除故障使电路能正常工作。

6.3.5.4 项目小结

本项目中,同学们应学会三相异步交流电动机的星形/三角形减压起动的控制电路原理、接线与调试方法,以及在电气调试与维修实验台(THWC-3H)上对应的操作。

6.3.6 两台电动机的手动顺序控制项目

6.3.6.1 电路原理与应用

两台或两台以上电动机的顺序控制电路,在工业生产中是必不可少的。在机械设备中,经常要求电动机之间的起动和停止必须满足一定顺序,例如:机床主轴电动机的起动,必须在润滑油泵起动之后;钻床的进给动作,必须在钻头运转之后等。电动机顺序控制电路可以满足这些设备的要求。

两台以上的电动机顺序控制电路,可以依据两台电动机的顺序控制电路为基础来进行设计,所以在此仅介绍两台电动机的顺序控制电路。先介绍一种电动机手动顺序控制电路,其动作过程是只有在电动机 M1 起动后,电动机 M2 才能正常起动,电动机 M1 和 M2 的起动都是手动控制的。

两台电动机手动顺序控制的主电路,如图 6.9 所示。对应这个主电路,设计并详细介绍两种"两台电动机手动顺序控制电路"的工作原理,即控制电路(1):两台电动机按顺序起动,停止不分先后;控制电路(2):两台电动机按顺序起动,按顺序停止。

控制电路(1)的电路原理图,如图 6.10 左图所示,其工作流程为:当按下【M1 起动】按钮 SB11(线号 4-5)时,电动机 M1 开始运行;然后再按下【M2 起动】按钮 SB21(线号 6-7)时,电动机 M2 才能开始运行;若要停止电动机 M1 的运行,只能按下【M1、M2 停止】按钮 SB12(线号 3-4),与此同时电动机 M2 的运行也停止;若要停止电动机 M2 的运行,按下【M2 停止】按钮 SB22(线号 3-6)或【M1、M2 停止】按钮 SB12(线号 3-4)都可以,区别在于按下【M2 停止】按钮 SB22(线号 3-6),仅让电动机 M2 停止运行,按下【M1、M2 停止】按钮 SB12(线号 3-4),电动机 M1、M2 都停止运行。

控制电路(2)的电路原理图,如图 6.10 右图所示,其工作流程为:当按下【M1 起动】按钮 SB11(线号 4-5)时,电动机 M1 开始运行,然后再按下【M2 起动】按钮 SB21(线号 6-7),电动机 M2 才能开始运行；当两台电动机 M1、M2 都起动后，若要停止电动机 M1，先要按【M2 停止】按钮 SB22（线号 3-6），让电动机 M2 停止运行，然后再按下【M1 停止】按钮 SB12（线号 3-4），才能让电动机 M1 停止运行。简单来说，按照先电动机 M1、后电动机 M2 的顺序起动两台电动机；按照先电动机 M2、后电动机 M1 的顺序停止两台电动机。

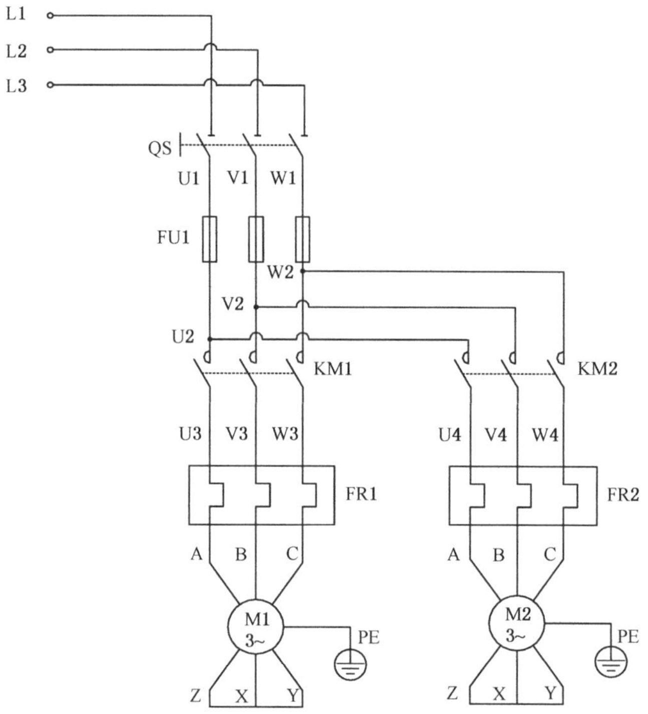

图 6.9　电气原理图（主电路）

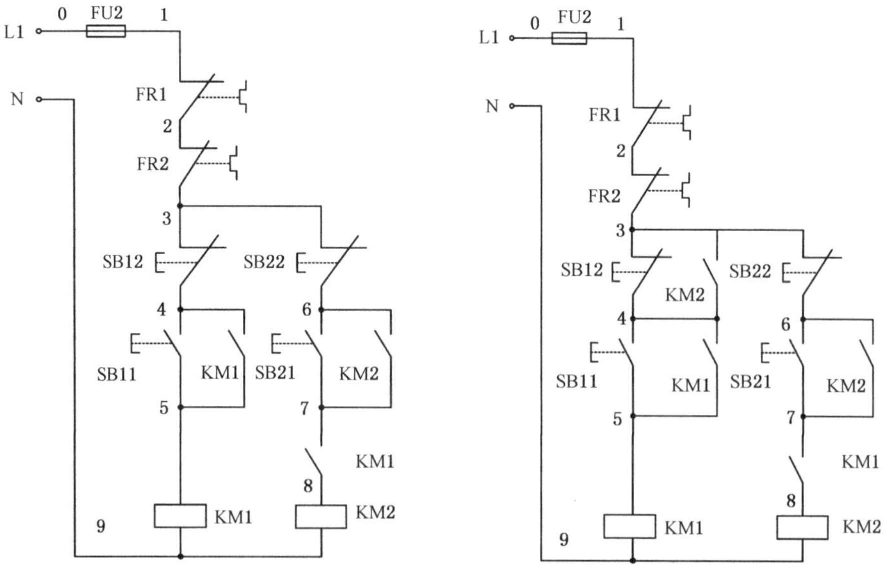

图 6.10　电气原理图（控制电路）

这两种电动机的手动顺序控制电路，其电路工作原理：

1. 两台电动机按顺序起动，停止不分先后的控制电路(1)，如图 6.10 左图所示。

按下【M1 起动】按钮 SB11(线号 4-5)，接触器 KM1 的线圈 KM1(线号 5-9)得电吸合；接触器 KM1 并联在【M1 起动】按钮 SB11(线号 4-5)右边的常开辅助触点 KM1(线号 4-5)闭合，实现对接触器 KM1 的得电自锁；接触器 KM1 串联在接触器 KM2 控制回路中的常开辅助触点 KM1(线号 7-8)闭合，为接触器 KM2 的得电及电动机 M2 的起动做好准备；与此同时，在主电路中接触器 KM1 的主触点 KM1 闭合，电动机 M1 运行。

再按下【M2 起动】按钮 SB21(线号 6-7)，接触器 KM2 的线圈 KM2(线号 8-9)得电吸合；接触器 KM2 并联在【M2 起动】按钮 SB21(线号 6-7)右边的常开辅助触点 KM2(线号 6-7)闭合，实现对接触器 KM2 的得电自锁；与此同时，在主电路中，接触器 KM2 的主触点 KM2 闭合，电动机 M2 在电动机 M1 运行之后才能运行。

当要停止电动机 M2 时，按下【M2 停止】按钮 SB22(线号 3-6)，接触器 KM2 的线圈 KM2(线号 8-9)失电断开；并联在【M2 起动】按钮 SB21(线号 6-7)右边的接触器 KM2 的常开辅助触点 KM2(线号 6-7)断开；与此同时，在主电路中，接触器 KM2 的主触点 KM2 断开，电动机 M2 停止运行。

当要停止电动机 M1 时，按下【M1、M2 停止】按钮 SB12(线号 3-4)，接触器 KM1 的线圈 KM1(线号 5-9)失电断开；接触器 KM1 串联在接触器 KM2 控制回路中的常开辅助触点 KM1(线号 7-8)断开；与此同时，接触器 KM2 的线圈 KM2(线号 8-9)也失电断开；与此同时，在主电路中，接触器 KM1、KM2 的主触点 KM1、KM2 都断开，电动机 M1、M2 都停止运行。

2. 两台电动机按顺序起动，按顺序停止的控制电路(2)，如图 6.10 右图所示。

按下【M1 起动】按钮 SB11(线号 4-5)，接触器 KM1 的线圈 KM1(5-9)得电吸合；接触器 KM1 并联在【M1 起动】按钮 SB11(线号 4-5)右边的常开辅助触点 KM1(线号 4-5)闭合，起到对接触器 KM1 的得电自锁；接触器 KM1 串联在接触器 KM2 控制回路中的常开辅助触点 KM1(线号 7-8)闭合，为使接触器 KM2 的得电及电动机 M2 的起动做好准备；与此同时，在主电路中，接触器 KM1 的主触点 KM1 闭合，电动机 M1 运行。

然后再按下【M2 起动】按钮 SB21(线号 6-7)，接触器 KM2 的线圈 KM2(线号 8-9)得电吸合；接触器 KM2 并联在【M2 起动】按钮 SB21(线号 6-7)右边的常开辅助触点 KM2(线号 6-7)闭合，起到对接触器 KM2 的得电自锁；与此同时，在主电路中，接触器 KM2 的主触点 KM2 闭合，电动机 M2 在电动机 M1 运行之后才能开始运行。

当要停止电动机 M2 时，按下【M2 停止】按钮 SB22(线号 3-6)，接触器 KM2 的线圈 KM2(线号 8-9)失电断开，接触器 KM2 的所有触点复位；与此同时，在主电路中，接触器 KM2 的主触点 KM2 断开，电动机 M2 停止运行。

当要停止电动机 M1 运行时，先要按下【M2 停止】按钮 SB22(线号 3-6)，让接触器 KM2 的线圈 KM2(线号 8-9)失电断开，其目的也就是让接触器 KM2 并联在【M1 停止】按钮 SB12(线号 3-4)右边的常开辅助触点 KM2(线号 3-4)断开，为使接触器 KM1 能够断电，电动机 M1 能够停止，做好了准备；然后再按下【M1 停止】按钮 SB12(线号 3-4)，接触器 KM1 的线圈 KM1(线号 5-9)失电断开，接触器 KM1 的所有触点复位；与此同时，在主电路中，接触器 KM1 的主触点 KM1 断开，电动机 M1 停止运行。

在图6.10右图的控制电路中，当电动机M1、M2同时运行的时候，如果不让电动机M2先停止运行，直接按下【M1停止】按钮SB12(线号3-4)，想让电动机M1停止运行是做不到的，请同学们根据该电气原理图，分析一下原因，并做出说明。

6.3.6.2 电路的安装与接线

选择工具、连接导线和模块化的电气控制元件，在电气调试与维修实验台(THWC-3H)上，按照图6.9、图6.10所示电气原理图进行接线，所需电气元件，表6.7所示。

表6.7 电路实现所需电气元件明细表

代号	名称	(参考)型号	数量	备注
QS	空气开关	DZ47-63LEP-4P-6A	1(个)	—
FU1～2	熔断器	RT18-32-3P	2(只)	装熔芯5A
KM1～2	交流接触器	LC1-E0610M5N 220V	2(台)	线圈AC220V
SB11～22	按钮开关	LAY16	4(个)	颜色2红,2绿
FR1～2	热继电器	JRS1D-25/Z(0.63-1A)	2(个)	—
	热继电器座	JRS1D-25/Z型	2(个)	—
M1～2	三相异步电动机	—	2(台)	Y/△(220V/380V)

安装时注意电气元件模块在实验台上安装要牢靠，布置合理，布线美观。接线时注意区分电动机主电路(动力电路)、控制电路、接地保护导线(PE)，选用不同规格、颜色的导线来完成电路的接线，要求走线横平、竖直、整齐、合理，接点不得松动。

6.3.6.3 电路的检测与调试

检查并确认电气元件在电气调试与维修实验台(THWC-3H)上安装牢固、接线正确无误；将实验台控制面板上【急停】按钮旋开，并弹起；按下电气维修实验台控制面板上的【起动】按钮，接通三相交流总电源；然后手动“合”上空气开关QS。

当控制电路接线为两台电动机按顺序起动，停止不分先后的控制电路(1)时(图6.10左图)，按下【M1起动】按钮SB11(线号4-5)，电动机M1应该开始运行；然后再按下【M2起动】按钮SB21(线号6-7)，电动机M2开始运行；然后再按下【M2停止】按钮SB22(线号3-6)，电动机M2停止运行；或者再按下【M1、M2停止】按钮SB12(线号3-4)，电动机M1、M2都应停止运行。

当控制电路接线为两台电动机按顺序起动，按顺序停止的控制电路(2)时(图6.10右图)，按下【M1起动】按钮SB11(线号4-5)，电动机M1开始运行；然后再按下【M2起动】按钮SB21(线号6-7)，电动机M2开始运行；然后再按下【M2停止】按钮SB22(线号3-6)，电动机M2停止运行；最后再按下【M1停止】按钮SB12(线号3-4)，电动机M1停止运行。

若电路不能正常工作，应冷静分析并排除故障使电路能正常工作。

6.3.6.4 项目小结

本项目中，同学们应学会两台三相异步交流电动机的手动顺序控制电路的工作原理、接线与调试方法，以及在电气调试与维修实验台(THWC-3H)上对应的操作。

6.3.7 两台电动机的自动顺序控制项目

6.3.7.1 电路原理与应用

两台三相异步交流电动机的自动顺序控制，是只有在电动机 M1 开始运行后，电动机 M2 才能开始运行，其中电动机 M1 的起动是手动控制的，而电动机 M2 的起动是自动控制的。

两台及两台以上电动机的自动顺序控制应用广泛，在生产机械中，经常要求电动机之间的起动和停止必须满足一定顺序。自动顺序控制，其优点是比手动顺序控制的操作更加简便、快捷和准确。

如图 6.11 所示，两台三相异步交流电动机自动顺序控制的工作流程：当按下【起动】按钮 SB02(线号 4-5)时，电动机 M1 开始运行；经过时间继电器 KT 调定的一段时间后，电动机 M2 才自动开始运行；当按下【停止】按钮 SB01(线号 3-4)时，电动机 M1 和 M2 全都转入停止。

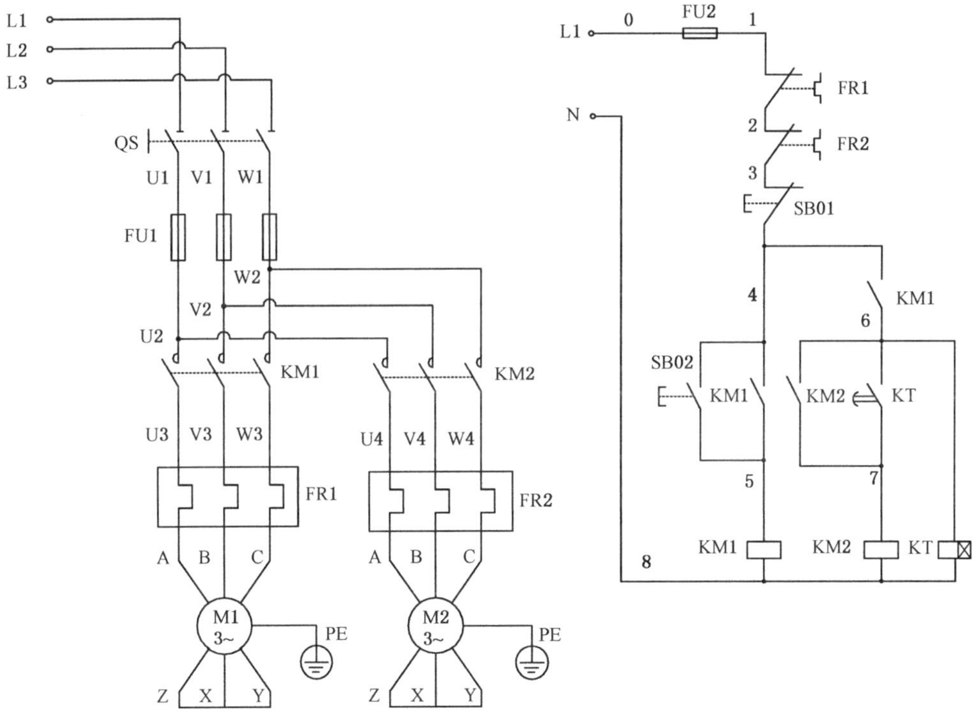

图 6.11 电气原理图

其电路工作原理：

按下【起动】按钮 SB02(线号 4-5)，接触器 KM1 的线圈 KM1(线号 5-8)得电吸合；接触器 KM1 并联在【起动】按钮 SB02(线号 4-5)右面的常开辅助触点 KM1(线号 4-5)闭合，实现对接触器 KM1 的得电自锁；接触器 KM1 串联在接触器 KM2 与时间继电器 KT 控制回路中的常开辅助触点 KM1(线号 4-6)闭合，为接触器 KM2 的得电与吸合做好准备；与此同时，在主电路中，接触器 KM1 的主触点 KM1 闭合，电动机 M1 开始运行；与此同时，时间继电器 KT 的线圈 KT(线号 6-8)通电,开始按照时间继电器 KT 所调定的延时时间进行计时。

当到达时间继电器 KT 调定时间之后,时间继电器 KT 串联在接触器 KM2 的控制回路中的延时闭合常开辅助触点 KT(线号 6-7)闭合;接触器 KM2 的线圈 KM2(线号 7-8)得电吸合;接触器 KM2 并联在时间继电器 KT 的延时闭合常开辅助触点 KT(线号 6-7)左面的常开辅助触点 KM2(线号 6-7)闭合,实现对接触器 KM2 的得电自锁;与此同时,在主电路中,接触器 KM2 的主触点 KM2 闭合,电动机 M2 开始自动运行。

当需要让电动机 M1、M2 停止时,按下【停止】按钮 SB01(线号 3-4),整个控制电路断电,接触器 KM1、KM2 和时间继电器 KT 的线圈 KM1(线号 5-8)、KM2(线号 7-8)、KT(线号 6-8)都失电断开,所有触点复位;电动机 M1、M2 都停止运行。

6.3.7.2 电路的安装与接线

选择工具、连接导线和模块化的电气控制元件,在电气调试与维修实验台(THWC-3H)上,按照图 6.11 所示电气原理图进行接线,所需电气元件,如表 6.8 所示。

表 6.8 电路实现所需电气元件明细表

代号	名称	(参考)型号	数量	备注
QS	空气开关	DZ47-63LEP-4P-6A	1(个)	—
FU1～2	熔断器	RT18-32-3P	2(只)	装熔芯:5A
KM1～2	交流接触器	LC1-E0610M5N 220V	2(台)	线圈 AC220V
SB01～02	按钮开关	LAY16	2(个)	颜色:1 红、1 绿
KT	通电时间继电器	ST3PA-B(0～60S) /220V	1(个)	—
	时间继电器方座	PF-083A	1(个)	—
FR1～2	热继电器	JRS1D-25/Z(0.63-1A)	2(个)	—
	热继电器座	JRS1D-25/Z 型	2(个)	—
M1～2	三相异步电动机	—	2(台)	Y/△(220V/380V)

安装时注意电气元件模块在实验台上安装要牢靠,布置合理,布线美观。接线时注意区分电动机主电路(动力电路)、控制电路、接地保护导线(PE),选用不同规格、颜色的导线来完成电路的接线,要求走线横平、竖直、整齐、合理,接点不得松动。

6.3.7.3 电路的检测与调试

检查并确认电气元件在电气调试与维修实验台(THWC-3H)上安装牢固、接线正确无误;将实验台控制面板上【急停】按钮旋开,并弹起;按下电气维修实验台控制面板上的【起动】按钮,接通三相交流总电源。

然后手动“合”上空气开关 QS;当按下【起动】按钮 SB02(线号 4-5)时,电动机 M1 应起动运行,经过时间继电器 KT 所调定的延时时间之后,电动机 M2 应自动开始运行;然后再按下【停止】按钮 SB01(线号 3-4)时,电动机 M1、M2 都应停止运行;若电路不能正常工作,应冷静分析并排除故障使电路能正常工作。

6.3.7.4 项目小结

本项目中，同学们应学会三相异步交流电动机的自动顺序控制电路的原理、接线与调试方法，以及在电气调试与维修实验台(THWC-3H)上对应的操作。

6.3.8 电动机能耗制动控制电路项目

6.3.8.1 电路原理与应用

当需要电动机停转时，通过能耗制动作用，能够让三相异步交流电动机迅速停止运转。该控制电路主要应用在工业生产领域中需要迅速制动、准确停位的场合，比如机床工作台的前进和后退、车间内桥式起重机与轨道运输平车的运动控制。对于 10 kW 以上的三相异步交流电动机，多采用有变压器的单相桥式整流电路来进行能耗制动；而对于 10 kW 以下的三相异步交流电动机，可以采用无变压器单相半波整流电路来进行能耗制动。由于我院电气控制技术实验室内的三相异步交流电动机属于小功率电动机，因此本小节仅介绍三相异步交流电动机的半波整流能耗制动控制电路。

三相异步交流电动机的半波整流能耗制动控制电路，从工作原理上来说就是通过电动机主电路开关断开及能耗制动开关的闭合，来给电动机的定子绕组串联接入一个由半导体二极管组成的半波整流直流电源，使定子绕组产生一个恒定的制动磁场，使电动机能够实现迅速制动和停转。

其电路工作原理，如图 6.12 所示，电动机 M 分为两个工作阶段：

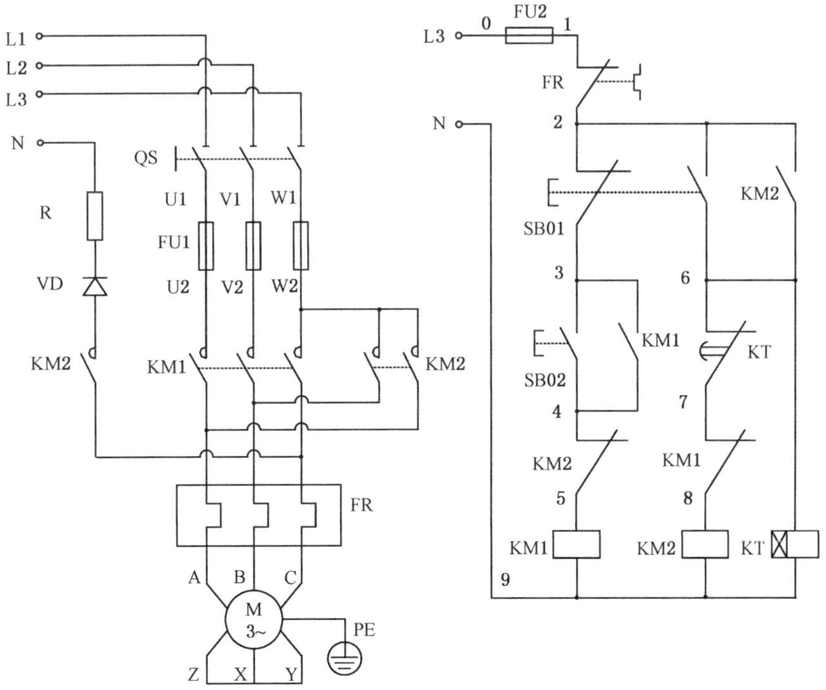

图 6.12 电气原理图

1. 电动机M从起动到运行：按下【起动】按钮SB02(线号3-4)时，接触器KM1的线圈KM1(线号5-9)得电吸合；接触器KM1并联在【起动】按钮SB02(线号3-4)右面的常开辅助触点KM1(线号3-4)闭合，实现对接触器KM1的得电自锁功能；接触器KM1串联在接触器KM2控制回路中的常闭辅助触点KM1(线号7-8)断开，实现对接触器KM2的失电状态的锁定；与此同时，在主电路中，接触器KM1的主触点KM1闭合，电动机M起动并运行。

2. 电动机M半波整流能耗制动：当按下【停止】按钮SB01(线号2-3、线号2-6)时，接触器KM1的线圈KM1(线号5-9)失电断开；与此同时，在主电路中，接触器KM1的主触点KM1断开，停止对电动机M的三相交流供电；与此同时，接触器KM1串联在接触器KM2控制回路中的常闭辅助触点KM1(线号7-8)重新闭合；与此同时，由于按下了【停止】按钮SB01(线号2-6)，接触器KM2的线圈KM2(线号8-9)得电吸合；接触器KM2并联在【停止】按钮SB01(线号2-6)右边的常开辅助触点KM2(线号2-6)闭合，实现对接触器KM2的得电自锁；与此同时，在主电路中，接触器KM2的主触点KM2闭合，电动机M从原来的三相交流电源处接入了半波整流能耗制动电源，开始实现对电动机M提供能耗制动作用。

与此同时，时间继电器KT的线圈KT(线号6-9)得电，经过一段由时间继电器KT调定的延时时间段之后，时间继电器KT串联在接触器KM2控制回路中的延时断开常闭辅助触点KT(线号6-7)断开；接触器KM2的线圈KM2(线号8-9)失电断开；与此同时，在主电路中，接触器KM2的主触点KM2断开，半波整流能耗控制电路也停止工作，对电动机M的制动作用完成。

6.3.8.2 电路的安装与接线

选择工具、连接导线和模块化的电气控制元件，在电气调试与维修实验台(THWC-3H)上，按照图6.12所示电气原理图进行接线，所需电气元件，如表6.9所示。

表6.9 电路实现所需电气元件明细表

代号	名称	(参考)型号	数量	备注
QS	空气开关	DZ47-63-3P-10A	1(个)	—
FU1～2	熔断器	RT18-32-3P	2(只)	装熔芯5A
KM1～2	交流接触器	LC1-E0610M5N	2(个)	线圈AC220V
FR	热继电器	JRS1D-25/Z(0.63-1A)	1(个)	—
	热继电器座	JRS1D-25	1(个)	—
KT	时间继电器	JS7-2A(0.4～60S)/220V	1(个)	—
SB01～02	按钮开关	LAY16	1(个)	颜色1红1绿
VD1	二极管	1N5408	1(个)	—
R	电阻	10 Ω/25 W	1(个)	—
M	三相异步交流电动机	—	1(台)	Y/△(220V/380V)

安装时注意电气元件模块在实验台上安装要牢靠，布置合理，布线美观。接线时注意

区分电动机主电路(动力电路)、控制电路、接地保护导线(PE),选用不同规格、颜色的导线来完成电路的接线,要求走线横平、竖直、整齐、合理,接点不得松动。

6.3.8.3 电路的检测与调试

检查并确认电气元件在电气调试与维修实验台(THWC-3H)上安装牢固、接线正确无误;将实验台控制面板上【急停】按钮旋开,并弹起;按下电气维修实验台控制面板上的【起动】按钮,接通三相交流总电源。

然后手动"合"上空气开关QS;当按下【起动】按钮SB02(线号3-4)时,电动机M应开始正常起动工作;当按下【停止】按钮SB01(线号2-3、线号2-6)时,电动机M应进行能耗制动并迅速停转;若电路不能正常工作,应冷静分析并排除故障使电路能正常工作。

6.3.8.4 项目小结

本项目中,同学们应学会三相异步交流电动机半波整流能耗控制电路的原理、接线与调试方法,以及在电气调试与维修实验台(THWC-3H)上对应的操作。

6.3.9 电动机反接制动控制电路项目

6.3.9.1 电路原理与应用

三相异步交流电动机反接制动控制电路,用于电动机需要停止时,短时间内调换三相交流电源的相序,让电源与电动机的定子绕组形成反序连接,则在电动机定子中的旋转磁场将会反向旋转,在电动机转子轴上所产生的电磁转矩也随之反向,即原来的"拖动转矩"变成为"制动转矩",加载于电动机转子轴上。在"制动转矩"的作用下,电动机转速便很快降低为零,从而实现让电动机快速停止的制动效果。

该电路在工程实践中,主要应用类似于起重机械的应用领域当中,电动机工作在拖动吊重负载并进行低转速,频繁地起动、停止和正反转运行时,为了实现准确而又灵活的控制,电机会经常处于制动状态,并且要求制动力矩要大。反接制动控制具有制动能力强、制动迅速、控制电路简单、设备投资少等特点。

其电路工作原理,如图6.13所示:

1. 电动机M的起动运行:按下【起动】按钮SB02(线号3-4),接触器KM1的线圈KM1(线号5-9)得电吸合;接触器KM1并联在【起动】按钮SB02(线号3-4)右边的常开辅助触点KM1(线号3-4)闭合,实现对接触器KM1的得电自锁;接触器KM1串联在接触器KM2控制回路中的常闭辅助触点KM1(线号7-8)断开,实现对接触器KM2失电状态的锁定;与此同时,在主电路中接触器KM1的主触点KM1闭合,电动机M起动并运行。

2. 电动机M的反接制动:当电动机M在运行状态下需要停止时,按下【停止】按钮SB01(线号2-3、线号2-6);接触器KM1的线圈KM1(线号5-9)失电断开;接触器KM1串联在接触器KM2控制回路中的常闭辅助触点KM1(线号7-8)重新闭合,为接触器KM2的线圈KM2(线号8-9)通电做好准备;与此同时,在主电路中,接触器KM1的主触点KM1断开,三相交流电源停止了对电动机M"拖动"供电。

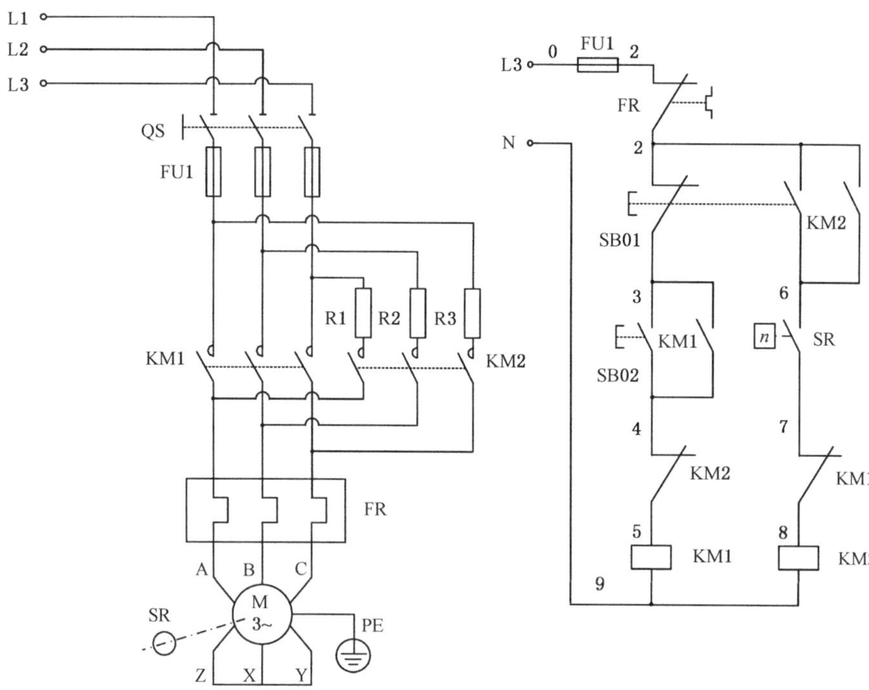

图 6.13 电气原理图

电动机 M 的制动作用刚刚开始时，在电动机 M 还在依靠惯性高速旋转，此时速度继电器 SR 的常开触点 SR(线号 6-7)是闭合的，因此在按下【停止】按钮 SB01(线号 2-6)时，接触器 KM2 的线圈 KM2(线号 8-9)得电吸合；接触器 KM2 并联在【停止】按钮 SB01(线号 2-6)右边的常开辅助触点 KM2(线号 2-6)闭合，实现对接触器 KM2 的得电自锁；与此同时，在主电路中，接触器 KM2 的主触点 KM2 闭合，从原三相交流电源处接入了与“拖动”电源反序的“制动”三相交流电源，反接制动电路开始工作，电动机 M 受到反向电磁转矩的作用进入制动状态，电动机 M 的转速迅速减小；当电动机 M 的转速降到一定程度(接近于零)时，速度继电器 SR 的常开触点 SR(线号 6-7)断开；接触器 KM2 的线圈 KM2(线号 8-9)失电断开；接触器 KM1、KM2 和速度继电器 SR 的所有触点都复位；与此同时，在主电路中，接触器 KM2 的主触点 KM2 断开，反接制动控制电路停止工作，电动机 M 的制动过程完成。

下面有两个问题请同学们思考：

1. 图 6.13 主电路中 R1、R2、R3 三个电阻起什么作用?

2. 如果制动时，电动机 M 转速降为零，速度继电器 SR 的常开触点 SR(线号 6-7)不能及时断开，会发生什么?

6.3.9.2 电路的安装与接线

选择工具、连接导线和模块化的电气控制元件，在电气调试与维修实验台(THWC-3H)上，按照图 6.13 所示电气原理图进行接线，所需电气元件，如表 6.10 所示。

表 6.10　电路实现所需电气元件明细表

代号	名称	(参考)型号	数量	备注
QS	空气开关	DZ47-63-3P-10A	1(个)	—
FU1～2	熔断器	RT18-32-3P	2(只)	装熔芯 5A
KM1～2	交流接触器	LC1-E0610M5N	2(台)	—
FR	热继电器	JRS1D-25/Z(0.63-1A)	1(个)	—
	热继电器座	JRS1D-25	1(个)	—
SB01～02	按钮开关	LAY16	2(个)	颜色 1 红 1 绿
R	电阻	75 Ω/75 W	3(个)	—
SR	速度继电器	JFZ0	1(个)	—
M	三相异步交流电动机	—	1(台)	Y/△(220V/380V)

安装时注意电气元件模块在实验台上安装要牢靠，布置合理，布线美观。接线时注意区分电动机主电路(动力电路)、控制电路、接地保护导线(PE)，选用不同规格、颜色的导线来完成电路的接线，要求走线横平、竖直、整齐、合理，接点不得松动。

6.3.9.3　电路的检测与调试

检查并确认电气元件在电气调试与维修实验台(THWC-3H)上安装牢固、接线正确无误；将实验台控制面板上【急停】按钮旋开，并弹起；按下电气维修实验台控制面板上的【起动】按钮，接通三相交流总电源。

然后手动“合”上空气开关 QS；当按下【起动】按钮 SB02(线号 3-4)时，电动机 M 应开始起动并正常工作，当按下【停止】按钮 SB01(线号 2-3、线号 2-6)时，电动机 M 应进行反接制动并迅速停转，若电路不能正常工作，应冷静分析并排除故障使电路能正常工作。

6.3.9.4　项目小结

本项目中，同学们应学会三相异步交流电动机反接制动控制电路的原理、接线与调试方法，以及在电气调试与维修实验台(THWC-3H)上对应的操作。

6.4　简单的电动机实际控制电路及其实现

6.4.1　实际电路(一)：工作台自动往返控制电路

6.4.1.1　电路原理与应用

三相异步交流电动机拖动工作台往返控制，是要求导轨上的工作台，在规定的行程范围内，能根据控制要求自动往返运动，即当工作台运行到某一固定位置时，不需要人工手动操作按钮，就能使得工作台自动返回。工作台自动往返控制电路在工业生产类机械设备的零件加工、货物运输等控制要求中经常会用到。其优点是简化操作，提高生产效率，降低人的劳动强度。

在工作台运行导轨上，行程开关的布置，如图 6.14 所示。在工作台自动往返控制电路中，由四个行程开关(SQ01～SQ04)来实现控制与保护功能，其中行程开关 SQ01、SQ02 固定安装在导轨上，用来标识工作台往返运动的左右两个返回位置点，起到工作台往返控制作用；而行程开关 SQ03、SQ04 也固定安装在导轨上，用来标识工作台运动的左右两个极限位置点，用作工作台运动超程时的终端安全保护作用。

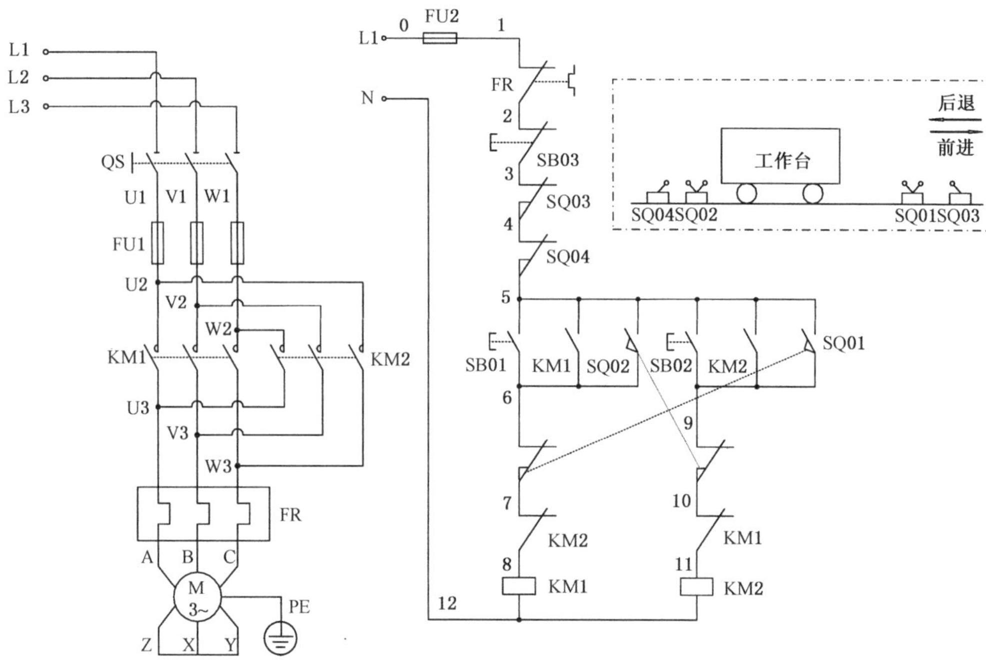

图 6.14 电气原理图

工作台自动往返控制电路的工作流程：

当按下【向右起动】按钮 SB01(线号 5-6)时，电动机 M 正转，即工作台向右(前进)；当工作台的挡块碰到【右端】行程开关 SQ01(线号 5-9、6-7)时，电动机 M 反转，即工作台自动向左(后退)；当工作台的挡块碰到【左端】行程开关 SQ02(线号 5-6、9-10)时，电动机 M 又正转，即工作台重新向右(前进)；当下一次，工作台的挡块又碰到【右端】行程开关 SQ01(线号 5-9、6-7)时，工作台重新又向左(后退)；当下一次，工作台的挡块又碰到【左端】行程开关 SQ02(线号 5-6、9-10)时，工作台再次向右(前进)，……工作台就是如此的自动循环往返工作，一直到按下【停止】按钮 SB03(线号 2-3)时，工作台停止运动。

当按下【向左起动】按钮 SB02(线号 5-9)时，电动机 M 反转，即工作台向左(后退)；当工作台的挡块碰到【左端】行程开关 SQ02(线号 5-6、9-10)时，电动机 M 正转，即工作台自动向右(前进)；当工作台的挡块碰到【右端】行程开关 SQ01(线号 5-9、6-7)时，电动机 M 反转，即工作台自动向左(后退)；当下一次，工作台的挡块又碰到【左端】行程开关 SQ02(线号 5-6、9-10)时，工作台重新向右(前进)；当下一次，工作台的挡块又碰到【右端】行程开关 SQ01(线号 5-9、6-7)时，工作台重新又向左(返回)，……如此自动循环往返工作，一直到按下【停止】按钮 SB03(线号 2-3)时，工作台停止运动。

当工作台在往返运动过程中，由于故障引起行程开关 SQ01、SQ02 失灵时，工作台就会继续向右(前进)或向左(后退)到极限位置。这时工作台的挡块就会碰到【右极限】行程开关 SQ03(线号 3-4)、或【左极限】行程开关 SQ04(线号 4-5)，从而切断整个控制线路的电源，使得电动机 M 停转，工作台停留在极限位置，而不会因为超程而引发事故。

其电路的工作原理，如图 6.14 所示：

按下【向右起动】按钮 SB01(线号 5-6)，接触器 KM1 的线圈 KM1(线号 8-12)得电吸合；接触器 KM1 并联在【向右起动】按钮 SB01 右边的常开辅助触点 KM1(线号 5-6)闭合，起到对接触器 KM1 的得电自锁作用；接触器 KM1 串联在接触器 KM2 的控制回路中的常闭辅助触点 KM1(线号 10-11)断开，起到对接触器 KM2 失电状态的锁定作用；与此同时，在主电路中，接触器 KM1 的主触点 KM1 闭合，电动机 M 正转，即工作台向右(前进)。

当工作台的挡块碰到【右端】行程开关 SQ01(线号 5-9、6-7)时，行程开关 SQ01 的常闭触点 SQ01(线号 6-7)先断开，常开触点 SQ01(线号 5-9)后闭合；当行程开关 SQ01 串联在接触器 KM1 的控制回路中的常闭触点 SQ01(线号 6-7)断开时，接触器 KM1 的线圈 KM1(线号 8-12)失电断开；与此同时，在主电路中，接触器 KM1 的主触点 KM1 断开，电动机 M 停止正转；当行程开关 SQ01 并联在接触器 KM2 的控制回路中的常开触点 SQ01(线号 5-9)闭合时，接触器 KM2 的线圈 KM2(线号 11-12)得电吸合，电动机 M 反转，即工作台向左(后退)；接触器 KM2 并联在【向左起动】按钮 SB02 右边的常开辅助触点 KM2(线号 5-9)闭合，将起到对接触器 KM2 的得电自锁作用；接触器 KM2 串联在接触器 KM1 的控制回路中的常闭辅助触点 KM2(线号 7-8)断开，将起到对接触器 KM1 失电状态的锁定作用。

当工作台的挡块碰到【左端】行程开关 SQ02(线号 5-6、9-10)时，行程开关 SQ02 的常闭触点 SQ02(线号 9-10)先断开，常开触点 SQ02(线号 5-6)后闭合；当行程开关 SQ02 串联在接触器 KM2 的控制回路中的常闭触点 SQ02(线号 9-10)断开时，接触器 KM2 的线圈 KM2(线号 11-12)失电断开；与此同时，在主电路中，接触器 KM2 的主触点 KM2 断开，电动机 M 停止反转；当行程开关 SQ02 并联在接触器 KM1 的控制回路中的常开触点 SQ02(线号 5-6)闭合时，接触器 KM1 的线圈 KM1(线号 8-12)得电吸合，电动机 M 正转，即工作台向右(前进)；接触器 KM1 并联在【向右起动】按钮 SB01 右边的常开辅助触点 KM1(线号 5-6)闭合，将起到对接触器 KM1 的得电自锁作用；接触器 KM1 串联在接触器 KM2 的控制回路中的常闭辅助触点 KM1(线号 10-11)断开，将起到对接触器 KM2 失电状态的锁定作用。

当工作台【右端】行程开关 SQ01 失灵时，工作台会继续向右运动；这时工作台挡块会碰到【右极限】行程开关 SQ03(线号 3-4)，这样就切断了整个控制电路的供电，所有接触器都复位；电动机 M 也停转，工作台停止在【右极限】位置。

当工作台【左端】行程开关 SQ02 失灵时，工作台会继续向左运动；这时工作台挡块会碰到【左极限】行程开关 SQ04(线号 4-5)，这样就切断了整个控制电路的供电，所有接触器都复位；电动机 M 也停转，工作台停止在【左极限】位置。

在工作台循环往复运动时，按下【停止】按钮 SB03(线号 2-3)，工作台可以在【左端】位置(由 SQ02 的安装位置确定)与【右端】位置(由 SQ01 的安装位置确定)之间的某一任意位置停止运动。

6.4.1.2 电路的安装与接线

选择工具、连接导线和模块化的电气控制元件，在电气调试与维修实验台（THWC-3H）上，按照图 6.14 所示电气原理图进行接线，所需电气元件，如表 6.11 所示。

表 6.11 电路实现所需电气元件明细表

代号	名称	（参考）型号	数量	备注
QS	空气开关	DZ47-63LEP-4P-6A	1(个)	—
FU1～2	熔断器	RT18-32-3P	2(只)	装熔芯 5A
KM1～2	交流接触器	LC1-E0610M5N 220V	2(台)	线圈 AC220V
SB01～03	按钮开关	LAY16	3(个)	颜色 2 红 1 绿
FR	热继电器	JRS1D-25/Z(0.63-1A)	1(个)	—
	热继电器座	JRS1D-25/Z	1(个)	—
SQ01～02	行程开关	LX9-222	2(个)	手动复位
SQ03～04	行程开关	LX9-001	2(个)	自动复位
M	三相异步电动机	—	1(台)	Y/△(220V/380V)

安装时注意电气元件模块在实验台上安装要牢靠，布置合理，布线美观。接线时注意区分电动机主电路（动力电路）、控制电路、接地保护导线（PE），选用不同规格、颜色的导线来完成电路的接线，要求走线横平、竖直、整齐、合理，接点不得松动。

6.4.1.3 电路的检测与调试

检查并确认电气元件在电气调试与维修实验台（THWC-3H）上安装牢固、接线正确无误；将实验台控制面板上【急停】按钮旋开，并弹起；按下电气维修实验台控制面板上的【起动】按钮，接通三相交流总电源。

然后手动“合”上空气开关 QS；当按下【向右起动】按钮 SB01（线号 5-6）时，电动机 M 应该正转，即工作台向右（前进）；当工作台的挡块碰到【右端】行程开关 SQ01（线号 5-9、6-7）时，电动机 M 应该反转，即工作台向左（后退）；当工作台的挡块碰到【左端】行程开关 SQ02（线号 5-6、9-10）时，电动机 M 又应该正转，即工作台向右（前进）；……如此循环往复，直到按下【停止】按钮 SB03（线号 2-3）。

当行程开关 SQ01、SQ02 失灵时（调试时，可以用跳过 SQ01、SQ02，直接触发 SQ03、SQ04 来模拟这样的故障情况），工作台继续前进或后退到左右极限位置时，工作台的挡块就会碰到【右极限】行程开关 SQ03、或【左极限】行程开关 SQ04，此时电动机 M 应该停转。

若以上控制功能都可以顺利完成，则按下【停止】按钮 SB03（线号 2-3），电动机 M 应该停转；若工作台自动往返控制电路不能正常工作，应冷静分析并排除故障使电路能正常工作。

6.4.1.4 项目小结

本项目中，同学们应学会三相异步交流电动机拖动工作台自动往返控制电路的工作原理、接线与调试方法，以及在电气调试与维修实验台(THWC-3H)上对应的操作。

6.4.2 实际电路(二)：电动葫芦控制电路

6.4.2.1 电路原理与应用

电动葫芦是一种起吊重物的工程机械设备。电动葫芦控制电路的作用是分别控制起吊设备上多个三相异步交流电动机能够实现正反转，来完成该起吊设备的控制功能。

如图6.15所示，本节介绍的电动葫芦控制电路实例，仅控制两个三相异步交流电动机M1和M2。电动机M1为吊钩驱动电动机，由接触器KM1和接触器KM2进行正反转控制，用来控制吊钩的升降运动，实现货物提升与下落；电动机M2为吊车平移机构电动机，由接触器KM3和接触器KM4进行正反转控制，用来驱动电动葫芦的吊车水平运动，并移动货物。本电路中，由于电动机M1、M2的控制都是手工点动的，所以在接触器KM1、KM2、KM3、KM4的控制回路中，都没有接入接触器的自锁辅助触点。

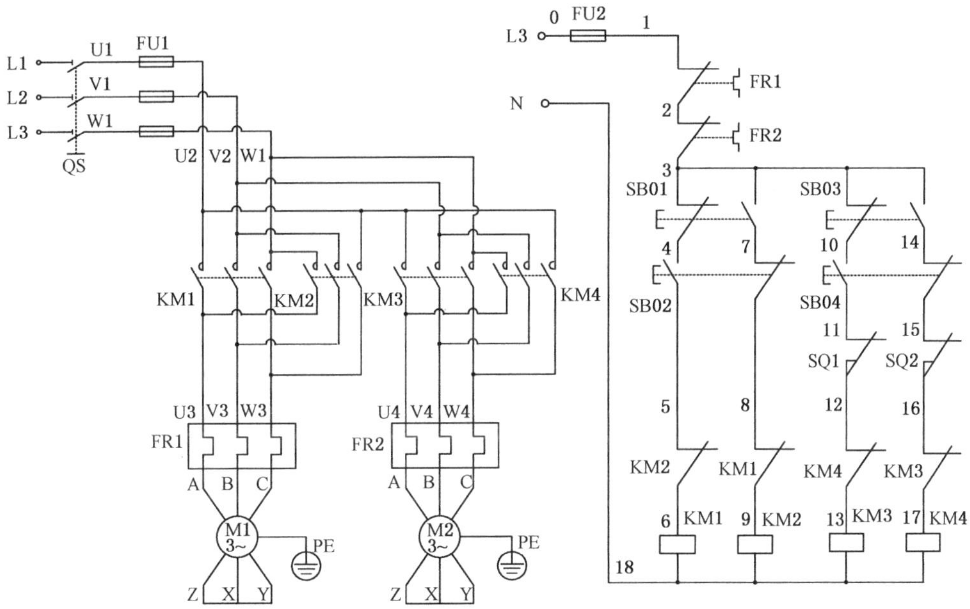

图6.15 电气原理图

电动葫芦控制电路的工作流程：当点动按下【吊钩提升】按钮SB01(线号3-4、3-7)时，吊钩驱动电动机M1正转，实现吊钩提升；吊钩提升到一定高度时，松开【吊钩提升】按钮SB01(线号3-4、3-7)时，吊钩驱动电动机M1停转，吊钩将会保持在固定高度；当点动按下【吊钩下落】按钮SB02(线号4-5、线号7-8)时，电动机M1反转，吊钩下降；吊钩下降到一定高度时，松开【吊钩下落】按钮SB02(线号4-5、7-8)，吊钩将会保持在固定高度。

当点动按下【吊车向前】按钮SB03(线号3-10、3-14)时，吊车驱动电动机M2正转，吊车平移机构向前搬运货物；向前移动到一定位置时，松开【吊车向前】按钮SB03(线号3-10、3-14)，货物将停止在所需要的位置上；当点动按下【吊车向后】按钮SB04(线号10-11、14-15)时，吊车驱动电动机M2反转，吊车平移机构向后搬运货物；向后移动到一定位置时，松开

【吊车向后】按钮 SB04(线号 10-11、14-15),货物将停止在所需要的位置上。

其电路工作原理:

1. 吊钩升降控制:当按下【吊钩提升】按钮 SB01(线号 3-4、3-7)时,【吊钩提升】按钮 SB01 串联在接触器 KM1 回路中的常闭触点 SB01(线号 3-4)先断开,串联在接触器 KM2 回路中的常开触点 SB01(线号 3-7)后闭合;接触器 KM2 的线圈 KM2(线号 9-18)得电吸合;接触器 KM2 串联在接触器 KM1 控制回路中的常闭辅助触点 KM2(线号 5-6)断开,对接触器 KM1 的失电状态进行锁定;与此同时,在主电路中,接触器 KM2 的主触点 KM2 闭合,电动机 M1 正转,即吊钩上升运动。

当松开【吊钩提升】按钮 SB01(线号 3-4、3-7)时,【吊钩提升】按钮 SB01 的常开触点 SB01(线号 3-7)断开;接触器 KM2 的线圈 KM2(线号 9-18)失电断开;接触器 KM2 串联在接触器 KM1 控制回路中的常闭辅助触点 KM2(线号 5-6)重新闭合,为以后接触器 KM1 的通电提供条件;与此同时,在主电路中,接触器 KM2 的主触点 KM2 断开,电动机 M1 停止运行,电动葫芦的吊钩停在固定的高度上。

当按下【吊钩下落】按钮 SB02(线号 4-5、线号 7-8)时,【吊钩下落】按钮 SB02 串联在接触器 KM2 回路中的常闭触点 SB02(线号 7-8)先断开,串联在接触器 KM1 控制回路中的常开触点 SB02(线号 4-5)后闭合;接触器 KM1 的线圈 KM1(线号 6-18)得电吸合;与此同时,接触器 KM1 串联在接触器 KM2 控制回路中的常闭辅助触点 KM1(线号 8-9)断开,对接触器 KM2 的失电状态进行锁定;与此同时,在主电路中,接触器 KM1 的主触点 KM1 闭合,电动机 M1 反转,即吊钩下落运动。

当松开【吊钩下落】按钮 SB02(线号 4-5、7-8)时,【吊钩下落】按钮 SB02 的常开触点 SB02(线号 4-5)断开;接触器 KM1 的线圈 KM1(线号 6-18)失电断开;接触器 KM1 串联在接触器 KM2 控制回路中的常闭辅助触点 KM1(线号 8-9)重新闭合,为以后接触器 KM2 的通电提供条件;与此同时,在主电路中,接触器 KM1 的主触点 KM1 断开,电动机 M1 停止运行,电动葫芦的吊钩停在固定的高度上。

2. 吊车平移控制:当按下【吊车向前】按钮 SB03(线号 3-10、3-14)时,【吊车向前】按钮 SB03 串联在接触器 KM3 控制回路中的常闭触点 SB03(线号 3-10)先断开,串联在接触器 KM4 控制回路中的常开触点 SB03(线号 3-14)后闭合;接触器 KM4 的线圈 KM4(线号 17-18)得电吸合;接触器 KM4 串联在接触器 KM3 控制回路中的常闭辅助触点 KM4(线号 12-13)断开,对接触器 KM3 的失电状态进行锁定;与此同时,在主电路中,接触器 KM4 的主触点 KM4 闭合,电动机 M2 正转,即吊车向前运动。

当松开【吊车向前】按钮 SB03(线号 3-10、3-14)时,【吊车向前】按钮 SB03 的常开触点 SB03(线号 3-14)断开;接触器 KM4 的线圈 KM4(线号 17-18)失电断开;接触器 KM4 串联在接触器 KM3 控制回路中的常闭辅助触点 KM4(线号 12-13)重新闭合,为以后接触器 KM3 的通电提供条件;与此同时,在主电路中,接触器 KM4 的主触点 KM4 断开,电动机 M2 停止运行,电动葫芦的吊车停在固定的位置上。

当按下【吊车向后】按钮 SB04(线号 10-11、14-15)时,【吊车向后】按钮 SB04 串联在接触器 KM4 控制回路中的常闭触点 SB04(线号 14-15)先断开,串联在接触器 KM3 控制回路中的常开触点 SB04(线号 10-11)后闭合;接触器 KM3 的线圈 KM3(线号 13-18)得电吸合;接触器 KM3 串联在接触器 KM4 控制回路中的常闭辅助触点 KM3(线号 16-17)断开,对接触器 KM4 的失电状态进行锁定;与此同时,在主电路中,接触器 KM3 的主触点 KM3 闭合,电动机 M2 反转,即吊车向后运动。

当松开【吊车向后】按钮 SB04(线号 10-11、14-15)时,【吊车向后】按钮 SB04 的常开触点 SB04(线号 10-11)断开;接触器 KM3 的线圈 KM3(线号 13-18)失电断开;接触器 KM3 串联在接触器 KM4 控制回路中的常闭辅助触点 KM3(线号 16-17)重新闭合,为以后接触器 KM4 的通电提供条件;与此同时,在主电路中,接触器 KM3 的主触点 KM3 断开,电动机 M2 停止运行,电动葫芦的吊车停在固定的位置上。

6.4.2.2 电路的安装与接线

选择工具、连接导线和模块化的电气控制元件,在电气调试与维修实验台(THWC-3H)上,按照图 6.15 所示的电气原理图进行接线,所需电气元件,如表 6.12 所示。

表 6.12 电路实现所需电气元件明细表

代号	名称	(参考)型号	数量	备注
QS	空气开关	DZ47-63LEP-4P-6A	1(个)	—
FU1～2	熔断器	RT18-32-3P	2(只)	装熔芯 5A
KM1～4	交流接触器	LC1-E0610M5N 220V	4(台)	线圈 AC220V
SB01～04	按钮开关	LAY16	4(个)	颜色 2 绿 2 红
FR1～2	热继电器	JRS1D-25/Z(0.63-1A)	2(个)	—
	热继电器座	JRS1D-25/Z 型	2(个)	—
SQ	行程开关	LX9-222	1(个)	自动复位
M1～2	三相异步电动机	—	2(台)	Y/△(220V/380V)

安装时注意电气元件模块在实验台上安装要牢靠,布置合理,布线美观。接线时注意区分电动机主电路(动力电路)、控制电路、接地保护导线(PE),选用不同规格、颜色的导线来完成电路的接线,要求走线横平、竖直、整齐、合理,接点不得松动。

6.4.2.3 电路的检测与调试

检查并确认电气元件在电气调试与维修实验台(THWC-3H)上安装牢固、接线正确无误;将实验台控制面板上【急停】按钮旋开,并弹起;按下电气维修实验台控制面板上的【起动】按钮,接通三相交流总电源;然后手动“合”上空气开关 QS。

当点动按下【吊钩提升】按钮 SB01(线号 3-4、3-7)时,电动机 M1 应正转运行,电动葫芦的吊钩应该向上提升货物;吊钩提升到一定高度时,松开【吊钩提升】按钮 SB01(线号 3-4、3-7)时,吊钩应该停止运动。

当点动按下【吊钩下落】按钮 SB02(线号 4-5、7-8)时,电动机 M1 应反转运行,电动葫芦的吊钩应该下落货物;吊钩下落到一定高度时,松开【吊钩下落】按钮 SB02(线号 4-5、7-8)时,吊钩应该停止运动。

当点动按下【吊车向前】按钮 SB03(线号 3-10、3-14)时,电动机 M2 应正转运行,电动葫芦的吊车移动机构应该向前搬运货物，松开【吊车向前】按钮 SB03(线号 3-10、3-14)时，吊车应停止运动。

当点动按下【吊车向后】按钮 SB04(线号 10-11、14-15)时，电动机 M2 应反转运行，电动葫芦的吊车移动机构应该向后搬运货物，松开【吊车向后】按钮 SB04(线号 10-11、14-15)时，吊车应该停止运动。

若电动葫芦控制电路不能正常工作，应冷静分析并排除故障使电路能正常工作。

6.4.2.4 项目小结

本项目中，同学们应学会电动葫芦控制电路的工作原理、接线与调试方法，以及在电气调试与维修实验台(THWC-3H)上对应的操作。

6.4.3 实际电路(三):双速电动机控制电路

6.4.3.1 电路原理与应用

双速电动机属于变极调速异步电动机，是通过改变定子绕组的连接方法达到改变定子旋转磁场磁极对数，从而改变电动机的转速的目的。简单来说，电动机磁极对数增多电动机扭矩增大、转速降低，磁极对数降低电动机扭矩减小、转速升高。如图 6.16 所示，将电动机定子每项绕组分成两半，并引出 6 个接头，分别对应绕组的首端、尾端和中间端，编号依次为(U1、V1、W1;U2、V2、W2;U3、V3、W3)。改变电动机定子绕组与三相交流电源的连接一般有两种方式:分别是从图 6.16(a)所示的三角形连接，变为图 6.16(c)所示的双星形连接；或者是从图 6.16(b)所示的星形连接，变为图 6.16(c)所示的双星形连接。这两种变换都会使得电动机磁极对数减半，使得电动机从低速运行模式切换到高速运行模式。

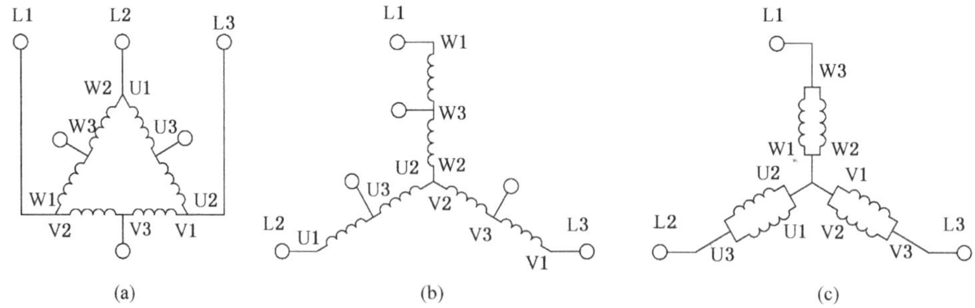

图 6.16 双速电动机定子绕组与三相电源连接的切换关系

双速电动机控制电路用来控制双速电动机进行两种速度的切换(即该电动机具有高速、低速两种运行模式)。双速电动机及其控制电路可以应用在机床与货运电梯之中，例如需要依靠机床主轴的不同转速来加工不同零件的机床上或者只有两个速度等级的货运电梯上，其优点是两种速度切换迅速、操作简便。

如图 6.17 所示，双速电动机控制电路是通过控制接触器 KM1、KM2、KM3 的主触点的不同开闭及其组合等情况，用来改变电动机定子绕组的接线方法(该电路实现星形连接与双星形连接之间切换)，从而实现该电动机由高速、低速两种速度之间转换的。

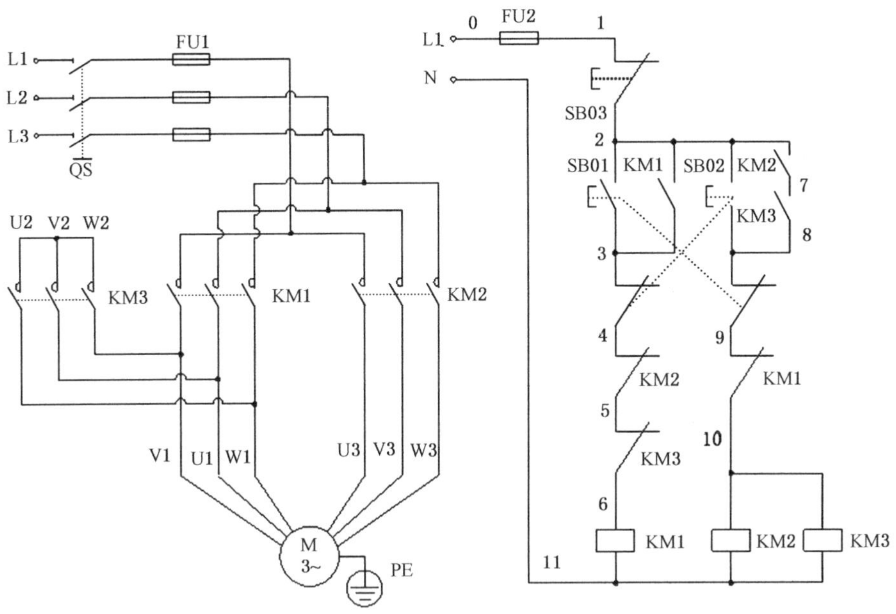

图 6.17 电气原理图

双速电动机控制电路的工作流程：当按下【低速起动】按钮 SB01(线号 2-3、8-9)时，与此同时，在主电路中，接触器 KM1 的主触点 KM1 闭合，电动机 M 的定子绕组做“多磁极对数”的连接，电动机 M 做低速运转；当再按下【高速起动】按钮 SB02(线号 2-8、3-4)时，接触器 KM1 的主触点 KM1 断开，而接触器 KM2、KM3 的主触点 KM2、KM3 闭合，电动机 M 定子绕组做“少磁极对数”连接，电动机 M 做高速运转。

双速电动机控制电路其工作原理，如图 6.17 所示：

1. 低速控制：按下【低速起动】按钮 SB01(线号 2-3、8-9)时，按钮 SB01 串联在接触器 KM2、KM3 控制回路中的常闭触点 SB01(线号 8-9)先断开，串联在接触器 KM1 控制回路中的常开触点 SB01(线号 2-3)后闭合，接触器 KM1 的线圈 KM1(线号 6-11)得电吸合；接触器 KM1 并联在【低速起动】按钮 SB01(线号 2-3)右面的常开辅助触点 KM1(线号 2-3)闭合，对接触器 KM1 的通电状态起到自锁作用；接触器 KM1 串联在接触器 KM2、KM3 的控制回路中的常闭辅助触点 KM1(线号 9-10)断开，对接触器 KM2、KM3 的失电状态起到锁定作用；与此同时，在主电路中，接触器 KM1 的主触点 KM1 闭合；电动机 M 定子绕组作“多磁极对数”连接，即该电动机 M 作低速运转。

2. 高速控制：按下【高速起动】按钮 SB02(线号 2-8、3-4)时，按钮 SB02 串联在接触器 KM1 控制回路中的常闭触点 SB02(线号 3-4)先断开，串联在接触器 KM2、KM3 控制回路中的常开触点 SB02(线号 2-8)后闭合；由此可以引起，接触器 KM1 的线圈 KM1(线号 6-11)失电断开，接触器 KM1 的所有触点复位，与此同时接触器 KM2、KM3 的线圈 KM2、KM3(线号 10-11)得电吸合；接触器 KM2、KM3 并联在【高速起动】按钮 SB02(线号 2-8)右边的常开辅助触点 KM2(线号 2-7)和 KM3(线号 7-8)闭合，对接触器 KM2、KM3 的得电状态起到自锁作用；接触器 KM2、KM3 串联在接触器 KM1 控制回路中的常闭辅助触点 KM2(线号 4-5)和 KM3(线号 5-6)都断开，对接触器 KM1 的失电状态起锁定作用；与此同时，在主电路中，接触器 KM2、KM3 的主触点 KM2、KM3 闭合；电动机 M 的定子绕组作"少磁极对数"连接，即电动机作高速运转。

3. 停转控制：按下【停止】按钮 SB03（线号 1-2）时，断开整个控制电路的电源，此时接触器 KM1、KM2、KM3 的所有触点都复位，电动机 M 停止运转。

6.4.3.2 电路的安装与接线

选择工具、连接导线和模块化的电气控制元件，在电气调试与维修实验台（THWC-3H）上，按照图 6.16 所示电气原理图进行接线，所需电气元件，如表 6.13 所示。

表 6.13 电路实现所需电气元件明细表

代号	名称	（参考）型号	数量	备注
QS	空气开关	DZ47-63LEP-4P-6A	1（个）	—
FU1～2	熔断器	RT18-32-3P	2（只）	装熔芯 5A
KM1～3	交流接触器	LC1-E0610M5N 220V	3（台）	线圈 AC220V
SB01～03	按钮开关	LAY16	3（个）	颜色 2 绿 1 红
M	三相双速异步电动机	—	2（台）	Y/YY(220V)

安装时注意电气元件模块在实验台上安装要牢靠，布置合理，布线美观。接线时注意区分电动机主电路（动力电路）、控制电路、接地保护导线（PE），选用不同规格、颜色的导线来完成电路的接线，要求走线横平、竖直、整齐、合理，接点不得松动。

6.4.3.3 电路的检测与调试

检查并确认电气元件在电气调试与维修实验台（THWC-3H）上安装牢固、接线正确无误；将实验台控制面板上【急停】按钮旋开，并弹起；按下电气维修实验台控制面板上的【起动】按钮，接通三相交流总电源。

然后手动"合"上空气开关 QS；当按下【低速起动】按钮 SB01（线号 2-3、8-9）时，电动机 M 应该做低速运转；再按下【高速起动】按钮 SB02（线号 2-8、3-4）时，电动机 M 应该做高速运转；最后，按下【停止】按钮 SB03（线号 1-2），电动机 M 应停止运转。

若双速电动机控制电路不能正常工作，应冷静分析并排除故障使电路能正常工作。

6.4.3.4 项目小结

本项目中，同学们应学会双速三相异步交流电动机的控制电路原理、接线与调试方法，以及在电气调试与维修实验台（THWC-3H）上对应的操作。

6.5 案例式教学习题

1. 请同学们在我院电气控制技术实验室中，按照本章的顺序，从易到难、由简单到复杂，逐项在电气调试与维修实验台（THWC-3H）上，完成各项电气控制电路的实践任务（包括：读图识图、准备工具、选择电气元件、安装与连接线路、上电调试、排除故障等各项技术环节），分组讨论学习心得。最后整理三相异步交流电动机控制电路及其项目实践的完成情况，并编写实验报告。

2. 请同学们查阅专业文献，利用第 1 章所学用电安全知识、第 2 章所学电工工具使用知识、第 3 章所学电气元件知识、第 4 章所学计算机辅助设计电气工程制图知识和第 5 章三相异步交流电动机基本知识，自行设计一个实际的机械设备当中能够应用的电气控制系统，并在我院电气控制技术实验室中，利用电气调试与维修实验台（THWC-3H）和实验室现有的电气元件与电工工具，进行安装、接线与调试，实现该电气控制系统所要求的电气控制功能。

6.6 阅读文献列表

[1] 袁任光，张伟武. 电动机控制电路选用 258 实例[M]. 北京：机械工业出版社，2005.

[2] 李夙. 异步电动机直接转矩控制[M]. 北京：机械工业出版社，1998.

[3] 王鸿钰. 步进电动机控制入门[M]. 上海：同济大学出版社，1990.

[4] 秦曾煌. 电工学[M]. 北京：高等教育出版社，1999.

6.7 技术关键词表

序号	中文书写	英文书写	页码
1	直接起动	Starting	143
2	点动控制	Pointing control	145
3	自锁控制	Inching control	146
4	正反转控制	Forward and reverse control	148
5	接触器联锁	Contactor interlock	148
6	按钮联锁	Button interlocking	151
7	两地起停控制	Start stop control	154
8	星形/三角形减压起动	Star/delta step-down starting	156
9	顺序控制	Sequence control	159
10	半波整流	Half wave rectifier energy	165
11	能耗制动控制	Consumption brake control	165
12	反接制动控制	Reverse brake control	167
13	自动往返控制	Automatic round trip control	169
14	电动葫芦控制	Electric hoist control	173
15	双速电动机控制	Dual speed motor control	176

6.8 本章小结

本章以电气控制系统项目式教学的形式，由易到难，从简单到复杂，设计并实现了可以应用的三相异步交流电动机电气控制电路。通过这些项目的学习，同学们可以深刻理解常用的三相异步交流电动机控制电路的工作原理与控制应用。同学们可以熟悉完成一个实际的电气控制系统从系统设计、元件选型一直到安装、调试的基本过程，并综合运用前面各章所学电气控制知识。

第7章　可编程逻辑控制器的应用及其项目实践

7.1　学习目标

1. 掌握三菱 PLC 编程软件 GX Developer (以下简称编程软件 GXD)的安装配置要求、安装过程和注意事项；

2. 掌握三菱 PLC 程序下载数据线驱动程序的安装过程和注意事项；

3. 掌握用户编写的工控应用程序向 PLC 中的下载过程；

4. 学会并熟练掌握编程软件 GXD 梯形图程序编写的基本操作及常用技巧；

5. 学会并掌握 4 个 PLC 工控应用程序的项目实践，通过项目的完成，熟练掌握 PLC 工控应用程序的编写、变换、保存、加密、下载和调试等实践过程。

7.2　编程软件 GXD 的安装

目前，工业控制自动化领域(简称工控领域)广泛应用可编程逻辑控制器(Programmable Logic Controller，PLC)，它的作用相当于自动生产线的"大脑"。我院电气控制技术实验室配置的 PLC 为日本三菱电机公司的 FX 系列 PLC 产品。用户为实现自动生产线的控制所编写的 PLC 应用程序，叫工控应用程序。三菱公司 PLC 工控应用程序的开发可以用编程软件 GXD，适用于 Q、QnU、QS、QnA、AnS、AnA、FX 等全系列可编程逻辑控制器，支持梯形图、指令表、SFC、ST 及 FB 等语言的程序设计，其中最基本的编程语言是梯形图语言。编程软件 GXD 具有如下特点：

1. 充分利用了 Microsoft Windows 操作系统的图形化用户界面及基本操作；

2. 具有软件的通用性和程序的标准化；

3. 具有丰富的调试功能；

4. 具有多种方法实现编程计算机与可编程控制器完成连接。

本节主要介绍在 Microsoft Windows 7 操作系统的编程计算机上(既可以是同学们自带的笔记本电脑，也可以是我院电气控制技术实验室中的台式计算机)，安装编程软件 GXD (版本号为：8.103 中文版，支持计算机字长为 32 位/64 位)。

7.2.1　软件通用环境的安装

安装时，首先解压编程软件 GXD 的安装软件压缩包，然后点击进入"EnvMEL"文件夹，如图 7.1 所示，先要安装该软件的"通用环境"：双击"EnvMEL"文件夹下"SETUP.EXE"开始进行编程软件 GXD"通用环境"的安装，进入图 7.2 中左图界面。

图 7.1 编程软件 GXD 的“通用环境”文件夹

如图 7.2 中左图所示，点击【下一个(N)>】，进入图 7.2 中右图所示界面，点击【结束】按钮，完成编程软件 GXD“通用环境”的安装。

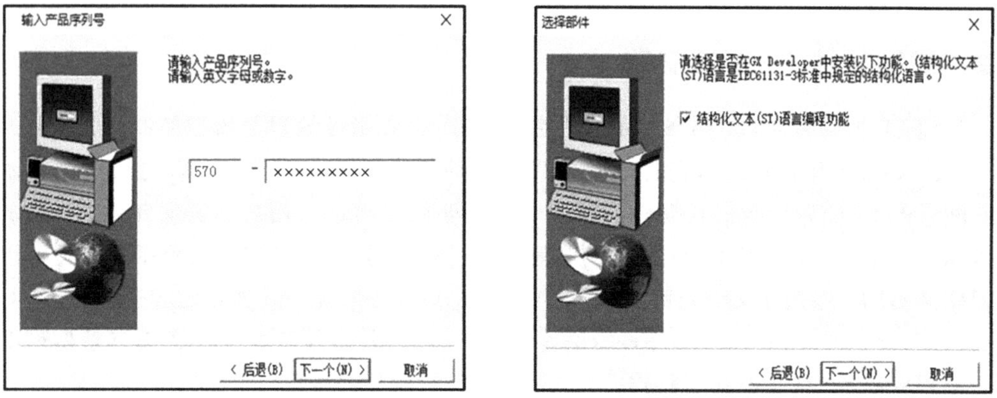

图 7.2 编程软件 GXD“通用环境”的安装

7.2.2 编程软件 GXD 主程序的安装

安装完成“通用环境”后，如图 7.3 所示，双击“SW8D5C-GPPW-C”文件夹下的“SETUP.EXE”，正式安装编程软件 GXD 的主程序，进入图 7.4 中左图界面。

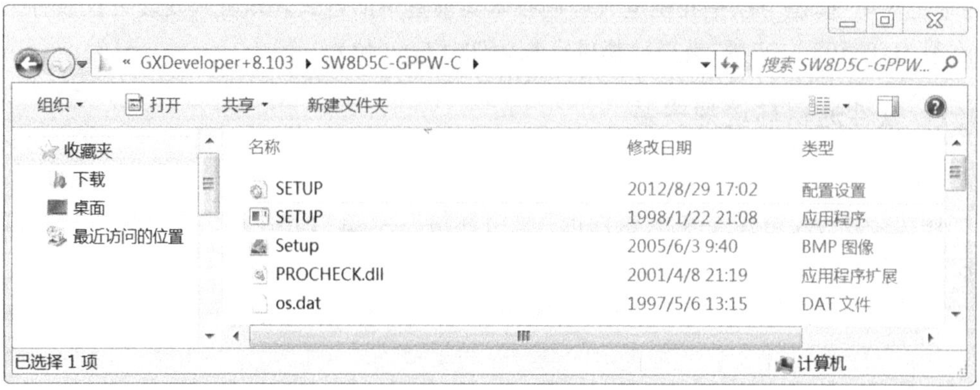

图 7.3 编程软件 GXD 主程序安装的文件夹

如图 7.4 中左图所示，如果编程软件 GXD 主程序安装过程中，编程计算机上还在运行其他程序，则系统会提示关闭这些程序。关闭所运行的其他应用程序后，点击【确定】按钮，进入图 7.4 中右图所示界面，安装向导会提示，进行编程软件 GXD 的安装，点击【下一个(N)>】，进入图 7.5 中左图界面。

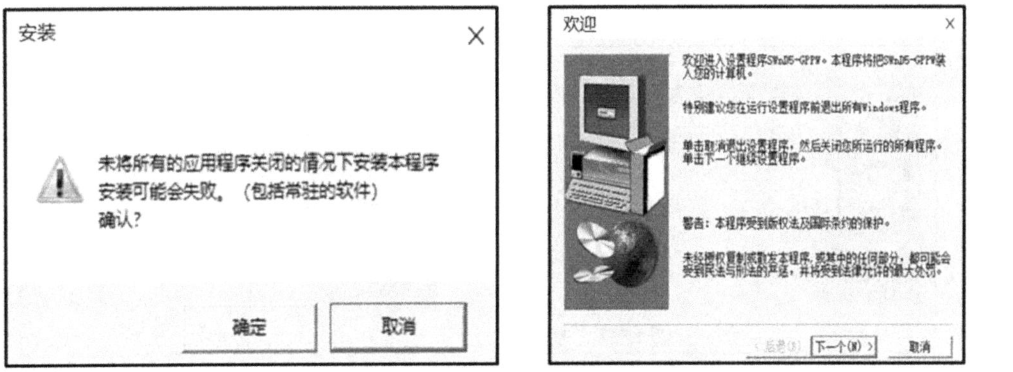

图 7.4　编程软件 GXD 主程序的安装提示

如图 7.5 中左图所示，在相应位置键入您的姓名和所在学校(公司)，点击【下一个(N)>】按钮，进入图 7.5 中右图界面，点击【是(Y)】按钮，进入图 7.6 中左图界面。

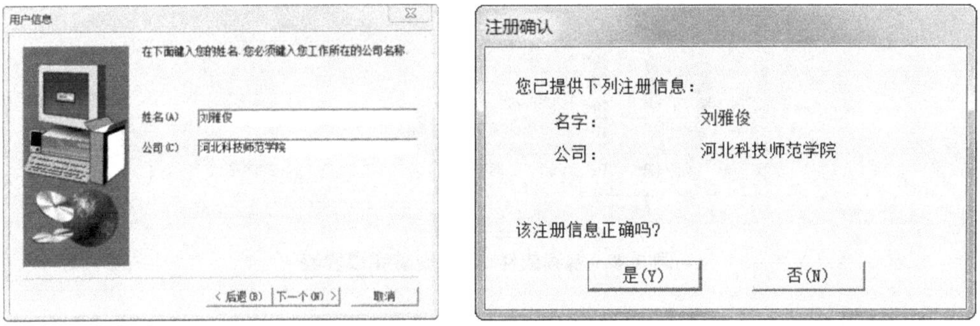

图 7.5　用户信息的填写

如图 7.6 中左图所示，输入软件产品序列号，点击【下一个(N)>】，进入图 7.6 中右图界面，勾选【结构化文本(ST)语言编辑功能】，并点击【下一个(N)>】，进入图 7.7 中左图界面。

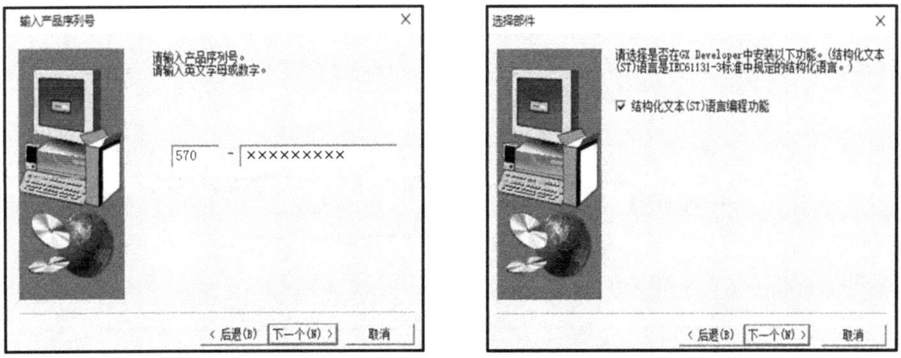

图 7.6　软件产品序列号输入与结构化文本编辑功能选项

如图 7.7 中左图所示，不得勾选【监视专用 GX Developer】（注意：是不勾选，否则将无法实现用户 PLC 工控应用程序的创建、编辑和保存），编程软件 GXD 安装时的路径最好使用默认路径，不要随意更改，直接点击【下一个(N)>】，进入图 7.7 中右图界面，勾选【MEDOC 打印文件的读出】和【从 Melsec Medoc 格式导入】，点击【下一个(N)>】，进入软件安装进度条动态显示状态，如图 7.8 所示。

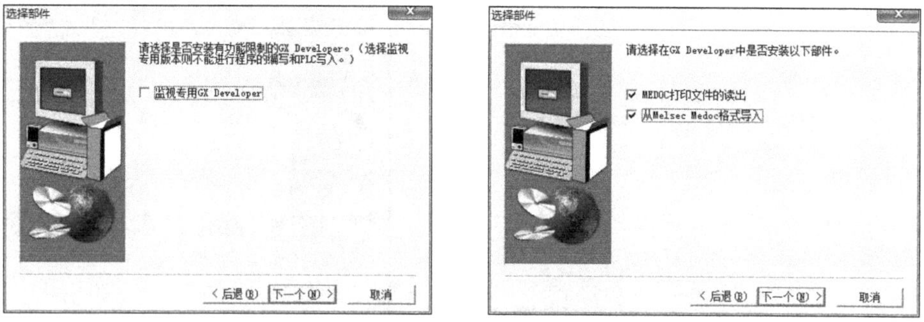

图 7.7　GXD 安装选项与安装部件选择界

编程软件 GXD 安装完毕，如图 7.8 所示，点击【确定】按钮，最终完成编程软件 GXD 的安装。

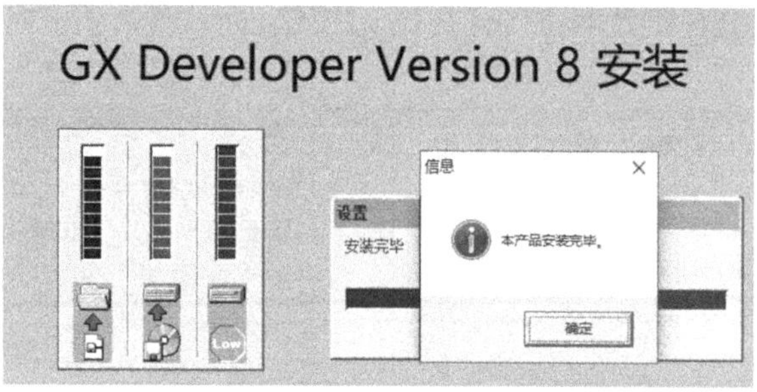

图 7.8　编程软件 GXD 安装完成界面

7.3　程序下载数据线驱动程序的安装

将三菱 PLC 程序下载数据线驱动程序文件的压缩包进行解压缩；双击打开“三菱 PLC 工控应用程序的下载数据线驱动程序”文件夹，进入图 7.9 所示的界面，出现一组文件，安装驱动程序之前，先双击“安装驱动前请先读我”文本文档，进入图 7.10 所示的界面。

图 7.9　三菱 PLC 下载数据线驱动程序软件包

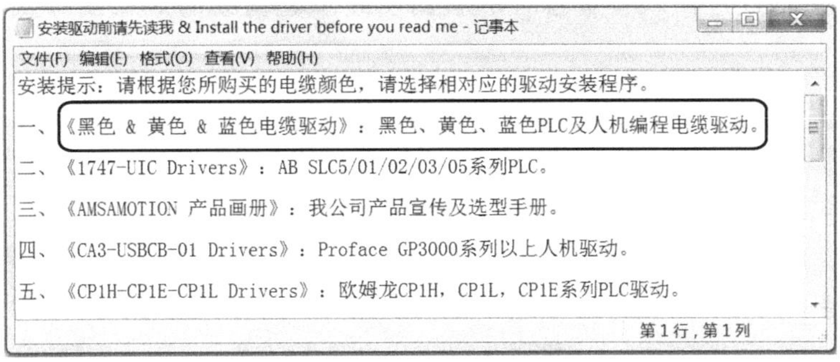

图 7.10 驱动程序安装说明

我院电气控制技术实验室所配置的数据线为标准黄色下载数据线，因此点击驱动程序总安装包下的“黑色 & 黄色 & 蓝色电缆驱动 Black & Yellow & Blue cable drivers”文件夹，双击将该文件夹打开，如图 7.11 所示。

图 7.11 驱动程序安装

在确保编程计算机与 PLC 之间用下载数据线连接无误后，双击“AMSAMOTION.EXE”，进行程序下载数据线驱动程序的安装，进入图 7.12 中左图所示界面，点击【安装】按钮，等待一段时间，直到出现“驱动预安装成功！”提示界面，如图 7.12 中右图所示。

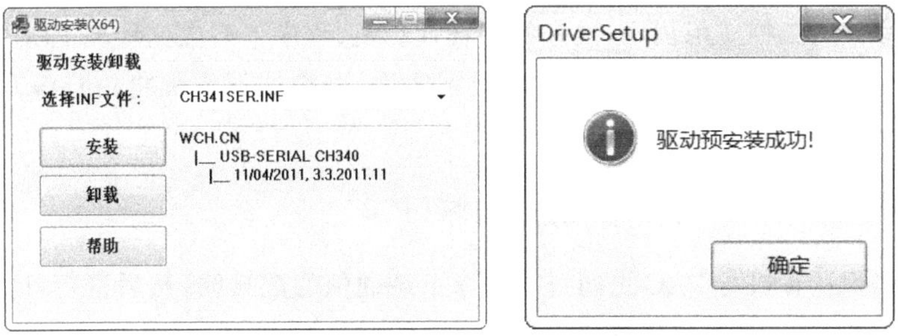

图 7.12 驱动程序安装选项与安装成功提示

在编程计算机中回到【桌面】状态下，右击【我的电脑】图标，在弹出的快捷菜单中点击【属性】按钮，再点击【设备管理器】选项，进入图 7.13 所示界面。在这里可以查看程序下载数据线所对应的编程计算机通信端口。在此点击【端口】选项，可以看到在编程计算机中 PLC 程序下载数据线对应的端口，这里显示为【USB-SERIAL CH340(COM8)】，注意在编程计算机中通信端口占用了一个 USB 端口，请记住该端口编号为“COM8”。如果不希望使用该端口的编号，可以在【端口设置】选项卡中点击【高级(A)…】选项，打开【COM8 的高级设置】对话框，在最下面一行【COM 端口号(P)：】的下拉列表中，选择你所希望设置的端口编号，例如【COM3】，这样就在编程计算机内实现了数据线的端口编号从“COM8”改为“COM3”。

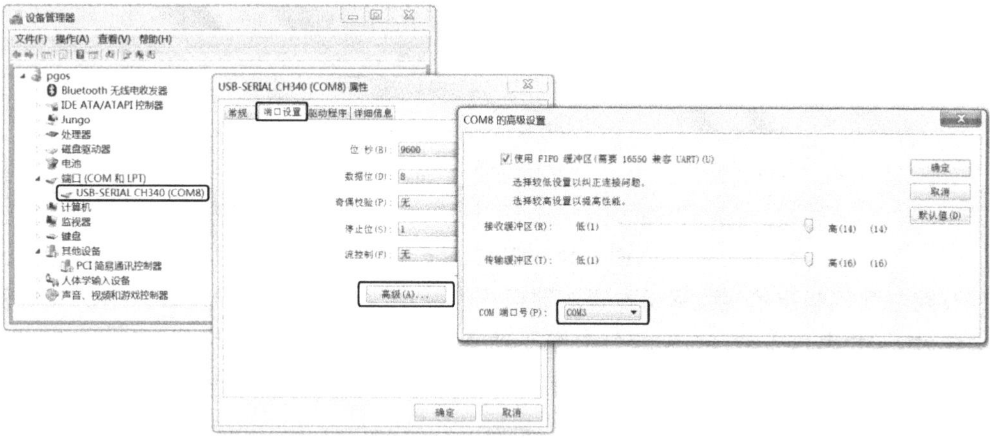

图 7.13　编程计算机中的数据线驱动端口

要想让编程计算机通过程序下载数据线与 PLC 通信连接成功，计算机【设备管理器】中所使用的端口编号一定要与编程软件 GXD 中所设置的通信端口编号相互对应。然后，才可以正常使用连接在这一端口上的程序下载数据线，从编程计算机上向 PLC 中下载用户工控应用程序。编程软件 GXD 中端口的设置方法，详见下一节(7.4 工控应用程序的下载过程)。

7.4　工控应用程序的下载过程

用户应首先利用安装有编程软件 GXD 的计算机(即编程计算机)，编写、变换并保存好自己需要的工控应用程序。PLC 程序编写，可以采用多种编程语言，其中梯形图程序是最基本、最常用的，因此本章介绍的编程软件使用方法、程序下载过程都是围绕梯形图工控应用程序来展开的。

有了编写好的工控应用程序，准备好编程计算机、程序下载数据线和 PLC 等硬件，安装好编程软件 GXD 和程序下载数据线驱动程序之后，可按如下步骤将用户编写好的工控应用程序，下载到 PLC 之中。

7.4.1　设置软件 GXD 与 PLC 的通信端口

连接好编程计算机与 PLC 之间进行程序下载通信的数据线，然后进行计算机 COM 端口设置，详见 7.3 节“程序下载数据线驱动程序的安装”中的图 7.13。

紧接着，在编程计算机中进行编程软件 GXD 的通信 COM 端口设置。前面已经说过，其目的在于使得编程软件和计算机硬件的端口编号设置相一致，即计算机只有通过该端口和该驱动程序下载数据线才能与所连接的 PLC 进行通信，实现 PLC 程序的下载。

具体做法是，如图 7.14 所示，在编程软件 GXD 标题栏中点击【在线(O)】下拉菜单，选中【传输设置(C)…】。弹出如图 7.15 所示【传输设置】选项板窗口，双击左上角【串行】按钮，出现【PC I/F 串口详细设置】选项板，点击【COM 端口】下拉列表并选中端口【COM8】，注意一定要使其与前面在计算机【设备管理器】中设置的端口编号相同。

图 7.14　编程软件 GXD 内通信端口的设置(1)

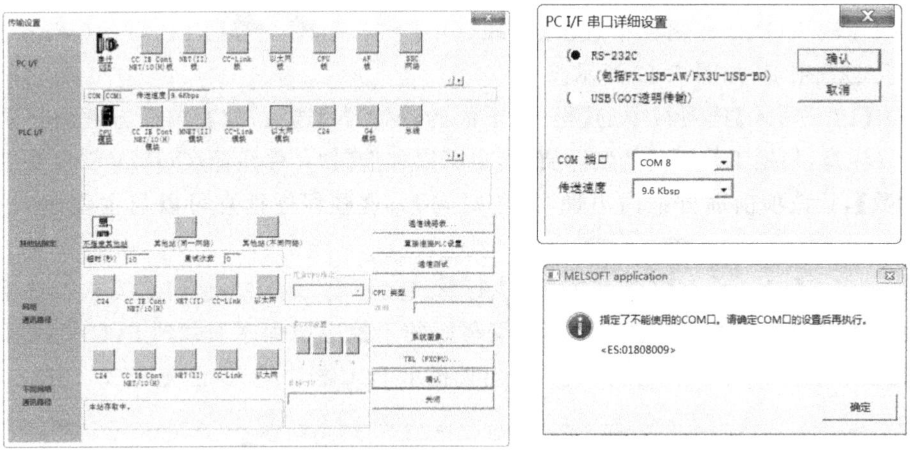

图 7.15　编程软件 GXD 内通信端口的设置(2)

在这一步骤中，还应点击【传输设置】选项板右面的【通信测试】按钮，确保出现"与 PLC 通信成功"的提示，然后再依次点击【传输设置】选项板下面的【确认】按钮和【关闭】按钮，将【传输设置】选项板关闭。

若出现编程计算机与 PLC 通信测试不成功现象，会出现"指定了不能使用的 COM 端口，请确定 COM 口的设置后再执行，＜ES:01808009＞"的提示，如图 7.15 右图所示。此时，应做如下检查：

1. 是否正确连接了程序下载数据线；

2. 是否处于 PLC 通电运行状态(RUN)；

3. 是否因为编程软件 GXD 中设置的 COM 端口编号与编程计算机中设置的端口编号不一致。

如果是第三条原因，则具体解决方案，详见图 7.13，重新进行端口设置。

7.4.2　用户工控应用程序写入 PLC

用户工控应用程序写入 PLC，一般也可简称为"PLC 程序下载"。用户编写好需要在

PLC 中运行的工控应用程序，并用程序下载数据线正确连接了编程计算机与 PLC，正确安装了该数据线的驱动、正确设置了编程软件 GXD 与编程计算机的通信端口之后，就可以进行 PLC 程序下载了。具体操作方法，如图 7.16 所示。

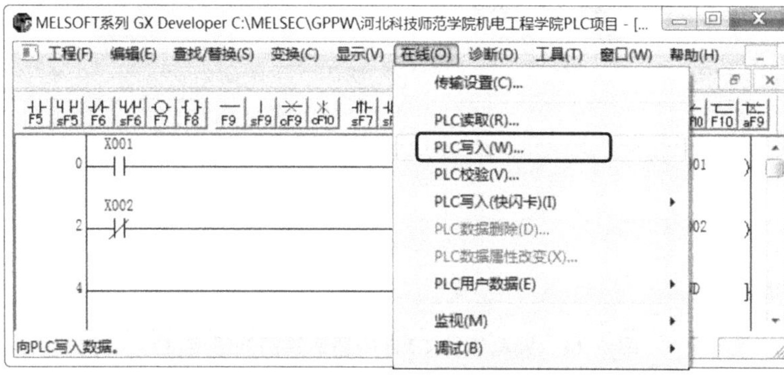

图 7.16　用编程软件 GXD 完成 PLC 程序写入(1)

在编程软件 GXD 标题栏中点击【在线(O)】下拉菜单，选择【PLC 写入(W)…】，弹出【PLC 写入】选项卡，如图 7.17 所示。

点击【PLC 写入】选项板中的【程序】下面的【MAIN】选项，使其前面方框内出现“红色对勾”。(注意：根据工程项目的实际要求，也可以加选【软元件注释/COMMENT】和【参数/PLC 参数】，让该项前面方框内出现“红色对勾”。这些程序信息可以与主程序一并写入 PLC 中)。

然后，点击【PLC 写入】选项卡右侧【执行】按钮，弹出“是否执行 PLC 写入?”选项卡，点击【是(Y)】，就可以将编程计算机中用户编写好的工控应用程序下载到 PLC 中，如图 7.17 所示，在程序进度条闪烁时，等待几秒钟，出现提示 PLC 程序写入“已完成”。

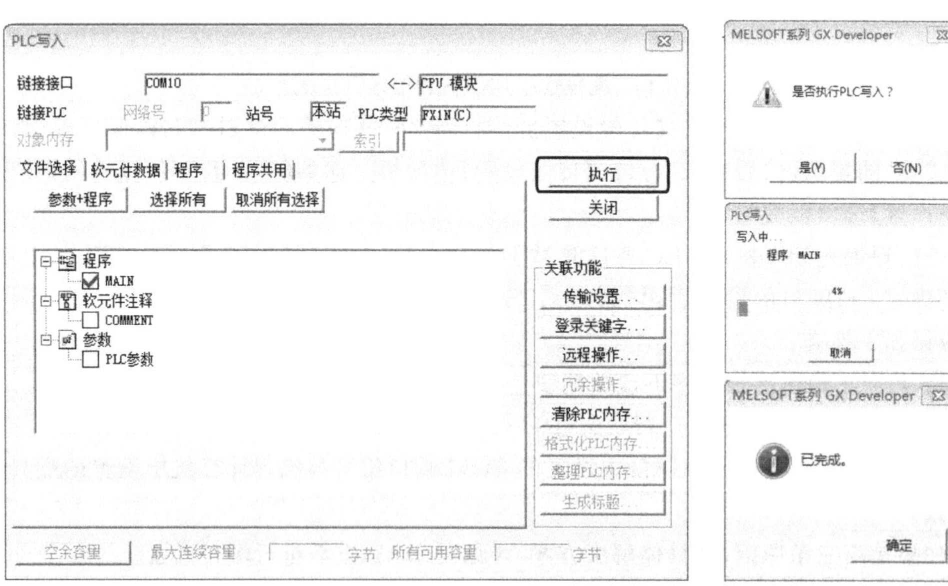

图 7.17　用编程软件 GXD 完成 PLC 程序写入(2)

此时，如果PLC工控应用程序写入不成功，出现如图7.18所示提示"范围设置不对。请输入正确的范围再执行。＜ES：01802005＞"，是因为在我院电气控制技术实验室中，台式编程计算机中所安装的编程软件GXD版本较低。该版本的编程软件GXD中，没有对应实验所用三菱FX3AU型PLC的选项，而只能选择与之相接近的FX1S(N)型PLC，才会有此提示。若采用其他高版本编程软件GXD，应在编程软件GXD中选择与实际PLC类型相符的CPU模块类型，则不会出现此提示，也就不需要进行以下步骤的修改。因此，推荐在条件允许的情况下，尽量采用高版本的软件。

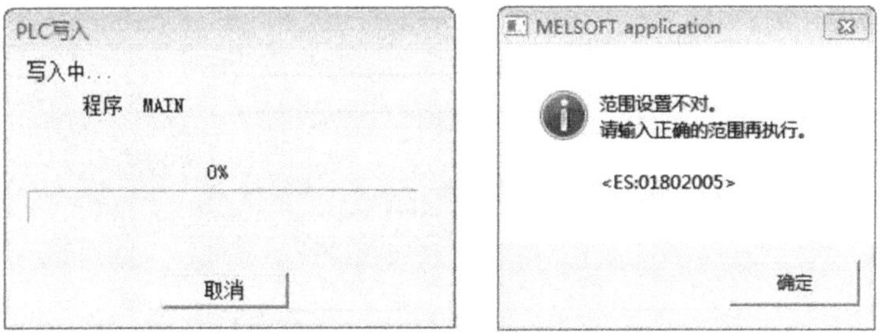

图7.18　PLC程序写入失败提示

出现如图7.18提示，则需要进行PLC的参数设置。具体做法，如图7.19所示：在编程软件GXD的左侧窗口中依次点击【参数】→【PLC参数】，弹出选项卡【FX参数设置】，在该选项卡中点击【内存容量设置】→在选项【内存容量】下拉列表中对"内存容量"进行设置(一般只需要将参数值从【8000】改变为【2000】即可。这是因为我们在进行教学实践时所编写的工控应用程序一般都较短，不会占用过多存储器的地址，而只有如此设置才可通过低版本编程软件GXD的测试)。最后点击【FX参数设置】选项卡下面【结束设置】按钮。再次重复上述"PLC程序下载"操作步骤(图7.16～图7.17)，就可将用户工控应用程序成功写入PLC中。

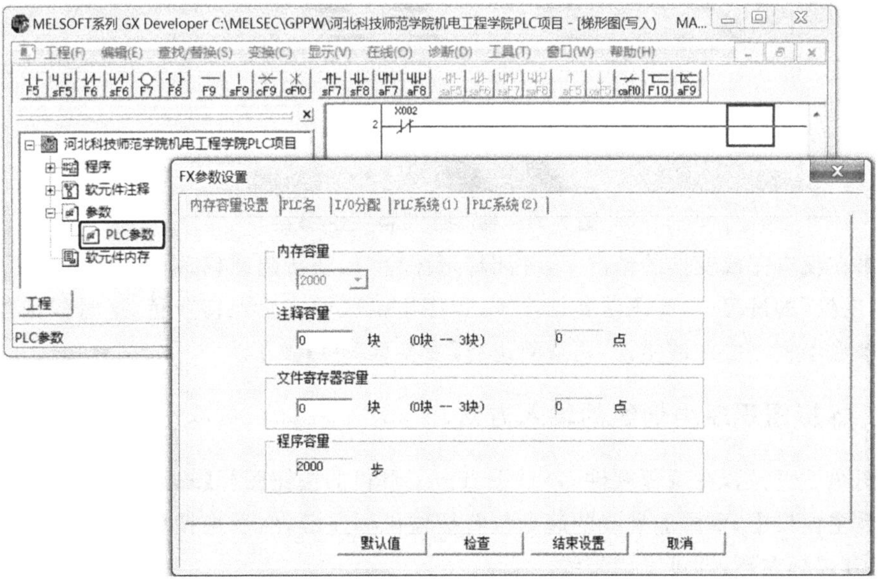

图7.19　选项卡【FX参数设置】

7.5 工控应用程序编写的基本操作和常用技巧

7.5.1 梯形图的变换

PLC梯形图工控应用程序编写完成后，程序带有灰色背景，如图7.20所示。在程序编辑完成后，应该通过编程软件GXD中点击执行工具栏中【变换(C)】→下拉菜单【变换(C)F4】的操作或按键盘上F4键，进行【变换】，确认程序没有语法错误，然后才能进行保存。

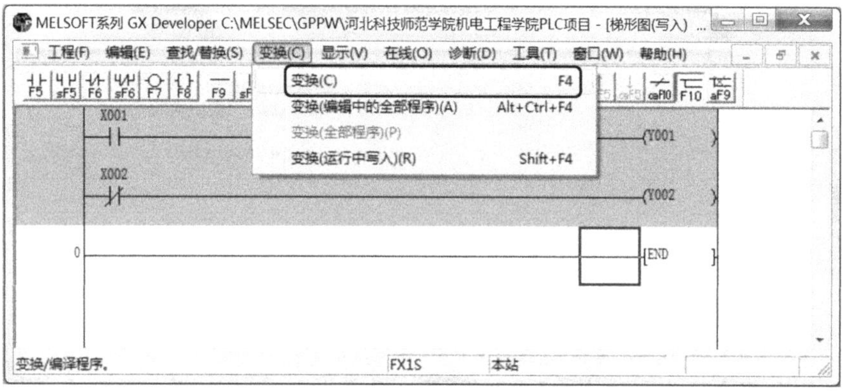

图7.20 梯形图的"变换"

如果该程序无语法错误和报警提示，工控应用程序将从图7.20中的显示状态变换到图7.21所示状态，即"变换"成功后，PLC梯形图背景由灰色变为白色。

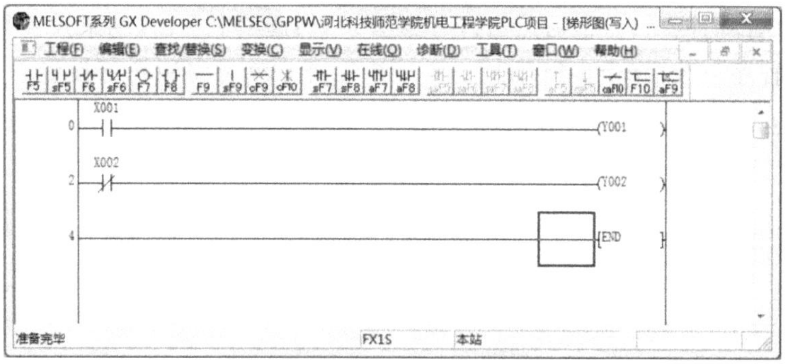

图7.21 梯形图"变换"后的效果

如果在没有完成变换的情况下，关闭梯形图窗口，则新建或修改的梯形图将不被保存。如果在"变换"的过程中，有语法错误出现，程序出错区域将会保持灰色，这时候则需要检查并修改梯形图程序之中的错误，再重新进行【变换(C)F4】操作。

7.5.2 梯形图程序中划线的输入方法

如图7.22所示，在编程软件GXD上点击工具栏的按钮图标【输入划线(F10)】，接着在编程软件主窗口中，要添加划线的起点位置按住鼠标左键，然后拖拽鼠标，到达划线的终点位置，松开鼠标左键，即可完成划线。

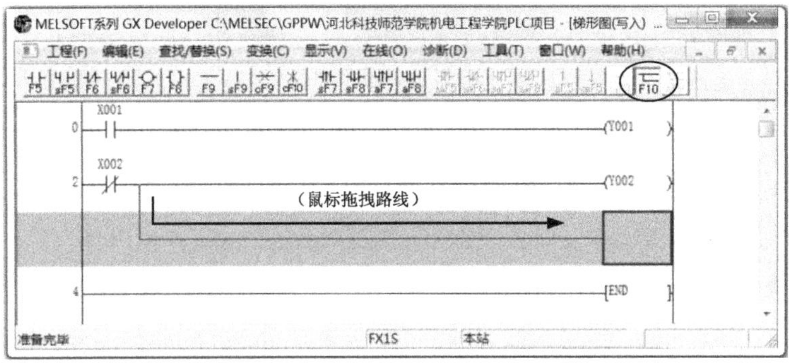

图 7.22　梯形图中“添加划线”

划线添加完成后，如图 7.23 所示。

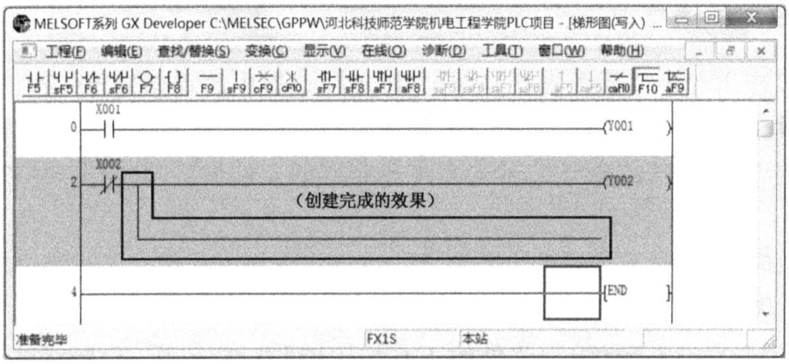

图 7.23　梯形图中“添加划线”完成的效果

7.5.3　梯形图程序中划线的删除方法

如图 7.24 所示，编程时在程序中去除多余的划线时，应点击标题栏中按钮图标，接着将鼠标放置到想要擦除划线的起始位置，点击鼠标，然后按住鼠标左键，沿划线拖动到要划线的末尾位置，松开鼠标即可。

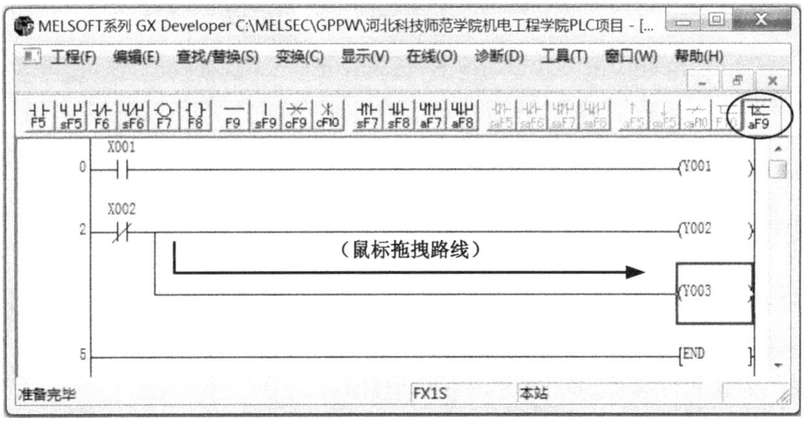

图 7.24　梯形图中“删除划线”

划线删除完成后，如图 7.25 所示。

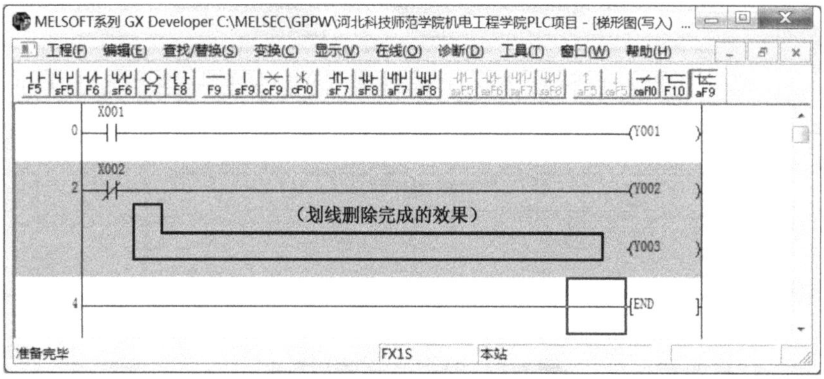

图 7.25　梯形图中“删除划线”的效果

7.5.4　梯形图程序修改方法

用户工控应用程序梯形图修改前，应先将正在编辑中的程序进行一次保存操作，以防止错误地修改。修改前还必须先进行软元件的查找，观察要修改的目标元件编号是否在程序中已经被用到，如果已经被用到，则必须考虑用别的元件编号，避免出现“双线圈输出”的错误现象。

程序修改时，用户必须将程序转换为“写入”模式。修改程序时不建议在 PLC 处于“工作(RUN)”的状态下进行，而应让 PLC 处于“停止(Stop)”的状态下进行。

程序修改时，点击 GXD 编程软件的工具栏中的【查找/替换(S)】→【软元件替换(R)…】，弹出【软元件替换】窗口，在【旧软元件】的输入框中输入要修改的原软元件，在【新软元件】的输入框中输入目标软元件，本例是将程序中触点“X001”修改为触点“X003”，在对【查找的方向】勾选后，点击【全部替换】或【替换】按钮就完成了软元件的修改，操作流程如图 7.26 所示。

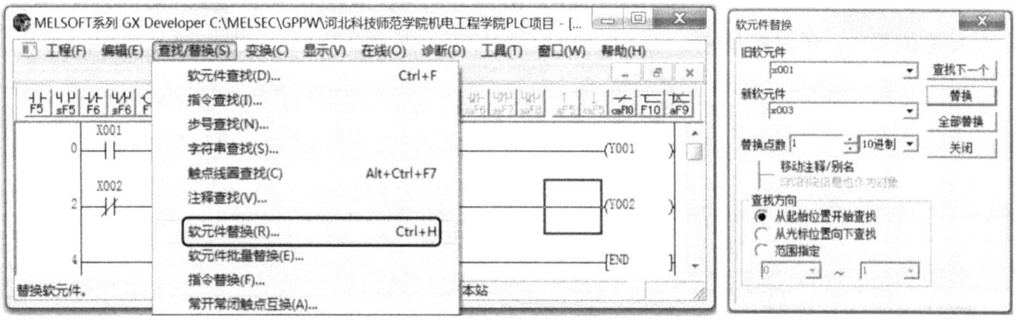

图 7.26　梯形图中“软元件替换”

在程序中，如果需要进行【软元件查找】，其操作与【软元件替换】相似。点击 GXD 编程软件的工具栏中的【查找/替换(S)】→【软元件查找(D)…】，弹出的【软元件查找】窗口，然后输入需要查找的软元件名称，点击【查找下一个】即可。

在程序中，如果需要修改单个软元件，也可以将光标放置到要修改的软元件位置上，双击要修改的软元件，在随后出现的【梯形图输入】窗口中，直接修改为需要替换的目标元件的名称和触点类型即可，如图 7.27 所示。

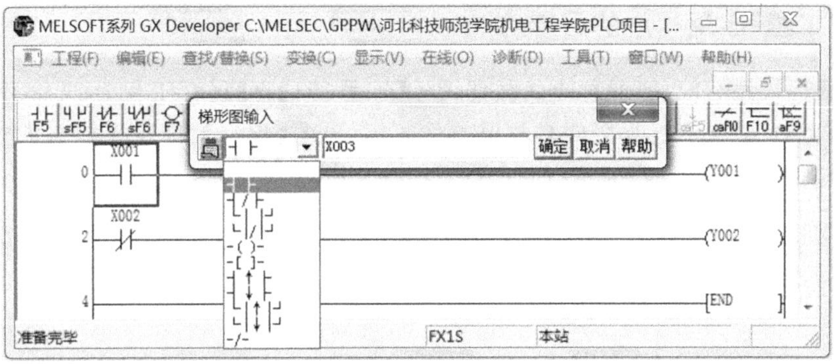

图 7.27 梯形图中单个"软元件"的修改

梯形图程序修改完成后，按本节中"梯形图的变换"和上一节中"工控应用程序下载"等操作步骤，把新修改的用户工控应用程序下载到PLC中，覆盖原有旧程序，该新程序即可在PLC中运行。

7.5.5 改变PLC类型的方法

在PLC工控应用程序的编写过程中，可以先任意选定一种PLC类型并开始进行编程，然后再改变PLC类型。改变PLC类型时，首先点击编程软件GXD中工具栏的【工程(F)】→【改变PLC类型(H)…】，在弹出的【改变PLC类型】窗口中，可以选择PLC类型，此例将现有PLC类型【FXCPU】改为【ACPU】，然后点击【确定】按钮后，会弹出确认窗口，确认后编程软件GXD窗口的底部状态栏将显示出PLC的当前类型，即"ACPU"。改变PLC类型的操作如图7.28所示。

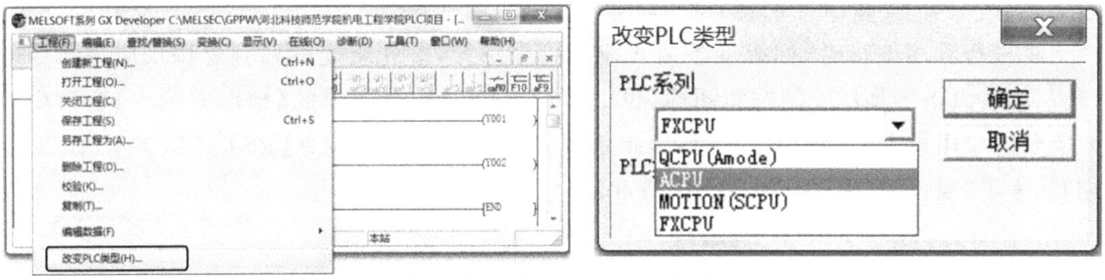

图 7.28 工控应用程序编程过程中改变PLC类型

7.5.6 "工程"应用程序的保存

编程软件GXD中，所谓"工程"，即为PLC用户编制的具体工控应用程序。它以同一个文件名(即工程名)和同一个文件夹的形式，保存当前PLC梯形图程序、注释数据以及其他数据。可以点击编程软件GXD工具栏的【保存】按钮或点击工具栏中的按钮【工程(F)】→【保存工程(S)】即可，也可以使用键盘上的组合键【Ctrl+S】来完成保存的操作。

如果要将处于打开状态的PLC用户工控应用程序进行关闭，那么操作的方法是点击编程软件GXD工具栏上的按钮图标【工程(F)】→【关闭工程(C)】即可，这时候会弹出一个询问是否保存当前"工程"的窗口，希望保存当前工程时，点击【是】即可，否则点击【否】。

7.5.7 “工程”应用程序的另存为

点击编程软件GXD工具栏上的按钮图标【工程(F)】→【另存工程为(A)…】,在弹出的【另存工程为】对话框中更改文件名与保存位置后,点击【保存】,即可保存当前工控应用程序的一个“副本”,如图7.29所示。

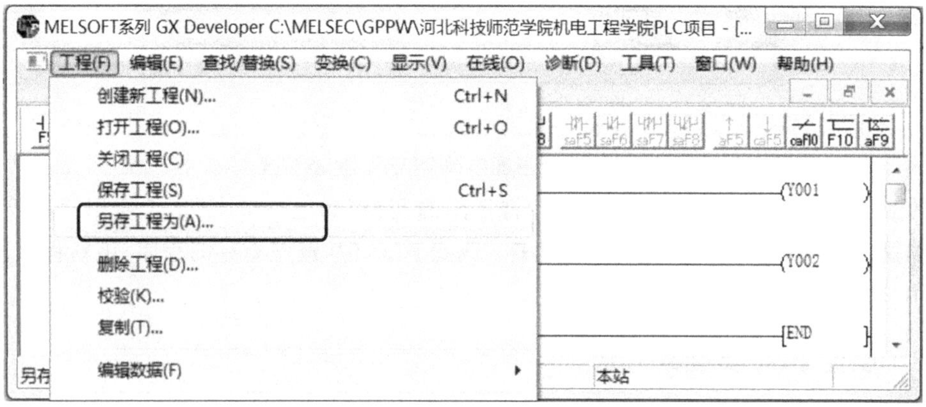

图7.29 工控应用程序的“另存工程为”

7.5.8 梯形图元素的添加与删除

添加工具栏中的梯形图元素时,把光标移动到需要添加处,可直接输入新的触点或其他需要添加的梯形图元素,然后回车确认。

在进行梯形图元素删除时,有一个简便的方法就是把光标移动到需要删除的梯形图元素上,再按键盘上的【Delete】键,即可将该梯形图元素删除。

在进行程序编辑时,如果准备插入应用指令图元,首先将光标移到要添加应用指令的位置,接着点击工具栏上的按钮图标(也可以键入【F8】),在弹出的【梯形图输入】窗口中输入需要的应用指令。如图7.30所示,此示例中我们插入复位指令【RST】(英文RESET的缩写,表示“复位”),用来复位软元件Y002。

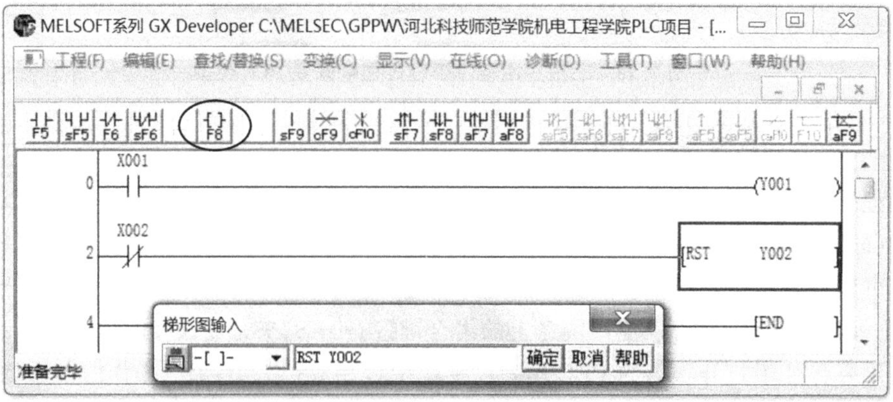

图7.30 应用指令图元的插入

在梯形图程序中并联一个触点时,首先用鼠标点击要插入并联触点的位置,接着点击工具栏中的按钮图标【并联常开触点(sF5)】或点击工具栏中的按钮图标【并联常闭触点(sF6)】,输入元件名称后点击【确定】按钮即可。并联触点的示例,如图 7.31 所示。在此我们分别并联了一个常闭触点 Y003 和一个常开触点 Y004。

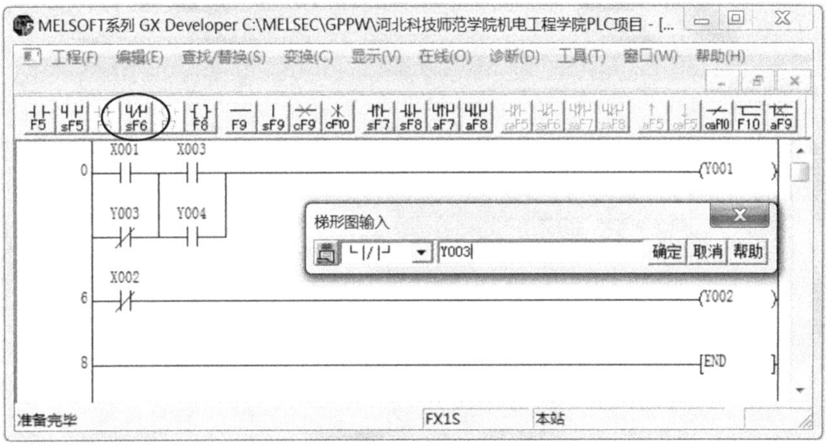

图 7.31　梯形图中并联触点

7.5.9　梯形图程序中行的插入与删除

在编程软件 GXD 中进行工控应用程序编辑时,经常要插入一行或者几行新程序。其操作方法是,首先将光标移到要插入行的位置,接着点击工具栏上【编辑(E)】按钮,在弹出的下拉菜单中点击【行插入(N)】。这样光标处就会出现一个空行,在此就可以输入一行新的梯形图程序了。也可以在要插入行的位置点击鼠标右键,在弹出的快捷菜单中点击【行插入(N)】。依照同样的方法,可以继续插入多个空行。

在编程软件 GXD 中进行工控应用程序编辑时,如果需要对整行程序进行删除,首先将光标移到要删除行的位置,然后点击工具栏上【编辑(E)】按钮,在弹出的下拉菜单中点击【行删除(E)】,这样就删除了所选择的一行梯形图程序。也可以选中需要删除的一行或多行梯形图程序,然后右击,在弹出的快捷菜单中点击【行删除(E)】。依照同样的方法,可以继续快速地删除程序中不需要的整行梯形图。

7.5.10　梯形图块的剪切、复制和粘贴

剪切和复制梯形图块时,首先点击要进行剪切或复制的梯形图块的起始位置,按下鼠标左键,拖拽鼠标来指定要剪切或复制的范围,然后点击工具栏中的【剪切】按钮或使用键盘上的组合键【Ctrl+X】,则指定区域梯形图块将被剪切,被剪切的区域变为空白。在进行复制时,指定范围后点击工具栏上的【复制】按钮或组合键【Ctrl+C】,然后将光标移到新的位置,点击工具栏中的【粘贴】按钮或键盘上的组合键【Ctrl+V】,就可以对剪切部分或复制部分在指定位置进行粘贴。

7.5.11　工控应用程序的加密

如图 7.32 所示,在编程软件 GXD 中点击工具栏上的【在线(D)】→下拉菜单【登录关键

字(K)】→级联菜单【新建登录,改变(N)…】。

图 7.32 密码设置流程的图示

在随后弹出【新建登录关键字】对话框的【关键字输入】文本框中进行输入,设置登录PLC工控应用程序的密码,如图 7.33 所示。密码要求是八位数字、字母,或字母与数字的组合,点击【执行】按钮。输入完密码并执行后,会弹出【关键字确认】对话框,需要在下面的【关键字】输入框中,再次输入设置的密码,然后点击【确认】按钮。

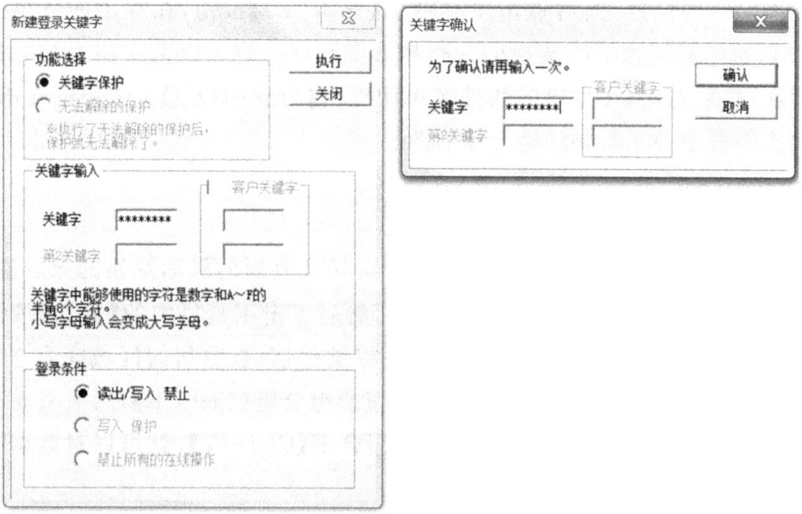

图 7.33 用户工控应用程序的加密

7.6 可编程逻辑控制器应用项目实例

用可编程逻辑控制器(PLC)可以实现复杂、精确、可靠的工业生产过程自动控制功能。为了与前面的内容衔接,下面选取4个三相异步交流电动机控制电路项目实例,将其继电器顺序控制电路,改为PLC控制电路,并着重介绍其控制对象、控制要求、硬件电路设计、工控应用程序设计和联机调试。

7.6.1 电动机正反转控制系统设计

7.6.1.1 控制对象分析

被控制的对象是一台三相异步交流电动机。该电动机的“继电器-接触器”控制电路原理如图7.34所示。控制要求为能实现电动机的正反转两种运行状态,控制电路具有的控制功能包括:(1)接触器电气互锁功能;(2)主电路的短路保护和过载保护功能;(3)控制电路的短路保护功能。下面我们考虑用PLC来实现该电动机的控制功能。

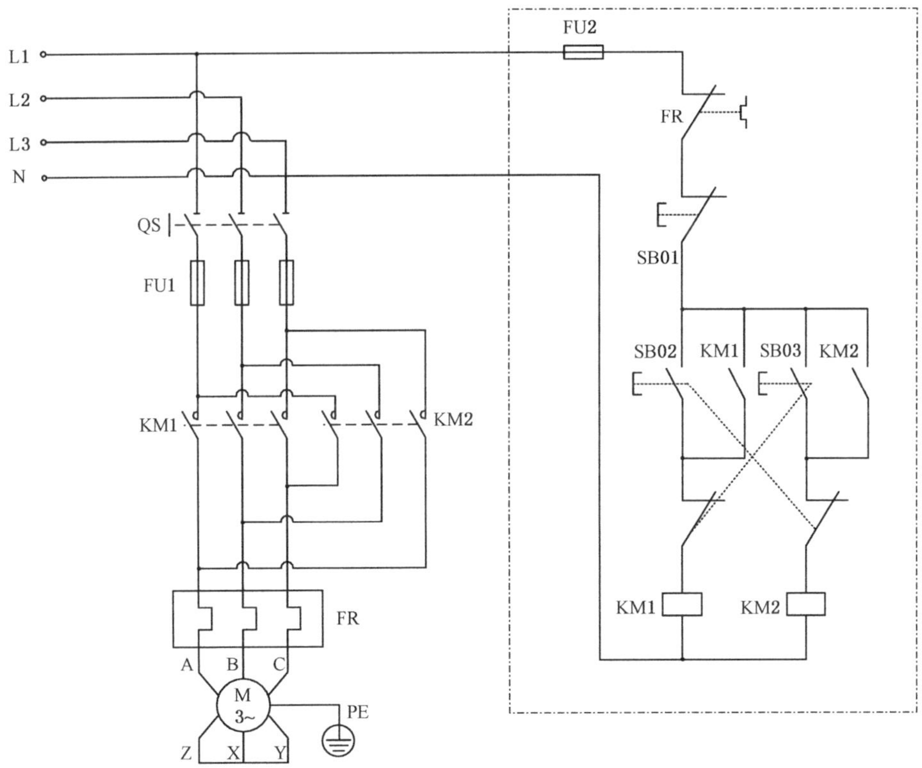

图7.34 电动机正反转的“继电器-接触器”控制电路

7.6.1.2 硬件电路设计

为了实现该电动机的正反转控制,所需的电气元件主要有:电动机M、停止按钮SB01、正转起动按钮SB02、反转起动按钮SB03、交流接触器KM1、交流接触器KM2、热继电器FR、空气开关QS及熔断器FU1、熔断器FU2等。电动机的主电路部分不变,仅用PLC控制电路取代图 7.34 中右边点划线框中的控制电路部分。在此设计 PLC 控制电路输入/输出分配表，如表 7.1 所示；设计该电路的可编程逻辑控制器 I/O 接线图，如图 7.35 所示。

表 7.1　PLC 控制电路输入/输出分配表（I/O 分配表）

输入			输出		
元器件代号	元器件功能	输入继电器	元器件代号	元器件功能	输出继电器
SB01	停止按钮	X000	KM1	正转接触器	Y000
SB02	正转按钮	X001	KM2	反转接触器	Y001
SB03	反转按钮	X002	—	—	—
FR	过载保护	X003	—	—	—

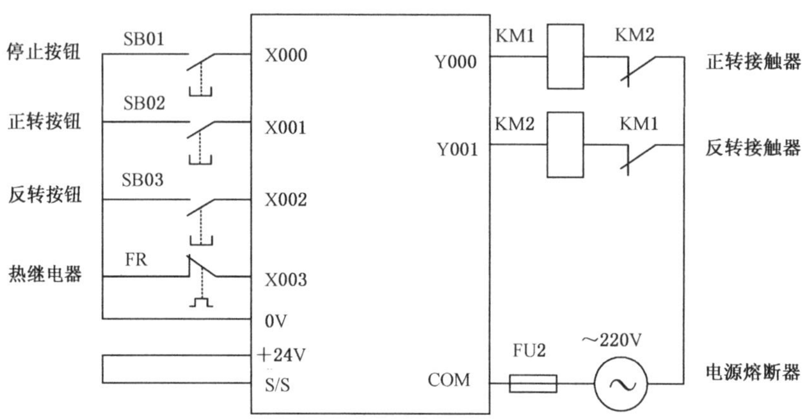

图 7.35　PLC 控制电路 I/O 接线图

7.6.1.3　控制程序设计

对照如图 7.34 所示的“继电器-接触器”控制电路，并根据 PLC 梯形图程序的设计原则，重复利用 PLC 的输入触点 X000（对应停止按钮 SB01）、X003（对应热继电器常闭触点），把输入触点 X000 从左端移到输出线圈 Y000、Y001 之前，设计出的梯形图工控应用程序，如图 7.36 所示。

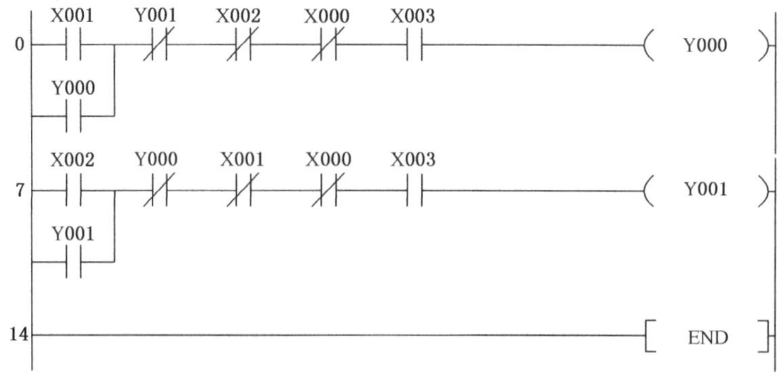

图 7.36　电动机正反转控制梯形图工控应用程序示例

7.6.1.4　电路连接与调试

按图 7.35 与图 7.34 中的主电路部分，用电气元件完成控制电路的连接，用安装有 GXD 编程软件的计算机，按图 7.36 与本章前面所介绍的内容，完成梯形图工控应用程序的编写、变换和下载。最后，上电调试，看该控制电路是否可以实现电动机 M 的正转、反转控制功能和停止功能。如不能实现对电动机 M 的控制，应冷静分析并排除故障。

7.6.2　电动机星形/三角形降压起动控制系统设计

7.6.2.1　控制对象分析

被控制的对象是一台三相异步交流电动机。该电动机的继电器-接触器控制电路原理如图 7.37 所示。控制要求为能实现电动机的星形/三角形减压起动运行，控制电路具有的控制功能包括：(1)电动机由星形接线减压启动，经过固定延时时间(在此暂时规定为 5 秒钟)自动切换为三角形接线全压运行；(2)主电路的短路保护和过载保护功能；(3)控制电路的短路保护功能。下面考虑用 PLC 来实现该电动机的控制功能。

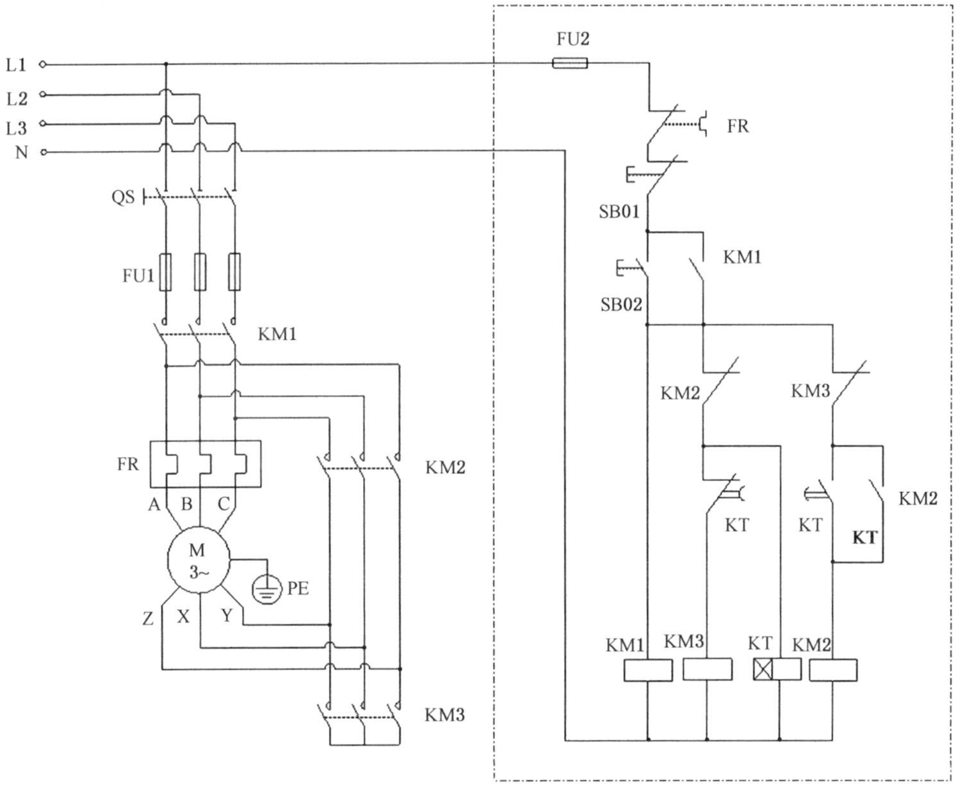

图 7.37　电动机星形/三角形降压起动的“继电器-接触器”控制电路

7.6.2.2　硬件电路设计

为了实现该电动机的正反转控制，所需的电气元件主要有：电动机 M、起动按钮 SB01、停止按钮SB02、热继电器FR、主接触器KM1、三角形接线全压运行接触器KM2、星形接线减压运行接触器KM3、空气开关QS及熔断器FU1、熔断器FU2等。电动机的主电路部分不变,仅用PLC控制电路取代图7.31中右边点划线框中的控制电路部分。在此设计PLC控制电路输入/输出分配表,如表7.2所示;设计该电路的可编程逻辑控制器I/O接线图,如图7.38所示。

表7.2 PLC控制电路输入/输出分配表(I/O分配表)

输入			输出		
元器件代号	元器件功能	输入继电器	元器件代号	元器件功能	输出继电器
SB01	停止按钮	X000	KM1	主接触器	Y000
SB02	起动按钮	X001	KM2	角接接触器	Y001
FR	热继电器	X002	KM3	星接接触器	Y002

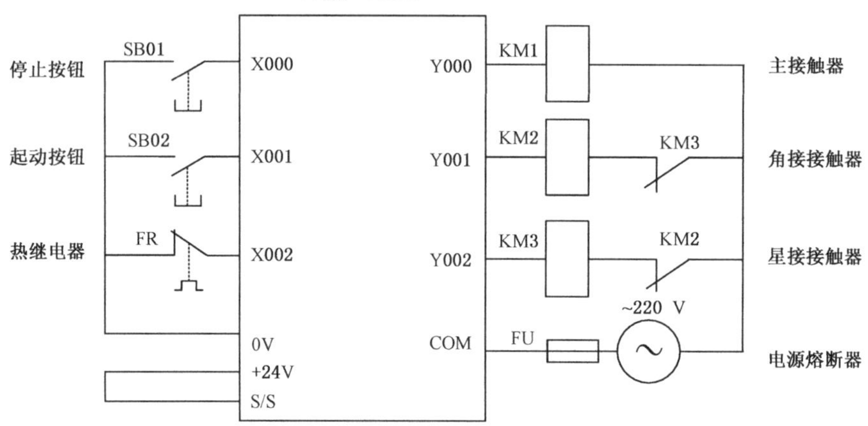

图7.38 PLC外部接线图(I/O)

7.6.2.3 控制程序设计

对照如图7.37所示的继电器-接触器控制电路,并根据PLC梯形图程序的设计原则,可设计出梯形图工控应用程序,如图7.39所示。其中定时器T0(软元件),取代了原来电路中的时间继电器(硬件),调整该元件的参数,即可方便地修改延时时间,当需要更多的延时动作与顺序控制功能时,用PLC进行控制的优点就更明显了。在PLC中计数器以软元件的形式存在且数量庞大(几乎可以认为是有无穷多个),这样既节省了购置多个时间继电器、外置计数器的成本,又简化了电路的接线,节约了调试时间,还提高了控制电路的可靠性,减少了故障发生的概率。

7.6.2.4 电路连接与调试

按图7.38与图7.37中的主电路部分,用电气元件完成控制电路的连接,用安装有GXD编程软件的计算机,按图7.39与本章前面所介绍的内容,完成梯形图工控应用程序的编写、变换和下载。最后,上电调试,看该控制电路是否可以实现电动机M的星形/三角形减压起动控制功能和停止功能。如不能实现对电动机M的控制,应冷静分析并排除故障。

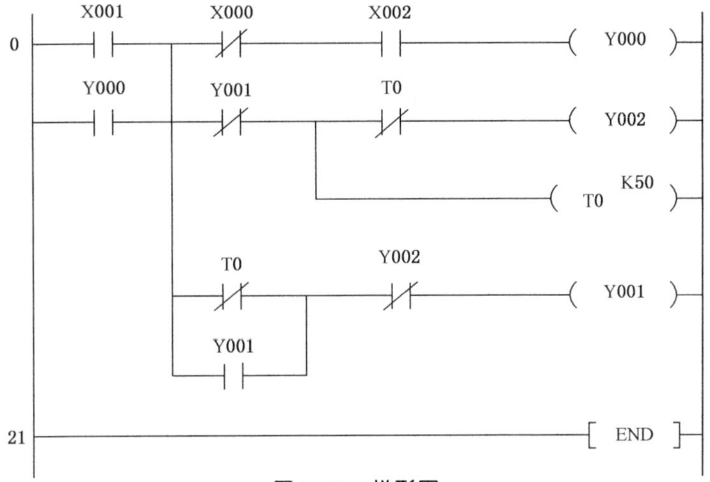

图 7.39 梯形图

7.6.3 自动往返运料装置的控制系统设计

7.6.3.1 控制对象分析

如图 7.40 所示，SQ01、SQ02 为运料装置左右终点的行程开关，运料装置在 SQ01 处装料，20s 后装料结束，开始右行，当碰到 SQ02 后停下来卸料，15s 后卸料完成左行，碰到 SQ01 后又停了下来装料，如此循环工作，一直到按下停止按钮 SB03，结束工作循环。运料装置左行和右行由电动机 M 的正转和反转分别驱动，用行程开关和计时器来控制运料装置的自动往返。该装置的控制电路原理，如图 7.41 所示。

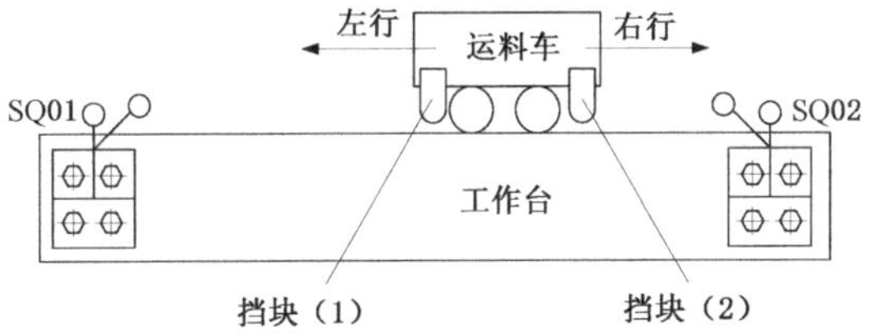

图 7.40 运料装置示意图

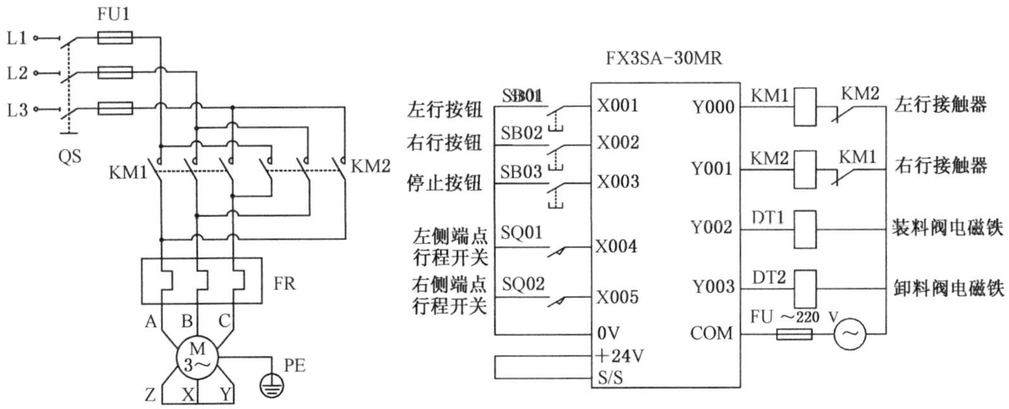

图 7.41 主电路图与 PLC 外部接线图(I/O)

7.6.3.2 硬件电路设计

PLC 控制电路设计输入/输出分配表(I/O 分配表):左行起动按钮 SB01、右行起动按钮 SB02 和停止按钮 SB03 分别对应输入触点 X001、X002、X003;左行程开关 SQ01、右行程开关 SQ02 分别对应输入触点 X004、X005;输出线圈 Y000、Y001 交流接触器 KM1、KM2 分别用于控制运料装置左行、右行,触点 Y002、Y003 分别对应装料阀和卸料阀电磁铁的 DT1、DT2 的控制,I/O 分配,如表 7.3 所示。

表 7.3 PLC 控制电路输入/输出分配表(I/O 分配表)

输入元件			输出元件		
软元件	电气元件	功能	软元件	电气元件	功能
X001	SB01	左行起动	Y000	KM1	左行
X002	SB02	右行起动	Y001	KM2	右行
X003	SB03	停止	Y002	DT1	装料阀电磁铁
X004	SQ01	左端点行程开关	Y003	DT2	卸料阀电磁铁
X005	SQ02	右端点行程开关	—	—	—

设计 PLC 接线图(I/O):根据分配表画出的 I/O 接线图,如图 7.41 所示。

根据该系统所要求的顺序控制逻辑关系,可设计出梯形图工控应用程序,如图 7.42 所示。该程序仅供参考,不同的编程人员,根据自己的工程经验和编程习惯,可以设计出不同的梯形图工控应用程序,来实现相同的控制功能。

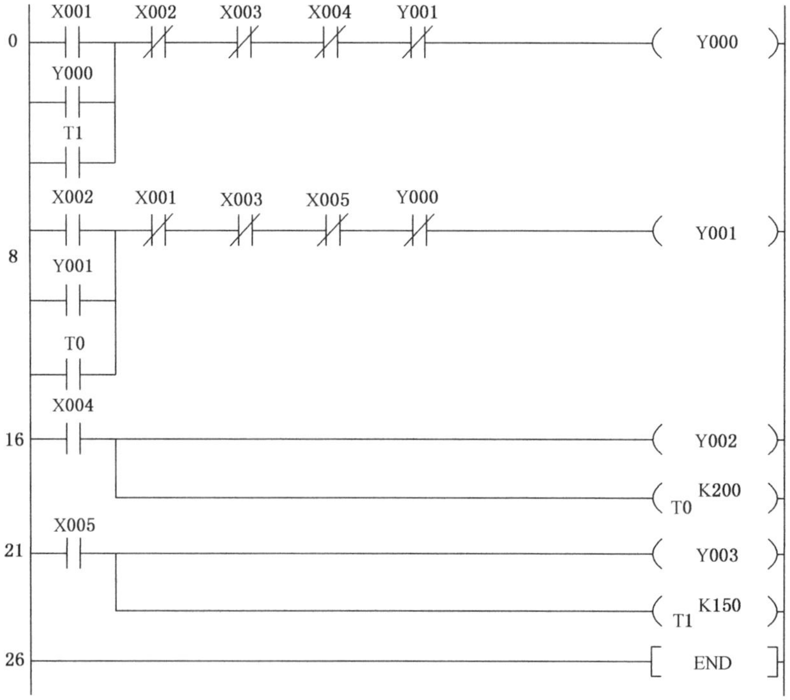

图 7.42 梯形图

对该梯形图工控应用程序进行简要分析:由于送料装置左行和右行的接触器为互锁关

系，不得同时得电，这一点与电动机 M 的正反转控制一样，因此可利用正反转梯形图画出送料装置左行、右行的梯形图，送料装置左行、右行至装料、卸料位置（即左、右端点行程开关 SQ01(X004)、SQ02(X005)）处时，对应的常开触点分别接通，送料装置停止左行或右行，开始装料或卸料，则对应的触点 Y002、Y003 有输出（用来驱动电磁铁），与此同时，装料、卸料的定时器 T0、T1 会开始定时工作。定时器时间到达则停止装料或卸料，并分别接通右行或左行的输出线圈 Y001、Y000，控制运料装置自动返回。如此循环下去，一直到按下停止按钮 SB03。

为了使小车到达装料、卸料位置能够自动停止左行或右行，将输入触点 X004 和 X005 的常闭触点分别串入输出线圈 Y000 和 Y001 的电路中；为了使送料装置在装料、卸料结束后能自动重新起动并右行或左行，将装料、卸料时间的定时器 T0、T1 的常开触点分别与右行起动和左行起动的常开触点 X002、X001 并联。

7.6.3.4 电路连接与调试

按图 7.41，用电气元件完成控制电路的连接，用安装有 GXD 编程软件的计算机，按图 7.42 与本章前面所介绍的内容，完成梯形图工控应用程序的编写、变换和下载。最后，上电调试，看该控制系统是否可以实现自动往返控制功能和停止功能。如不能实现，则应冷静分析并排除故障。

7.6.4 多台三相异步交流电动机顺序起动控制

7.6.4.1 控制对象分析

如果控制对象较为简单，例如所控制的执行元件中只有一台电动机或一组电磁阀，则用 PLC 来实现控制系统，与继电器控制系统相比，优势并不明显；当控制系统更加复杂，例如所控制的执行元件具有多台电动机、多组电磁阀，或者是机械、电气、液压、气动等系统组成的复杂生产线时，则用 PLC 来实现控制系统，与“继电器-接触器”控制系统相比，优势将非常明显。主要优点在于，控制系统简化、接线数量和成本降低、调试省时省力，运行时可靠性与控制性能提升。可以说，现代工业控制系统已经离不开 PLC。

再举例，一个具有多台三相异步交流电动机的泵站控制实例。该泵站有 8 台三相异步交流电动机工作，为了减小数台电动机同时起动对电源的影响，要求按下起动按钮 SB01 时，按 10s 的间隔逐个起动电动机，按下停止按钮 SB02 时，所有电动机同时停止工作。该组电动机可以用 7 个时间继电器组成逐级起动控制的继电器控制系统，也可用 PLC 控制电路来实现顺序控制。显然，用 PLC 来实现控制，具有简洁方便的特点。用 PLC 来实现控制，其控制程序即可以用 PLC 自带的步进指令来编写，也可以用移位指令来编写，实现方式并不唯一。

7.6.4.2 硬件电路设计

设计 8 台三相异步交流电动机的起动和停止分别由交流接触器 KM1～KM8 控制，KM1～KM8 的电磁线圈，分别由 PLC 输出触点 Y000～Y007 来进行驱动。起动按钮 SB01

连接输入触点 X000，停止按钮 SB02 连接输出触点 X001。PLC 中具体的 I/O 分配，如表 7.4 所示。I/O 接线图，如图 7.43 所示。主电路图，如图 7.44 所示。

表 7.4　PLC 控制电路输入/输出分配表(I/O 分配表)

输入元件			输出元件		
元器件代号	元器件功能	输入继电器	元器件代号	元器件功能	输出继电器
SB01	起动	X000	KM1	1 号机运行	Y000
SB02	停止	X001	KM2	2 号机运行	Y001
—	—	—	KM3	3 号机运行	Y002
—	—	—	KM4	4 号机运行	Y003
—	—	—	KM5	5 号机运行	Y004
—	—	—	KM6	6 号机运行	Y005
—	—	—	KM7	7 号机运行	Y006
—	—	—	KM8	8 号机运行	Y007

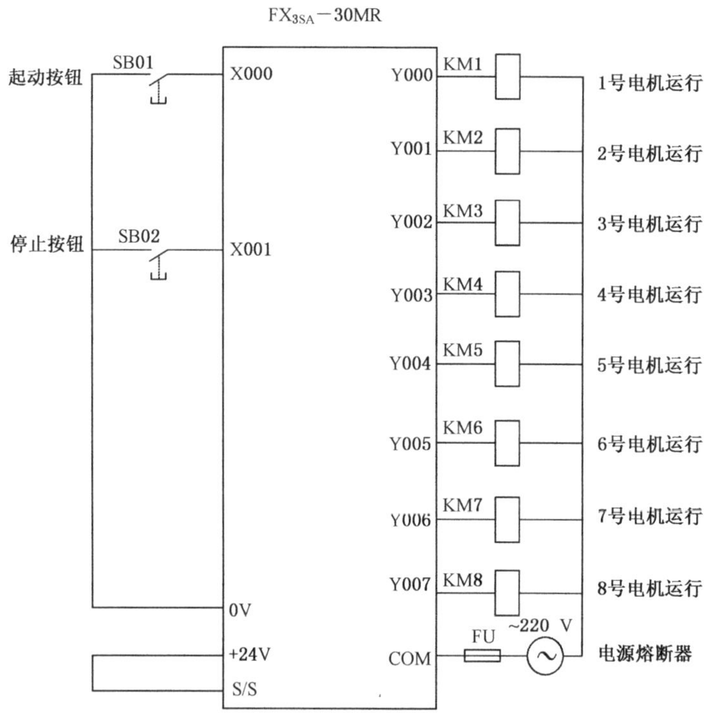

图 7.43　PLC 外部接线图(I/O)

7.6.4.3　控制程序设计

在此用位左移指令，每隔 10s 移动 1 位组成控制系统，位左移的 8 个目标位为 Y000～Y007，1 个源位为 M0，用位左移指令构成的顺序起动程序由以下环节构成。

由 PLC 内部元件 M0 构成起动自锁环节，实现连续工作。

由 T0、T1 构成 10s 振荡环节，得到 10 s 间隔。

由 T0 触点上升沿控制位左移指令执行，实现顺序起动。

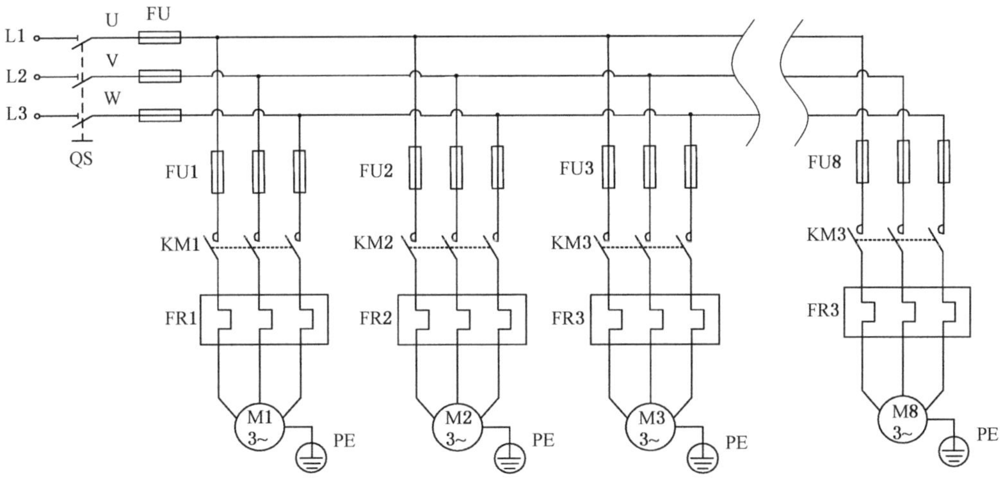

图 7.44 主电路图

由 Y007 的常闭触点控制左移位 8 次，如果不限定位左移次数，位左移 8 次后 Y000～Y007 已全为 1，继续移位也不会再影响控制结果，同时停止程序由 ZRST 块复位指令完成，控制 8 台三相异步交流电动机间隔顺序起动的梯形图如图 7.45 所示。

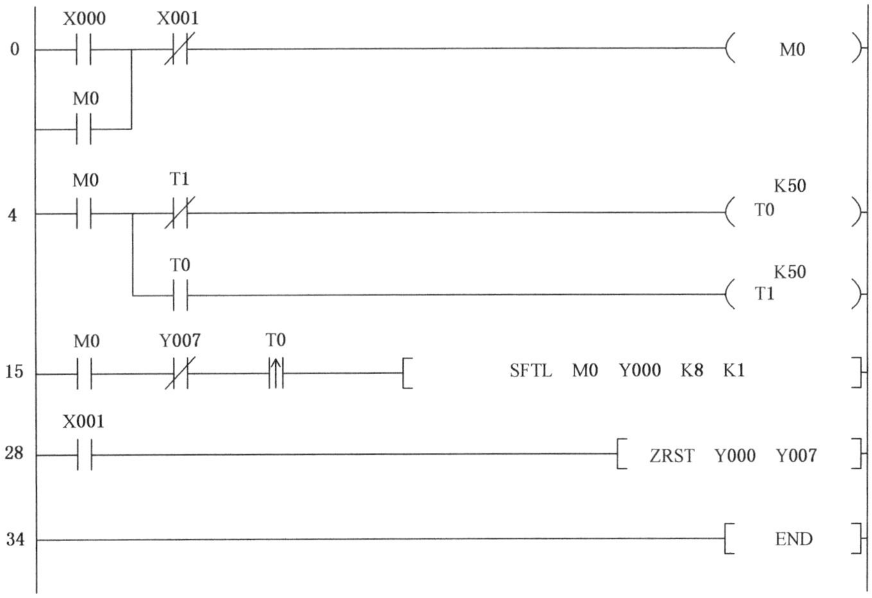

图 7.45 梯形图

7.6.4.4 电路连接与调试

将所编程序用变换工具变换后，可以先启动 GXD 软件仿真调试，并讨论仿真结果是否满足控制要求，如果仿真调试满足控制要求，即可进行联机调试。

按图 7.43、图 7.44 用电气元件完成控制电路的连接。用安装有 GXD 编程软件的计算机，按图7.45与本章前面所介绍的内容，完成梯形图工控应用程序的编写、变换和下载。最后，上电调试，看该控制系统是否可以控制8台电动机顺序起动与全部停止。如不能实现控制要求，则应冷静分析并排除故障。

7.7 案例式教学习题

1. 请同学们按照本章的顺序，学会三菱PLC编程软件GXD的安装和基本操作、学会PLC梯形图程序编制、PLC工控应用程序的下载与调试；

2. 请同学们将本章的项目实例完成，并运用第6章所学习的电气控制线路实现方法，完成PLC控制的电气线路，实现PLC电气控制功能；

3. 请同学们进一步查阅专业资料，设计一套源于实际工程项目的PLC电气控制系统；

4. 请同学们进一步查阅专业资料，深入学习三菱系列PLC的模拟量输入输出控制、PID控制、通信控制等功能；

5. 请同学们进一步查阅专业资料，深入学习西门子系列PLC的编程软件、硬件结构，以及PLC使用方法与工程实例，并比较它与三菱PLC的不同之处。

7.8 阅读文献列表

[1] 龚仲华. 三菱FX系列PLC应用技术[M]. 北京：人民邮电出版社，2010.

[2] 张凤珊. 电气控制及可编程序控制器[M]. 2版. 北京：中国轻工业出版社，2006.

[3] 廖常初. PLC编程及应用[M]. 2版. 北京：机械工业出版社，2005.

[4] 高安邦，姜立功，冉旭. 三菱PLC技术完全攻略[M]. 北京：化学工业出版社，2016.

[5] 杨后川. 三菱PLC应用100例[M]. 3版. 北京：电子工业出版社，2017年.

[6] 文杰. 三菱PLC电气设计与编程自学宝典[M]. 北京：中国电力出版社，2015.

[7] 张豪. 三菱PLC应用案例解析[M]. 北京：中国电力出版社，2012.

[8] 张伟林. 三菱PLC、变频器与触摸屏综合应用实训(电气自动化技能型人才实训系列)[M]. 北京：中国电力出版社，2011.

[9] 李响初. 图解三菱PLC、变频器与触摸屏综合应用[M]. 2版. 北京：机械工业出版社，2016.

[10] 常斗南，翟津. 三菱PLC控制系统综合应用技术[M]. 北京：机械工业出版社，2013.

[11] 王兆宇，王洪权. 西门子PLC电气设计与编程自学宝典[M]. 北京：中国电力出版社，2015.

[12] 刘振全，韩相争，王汉芝. 西门子PLC从入门到精通[M]. 北京：化学工业出版社，2018.

[13] 周志敏，纪爱华. 西门子PLC通信网络解决方案及工程应用实例[M]. 北京：机械工业出版社，2014.

7.9 技术关键词表

序号	中文书写	英文书写	页码
1	可编程逻辑控制器	Programmable logic controller	181
2	编程软件	Programming software	181
3	工控应用程序	Program of industrial control application	181
4	软件通用环境	General environment of software	181
5	编程软件安装	Programming software installation	182
6	驱动程序	Driver	184
7	梯形图	Ladder diagram	186
8	通信端口	Communication port	186
9	程序编写	Programming	190
10	程序变换	Program transformation	190
11	划线输入	Connection	190
12	删除划线	Delete the connection	191
13	程序修改	Program changes	192
14	元件替换	Component replacement	192
15	程序保存	Program saving	193
16	常闭触点	Normally closed contact	195
17	触点并联	Contact parallel connection	195
18	程序加密	Program encryption	195

7.10 本章小结

本章详细介绍了我院电气控制技术实验室所配置的三菱系列 PLC，及其工控应用程序的编程软件 GX Developer 的安装、基本使用方法与使用技巧。通过三个项目实例，让同学们初步掌握 PLC 电气控制系统的设计过程，为进一步深入学习电气控制知识和工程应用奠定基础。

附 录

河北科技师范学院机电工程学院获得教育部高教司2018年第一批产教融合协同育人项目的支持(项目编号:201801071029;项目名称:基于电气维修试验台的项目式教学实践基地建设)。与此同时,我校电气控制技术实训中心也获得教育部产学合作协同育人项目示范教学实践基地的称号。

附图1　河北科技师范学院机电工程学院教育部产学合作协同育人教学实践基地

河北科技师范学院机电工程学院从浙江天煌科技实业公司购入 THWD-3C 型电气控制与维修技术试验台，以及相应的电气元件模块，其照片及设备配置清单，如下所示。

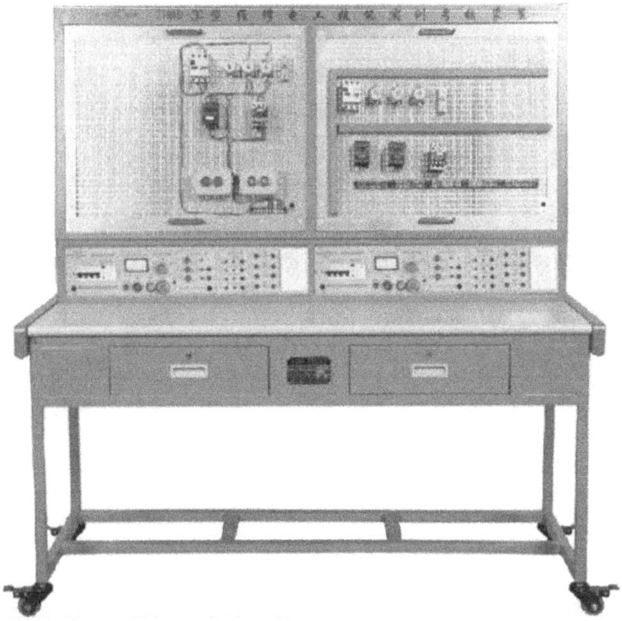

附图 2　浙江天煌科技实业有限公司 **THWD-3C** 型电气控制与维修技术试验台

附图 3　河北科技师范学院机电工程学院电气控制技术实训中心的设备

附表 1　电气控制技术实训中心主要设备及电气模块设备清单表

序号	型号	名称	数量（套）	备注
1	QSWD3-2	控制屏及实验实训桌(1500 mm×1500 mm×1600 mm) 每台设备提供四组网孔板，网孔板 600 mm×700 mm×2 mm	16	
2	WD-000A	三相交流电源模块	64	
3	WD-301A	网孔板	64	
4	WD01B	电源输入模块：由 1 只 4P 低压断路器、6 位船形熔断器(包括座子和熔芯)及接线端子排	64	
5	WD02	接触器模块(一)：2 只交流接触器和接线端子排	64	
6	WD03A	接触器模块(二)：2 只交流接触器和 1 只电子式时间继电器以及接线端子排	64	
7	WD04	热继电器模块：1 只三相热继电器和端子排	64	
8	WD06	时间继电器：1 只 220V 电子式时间继电器和接线端子排	64	
9	WD08A	变压器及行程开关：1 只变压器(220V/36V)和 2 只行程开关以及接线端子排	64	
10	WD09	按钮模块：黄、绿、红按钮各 1 只及接线端子排	64	
11	WD10	指示灯模块：黄、绿、红指示灯各 1 只及接线端子排	64	
12	WD11	日光灯模块：日光灯管、整流器、启辉器及座、接线端子排	64	
13	WD13A	单联双控开关组件	64	
14	WD13B	双路开关模块：1 个双路开关和接线端子排	64	
15	WD14A	单相电度表：1 只 DD862/1.5A 单相电度表以及接线端子排	64	
16	WD14B	三相四线有功电度表组件	64	
17	WD15	单相整流模块：4 个 500V 二极管及接线排、电流互感器 1 只	64	
18	WD22A	交流电流表组件、交流电压表	64	
19	WD24	电流互感器组件	64	
20	ZM14B	三相鼠笼异步电动机(交流 380V/△)	32	两个工位共用 1 套
21	ZM14A	三相鼠笼异步电动机(交流 380V/Y)	32	两个工位共用 1 套

浙江天煌科技实业有限公司生产的电气技术与电工维修实验台(THWC-3H)及配套的电气控制元件设备，具有如下特点：(1)实验台使用安全性高；(2)电气元件的设计模块化；(3)实验台工作稳定可靠，维修性强；(4)实验台及配套元件设备具有良好的扩展性，能完成各项电气控制课程的教学目标。